MAX WEBER
LAS ANTINOMIAS ENTRE LO RACIONAL Y LO IRRACIONAL

Patricia Lambruschini

Max Weber
Las antinomias entre lo racional y lo irracional

prometeo
libros

Lambruschini, Patricia
   Max Weber : las antinomias entre lo racional y lo irracional / Patricia Lambruschini. - 1a ed. - Ciudad Autónoma de Buenos Aires : Prometeo Libros, 2021.
   202 p. ; 23 x 16 cm. - (Pensamiento contemporáneo)

   1. Filosofía Clásica. 2. Racionalismo. I. Título. CDD 149.7

Colección: Pensamiento contemporáneo

Diseño: R&S
Armado: María Victoria Ramírez
Corrección: Alejo Rodríguez de Fraga

© De esta edición, Prometeo Libros, 2021
Pringles 521 (C11183AEJ), Buenos Aires, Argentina
Tel.: (54-11) 4862-6794 / Fax: (54-11) 4864-3297
editorial@treintadiez.com
www.prometeoeditorial.com

Índice

Agradecimientos

Este libro constituye una reelaboración de mi tesis de Maestría, realizada en el marco de mis estudios de posgrado en la Universidad de Buenos Aires, para cuyo desarrollo conté con una beca del Consejo Nacional de Investigaciones Científicas y Técnicas. Es el resultado de una intensa indagación individual, pero también se vio nutrido de numerosos intercambios y debates con otras personas, a las que quiero expresar mi agradecimiento.

Ante todo, a Perla Aronson y Eduardo Weisz, a quienes conocí siendo estudiante de la materia sobre Max Weber, fundada por Eduardo Fidanza en la Facultad de Ciencias Sociales de la UBA, y con quienes trabajo desde ese entonces como miembro del grupo de investigación asociado a la cátedra y, luego, también como integrante de su equipo docente. Ellos motivaron un cambio en mi perspectiva anterior, despertaron mi interés y mi pasión por el pensamiento weberiano, y me han acompañado permanentemente en mi trayecto formativo, con enorme predisposición y generosidad.

A Eduardo Weisz en particular, que fue mi director de tesis con una dedicación inestimable y me ha apoyado incondicionalmente en todo el proceso que culmina con la publicación de este libro. Sus aportes, correcciones y comentarios siempre lúcidos, han enriquecido y contribuido a mejorar estas páginas. Eduardo fue uno de los principales promotores de su publicación: no solo me alentó y facilitó el contacto con la editorial Prometeo; también sus recomendaciones respecto de la presente edición han sido de gran utilidad y ha redactado amablemente su prólogo. Mis palabras resultan insuficientes para expresar mi reconocimiento por su compromiso a lo largo de esta empresa.

Quiero señalar además a Marcelo D'Amico, mi director en la beca CONICET y en la tesis doctoral –ambas codirigidas por Perla Aronson–, con quien debatí algunos aspectos de este trabajo y di mis primeros pasos en la enseñanza universitaria del pensamiento sociológico clásico y contemporáneo en la Universidad Nacional de Entre Ríos.

A mis compañeros y compañeras del grupo de investigación sobre Max Weber y del proyecto UBACyT sobre teoría sociológica y social, con los que mantuve múltiples discusiones y una labor colectiva sumamente fructíferas, que han robustecido el escrito que aquí presento. En especial, a Juan Ignacio Trovero y Micaela Ciardiello, con quienes además de trabajar codo a codo, nos hemos acompañado en las peculiares exigencias –y por qué no decirlo, también sinsabores– que actualmente conlleva la vida académica.

Agradezco a Pablo de Marinis, Ezequiel Ipar y Mariana Luzzi, que conformaron el jurado que evaluó mi tesis de Maestría, cuya amable devolución y sugerencias estimularon esta publicación y colaboraron a definir su contenido. Asimismo, otros colegas han propiciado de diversas maneras la realización de este trabajo, ya sea por los intercambios y reflexiones compartidos, facilitándome el acceso a otro enfoque sobre Weber o alguna bibliografía, ayudándome en tareas de traducción, o simplemente siendo solidarios conmigo en momentos decisivos de su elaboración: Leandro Drivet, Diego Dumé, Franco Giorda, Álvaro Morcillo Laiz, Daniel Alvaro, Juan Rizzo, Annabella Saavedra, Luis Meiners, Hugo Pereyra, Néstor Correa y mis queridísimas amigas Mercedes Palumbo y Georgina Graziano.

Finalmente, este libro no hubiese sido posible sin el apoyo sistemático de mi compañero Marcos, de mis amigas y amigos siempre presentes, así como de mi familia. Con mi padre discutí partes sustantivas de este texto; su aguda mirada filosófica me ayudó a repensar e interpretar las ideas weberianas que aquí se tratan a la luz de discusiones teóricas, éticas y epistemológicas más amplias, y contribuyeron a que algunos apartados asumiesen su actual fisonomía. El impulso y el apoyo incondicionales de mis padres, Gustavo y Beatriz, y de mis hermanos Victoria, Leopoldo y Esteban, fueron fundamentales para que este proyecto llegara a concretarse.

Patricia Lambruschini
Enero de 2021

Prólogo

El prólogo supone una puerta de entrada tanto al libro como a su autor o autora. Mientras que una introducción debe centrarse en presentar al lector un mapa de los nudos conceptuales que se desarrollarán –incluso, a menudo, también de la estructura formal de lo introducido: sus partes y capítulos–, un prólogo está eximido de esa rigurosidad. Esto le permite a quien haya sido invitado a dicha tarea un grado de libertad y arbitrariedad que, en esta ocasión, me resulta muy conveniente. Agradezco por lo tanto a Patricia Lambruschini (este es solo el primer agradecimiento de este prólogo) el convite a prologar el producto de su importante investigación.

Las libertades del prologuista, en este caso, estarán directamente al servicio de, en primer lugar, resaltar la importancia que le asigno a este trabajo en sí, y al papel que creo ocupará entre los estudiosos de la obra de Max Weber en general, y en especial en los países de habla castellana. Considero, y lo quiero señalar ya desde el arranque, que la investigación de la autora implica un avance sustancial e inédito sobre una concepción teórica, acaso la más decisiva, del pensador alemán. Pero, en segundo lugar, como se verá, utilizaré dicha libertad para explicar por qué considero que este trabajo de Patricia es un eslabón fundamental del recorrido que ha seguido la lectura e interpretación de Weber en Argentina, recorrido del que la cátedra weberiana en la carrera de Sociología en la Universidad de Buenos Aires es una parte destacada. En el trabajo que el lector o lectora tiene en sus manos, la agudeza y rigurosidad teórica de Lambruschini se inscribe en un trabajo colectivo y es también un producto de los ya más de treinta años de existencia de dicha cátedra.

Comienzo, entonces, por unas consideraciones sobre el abordaje de Lambruschini sobre uno de los conceptos tan nodales como oscuros de Weber, el de *racionalidad* y, a la vez, el de proceso de *racionalización*. La autora muestra elocuentemente las dificultades de un concepto que, como ella misma señala, a partir de la década de 1970 pasó a ser entendido como el aporte central de Weber a la comprensión, por un lado, del proceso histórico que desemboca en la modernidad occidental, y, por otro, de una característica que, con origen en la Europa de los siglos XVII y XVIII, y de la mano del impulso del capitalismo, determina con enorme peso la sociedad moderna, cubriendo crecientemente la totalidad del mundo.

A la complejidad del concepto, se suman dos aspectos que Lambruschini contempla. El primero, muchas veces señalado, es que pese a lo determinante y nuclear de los conceptos de racionalidad y racionalización, estos carecen por completo de una sistematización por parte de Weber. Pueden encontrarse, por cierto, alusiones conceptuales, fragmentos que permiten entender las aristas que su autor buscaba desagregar, pero distan mucho de suponer una pretensión abarcativa, e incluso, esos comentarios parciales no son completamente coherentes entre sí. Esta ausencia puede probablemente compararse con la falta de una sistematización del nodal concepto de *clase social* en Karl Marx: pese a estructurar su perspectiva histórico-social, sobre el concepto solo nos ha sido legado el anuncio de su tratamiento en un capítulo inconcluso del Tomo III de *Das Kapital*. De ahí que, al igual que ocurre entre los marxistas con aquel silencio legado por Marx, ha quedado en manos de los intérpretes de la obra weberiana el intento de aprehender y reconstruir el sentido, los sentidos, que permiten dar cuenta de la racionalidad. Por eso, un análisis del concepto weberiano de racionalidad requiere de una sistematización de la literatura secundaria, tarea que, consecuentemente, la autora encara. Sin embargo, y este es el segundo aspecto que muestra Patricia, los intérpretes de la obra weberiana distan mucho de haber alcanzado un carácter no solo definitivo, sino incluso medianamente satisfactorio en esta tarea. Lambruschini recorre varios de esos trabajos, mostrando con claridad que todavía hay mucho por decir al respecto. Es justamente en este fundamental nicho, la sistematización del problema central de Max Weber, en el que Patricia nos propone un trabajo de originalidad y relevancia singular.

Fue a partir de la obra de Friedrich Tenbruck, y más específicamente de su texto de 1975 "Das Werk Max Webers", que el problema de la racionalidad –tanto la específicamente occidental como la que se inscribe en una perspectiva histórico-universal–, pasó a ubicarse en el proscenio de las lecturas de la obra weberiana. Comenzó entonces a asumirse que, a partir de su investigación sobre la relación entre ética protestante y espíritu del capitalismo –es decir, 1904-1905–, las indagaciones de Weber sobre la racionalización cobraron creciente importancia y pasaron a ser el núcleo de sus preocupaciones teóricas y prácticas. También –a partir de nuevas lecturas de la biografía de Weber escrita por su mujer, Marianne (1926)–, se hizo evidente que sus estudios sobre sociología de la música (1910) impactaron fuertemente sobre el pensador alemán, conduciéndolo a una nueva interpretación del carácter de la racionalidad. A partir de su sistematización de la racionalidad en la esfera de la música, Weber inició un proyecto de investigación sobre las grandes religiones universales, el que ocupó una parte importante de su actividad intelectual hasta su muerte en 1920. El producto, inconcluso, constituye los tres tomos de sus *Ensayos sobre sociología de la religión*, y son sin duda estos una primera fuente para la inteligibilidad del problema. El quiebre introducido por Tenbruck puso a la particular sociología de la religión weberiana en el centro de su producción, desplazando a la compilación hecha por Marianne bajo el título de *Economía y sociedad*.

Pese al lugar que pasó a ocupar la sociología religiosa weberiana, también es un mérito de la investigación que presentamos el tratar al conjunto de la obra weberiana de ese largo y prolífico período. A partir de su sistematización en torno a los procesos religiosos, la producción weberiana de su última década está, en su totalidad, plenamente atravesada por la matriz de la racionalidad. La sociología económica y la de la dominación, tanto como la del derecho o la de las comunidades, por enumerar algunos de los tópicos que conforman lo que hoy conocemos como *Economía y sociedad*, no pueden entenderse plenamente si se pretende esquivar el problema que encara aquí Lambruschini. De eludirse este núcleo de su *Weltanschauung*, tampoco podrían comprenderse muchas de las dimensiones implícitas en las intervenciones políticas de Weber, quien entre 1916 y 1919 dedicó gran energía a discutir la gobernabilidad en la Alemania que surgía, derrotada, de la Gran Guerra. Sus posiciones en ese escenario, y especialmente su preocupación por el lugar que ocupaba la burocracia en el esquema institucional alemán, son también una consecuencia de su perspectiva del proceso de racionalización y de la forma específica que este había tomado en su imbricación con el desarrollo del capitalismo y del Estado moderno.

Lo dicho hasta aquí permite evidenciar la importancia del trabajo de Patricia, el lugar necesario que su investigación viene a ocupar. Sin embargo, quiero ahora destacar un aspecto aún no mencionado, con el que su investigación se eleva a una altura verdaderamente singular. Si puede afirmarse que los analistas de la obra weberiana no han logrado construir una cabal sistematización conceptual del problema de la racionalización, el aporte de la autora avanza en una temática muy poco abordada en la bibliografía secundaria. Me refiero al par opuesto que supone la racionalidad: el de la *irracionalidad*. Esta subyace a mucho del tratamiento weberiano de la racionalidad, en contraposición a ella. Sin embargo, en mi opinión, constituye mucho más que una ausencia de racionalidad y alcanza en Weber un lugar sustantivo e, incluso, una apuesta a salvaguardar una porción de humanidad en sociedades crecientemente racionalizadas. No es este el lugar para ahondar en este aspecto, en parte porque de ello se encarga la autora, pero sí para destacar que el abordaje de la irracionalidad como clave de interpretación de Weber es un aporte verdaderamente sustancial de este libro por tratarse de un tópico escasamente trabajado, incluso mencionado, en la literatura dedicada al autor. También acá estoy en deuda con Patricia: en mis propias indagaciones, a través de ella, cobraron otra relevancia dimensiones fundamentales implícitas en la alusión de Weber a lo irracional en los más diversos campos de la modernidad, pero especialmente en el de la política y en el de la constitución de comunidades.

A mi juicio, el antecedente fundamental del trabajo de Lambruschini es un artículo publicado en 1980 en la *American Journal of Sociology* por un joven discípulo de Tenbruck, el norteamericano Stephen Kalberg, hoy en la Boston University. En "Max Weber's Types of Rationality: Cornerstones for the Analysis of Rationalization Processes in History", Kalberg busca utilizar una metodología weberiana para construir cuatro tipos-ideales de racionalidad en Weber, es decir, cuatro modelos de racionalidad en cada uno de los cuales se enfatizan determinados aspectos en detrimento de otros que son ignorados. Si Weber ya había advertido sobre la no univocidad del concepto de racionalidad, el mérito de Kalberg consistió en sistematizar esa no univocidad, en la formación de tipos-ideales que permiten separar analíticamente lo específico de cada tipo de racionalidad, lo que los distingue entre sí. En ese sentido, el mérito del trabajo de Patricia es haber dado varios pasos más, construyendo un esquema que, partiendo de una de las distinciones del propio Weber –entre racionalidad teórica y racionalidad práctica–, la atraviesa con una variable especialmente sociológica: la del grado de agregación en el que tienen lugar las acciones sociales: 1) en tanto que individuales, 2) como acciones que constituyen regularidades en un estrato o grupo social, y 3) cristalizadas como órdenes que determinan las acciones de quienes están sujetos a él. No es el propósito de este prólogo el ahondar más en el aporte de Patricia, sino solo señalar que su abordaje de la racionalidad constituye una vía de enorme poder analítico para apropiarse de uno de los conceptos más decisivos de las ciencias sociales, y que, por lo tanto, implica un gran avance en despejar su persistente opacidad.

La mención al trabajo de Kalberg permite introducir la segunda de las facetas de esta obra que me interesa señalar en este prólogo. Como parte del equipo docente de la asignatura sobre Weber en la Facultad de Ciencias Sociales de la Universidad de Buenos Aires, junto con Perla Aronson decidimos incluir una traducción de dicho artículo en una compilación que publicamos en 2005.[1] Consideramos que era un artículo fundamental para allanar la complejidad del concepto weberiano. A partir de ese año, nuestras y nuestros estudiantes contaron con ese fundamental insumo para profundizar en el legado del pensador alemán.

Como estudiante de la carrera de Sociología, Patricia se destacó al cursar en 2009 nuestra asignatura sobre el pensamiento weberiano. Con una sólida formación marxista, encontró en Weber un necesario complemento para su formación. Dado su desempeño como estudiante y su interés en Weber, invitamos a Patricia a participar de las actividades internas de formación de la Cátedra y a sumarse a la constitución de un equipo de investigación que comenzábamos por entonces a conformar con Perla. Ese equipo, hoy con diez años de trabajo, ha sido decisivo en el desarrollo de la asignatura y en los proyectos y subsidios de investigación que hemos obtenido, así como también en las jornadas, conferencias, paneles y, en general, en todas las actividades que hemos organizado. Lambruschini, hoy jefa de Trabajos Prácticos de la materia, ha sido un factor fundamental en el desarrollo del equipo. En estos diez años hemos sido testigos de su desarrollo, hasta alcanzar un lugar central en el equipo.

En este sentido, este libro es también la expresión de un proceso de trabajo y formación colectivo. Los intercambios sostenidos en este tiempo han sido determinantes para cada uno de los miembros del grupo. En mayor o menor medida, partes de la investigación de Lambruschini

---

[1] Kalberg, Stephen (2005). "Los tipos de racionalidad de Max Weber: Piedras angulares para el análisis de los procesos de racionalización en la historia". En *Sociedad y religión. Un siglo de controversias en torno a la noción weberiana de racionalización*, Perla Aronson y Eduardo Weisz (comps.). Buenos Aires: Prometeo.

fueron el fundamento de sus aportes al equipo, así como, seguramente, se nutrió también de este.

En mi caso particular, haber dirigido su tesis de Maestría significó una muy rica experiencia. Las discusiones que hemos tenido sobre cada uno de sus capítulos y sobre su elaboración, y los problemas que fue encontrando a lo largo de su tarea, fueron un más que estimulante aliciente a relecturas, reflexiones, revisiones. En particular, como ya señalé, su abordaje sobre el concepto de irracionalidad ha influenciado claramente mis últimas investigaciones en torno a lo político. Haber podido acompañar el proceso de producción de la autora, haberme nutrido de él, es sin duda el principal motivo de mi agradecimiento.

Se trata entonces de un trabajo de gran originalidad y sutileza, su lectura será fundamental para quienes están profundizando en el autor alemán, pero no menos para aquellos que ya cuentan con un recorrido en la obra weberiana y en sus no pocos oscuros intersticios. Descuento que el y la lectora arribarán a una opinión similar al avanzar en esta fundamental obra.

Eduardo Weisz[2]

---

[2] Eduardo Weisz es profesor a cargo de la materia "Pensamiento de Max Weber" (Facultad de Ciencias Sociales de la UBA) y miembro del Comité Editorial de *Max Weber Studies*.

Introducción

Max Weber ha sido caracterizado con frecuencia como un pensador signado por ambivalencias permanentes, por opuestos sin solución y por conflictos fatales e insuperables, pero no siempre ha sido interpretado de manera sistemática siguiendo esta clave analítica y particularmente en lo que refiere al vínculo entre el núcleo de su elaboración teórica, la racionalidad y la racionalización, y sus respectivos antagonistas.

Pese a la gran amplitud, la diversidad temática que abarca y la complejidad difícil de asir de la obra weberiana, actualmente hay un consenso bastante extendido en que su principal interés radica en el racionalismo y Weber se ha consagrado en las últimas décadas como el clásico de la sociología que hizo de este problema su objeto de investigación privilegiado. La nueva corriente interpretativa de su obra, que comenzó a desarrollarse a mediados de los años setenta en Alemania y Estados Unidos y se propagó luego a otras latitudes, cuestionó la centralidad que se había otorgado tras la muerte de Weber a *Economía y sociedad* –compilada y publicada póstumamente– y destacó, en cambio, la relevancia de sus *Ensayos sobre sociología de la religión* –cuyos hilos conductores son la racionalidad y el proceso histórico-universal de racionalización– para una comprensión de conjunto de su legado intelectual. Como el propio Weber señala en su famosa "Introducción", el propósito de los *Ensayos...* es comprender la especificidad y explicar la génesis del racionalismo occidental y especialmente de su forma moderna. Para ello, se vale de un estudio comparativo entre distintas éticas religiosas de Oriente y Occidente e indaga su peculiar influencia en la conducta económica de vida. Su sociología de la religión es sumamente singular, porque pretende ser "una contribución a la tipología y sociología del racionalismo en sí" (Weber, 1998e: 528).

El viraje ocurrido a mediados de los setenta en la hermenéutica de su prolífica producción permitió tener un conocimiento más acabado sobre esa preocupación cardinal del autor alemán, que atraviesa gran parte de sus escritos y conferencias. Diversos especialistas llamaron la atención y se abocaron desde entonces al estudio del racionalismo que, a pesar de su ubicuidad, constituye uno de los temas más difusos e imprecisos de la obra weberiana. El presente trabajo abreva en esa tradición interpretativa y la asume como punto de partida, pero se propone avanzar en una dirección diferente, recuperando la importancia que también tiene la dimensión irracional, relativamente desatendida e inexplorada hasta el momento.

En efecto, cualquiera que haya leído a Weber con cierto detenimiento o regularidad, habrá notado que sus referencias a determinadas acciones, relaciones sociales, procesos históricos y otras expresiones de la vida humana de raigambre irracional, no-racional o anti-racional, son múltiples y aparecen a menudo en sus textos. También habrá advertido que remarca asiduamente el carácter indisociable y la mutua implicación existente entre los puntos de vista subjetivos o culturales acerca de lo racional y lo irracional. En consecuencia, es realmente llamativo que el estudio de este último aspecto de su obra haya sido tan marginal, en relación al vasto tratamiento que han tenido la racionalidad y la racionalización.

Por otra parte, si existe una temática distintiva y recurrente en la historia del pensamiento filosófico y social occidental, sobre todo a partir de la modernidad, es aquella que destaca a la *razón* como un rasgo específico del ser humano y que describe las visiones del mundo y los modos de existencia individual y colectivo considerados "racionales" y apropiados para el hombre, en sus tensiones y disputas contra los juzgados como "irracionales" en las distintas épocas históricas. En ese sentido, dada la relevancia que se ha otorgado en el campo de las ciencias sociales a la teoría weberiana de la racionalización y la modernización, resulta paradójico que los poderes irracionales a los que estas se han enfrentado y se enfrentan todavía hoy, no hayan sido examinados con la misma atención o incluso caracterizados como tales.

Podría añadirse además que, bajo la sentencia ampliamente difundida y reiterada de que Weber tiene una visión "perspectivista" sobre el racionalismo, se ha evitado al mismo tiempo el arduo trabajo de revisar sus escritos y reconstruir a partir de su abordaje –definitivamente vago y disperso– de la racionalidad y la irracionalidad, el sentido que le da a estas nociones, sus diferentes aspectos y variantes, los distintos registros implicados en su análisis, así como el vínculo recíproco que entablan, recayendo una y otra vez en esa afirmación abstracta que en realidad dice muy poco sobre la especificidad de estos problemas.

Este libro tiene la intención de contribuir precisamente al esclarecimiento de estas inquietudes. Su objetivo consiste en examinar y caracterizar la relación existente en el pensamiento de Max Weber entre los conceptos contrapuestos de *lo racional* y *lo irracional*. Para ello, por un lado, se sistematizan las categorías de *racionalidad* e *irracionalidad*, proponiendo una definición de su significado y elaborando una clasificación de cada una, que abarca distintas dimensiones y niveles analíticos y nueve tipos-ideales en cada caso. Por otro lado, se sistematizan las categorías de *racionalización* y *carisma* entendidas como fuerzas sociales e históricas, describiendo sus distintas fases típico-ideales de desarrollo. En este marco, también se realiza una aproximación a los límites de la racionalización formal, tal como se desenvuelve típicamente en la época moderna. A partir de esta reconstrucción conceptual, se traza un panorama de las múltiples y complejas relaciones que se observan entre las nociones antagónicas de lo racional y lo irracional.

Para llevar adelante esta tarea, se trabaja sobre una selección bibliográfica amplia y transversal a la obra de Weber, que incluye textos sociológicos, históricos, económicos, metodológicos y políticos del autor, tanto de su período de juventud como de madurez. El análisis se concentra sobre todo en aquellos escritos que tematizan las categorías de interés y que resultan relevantes para el problema en cuestión. Asimismo, se recuperan los trabajos de otros autores y comentaristas de la obra weberiana, cuyos aportes son reveladores o pertinentes para su tratamiento.

La sistematización conceptual y el examen que aquí se desenvuelven sobre la racionalidad, la irracionalidad, la racionalización, el carisma y sus mutuas relaciones se inscriben en un abordaje *metateórico* (Ritzer, 1988, 1990) orientado a profundizar la comprensión de la teoría sociológica de Weber, desentrañando y reconstruyendo aspectos que en su obra se plantean de manera borrosa, desordenada o subyacente. Se propone una interpretación y una elaboración propias en torno a dicha teoría, que pretende aportar una mayor claridad sobre esas categorías fundamentales del autor y poner de relieve la faceta irracional de su pensamiento.

En la investigación, reconstrucción y exposición de los conceptos estudiados, se intenta respetar el enfoque metodológico de Weber que –como aquí se supone– está implícito en el tratamiento que realiza de ellos. En primer lugar, atendiendo a su naturaleza *típico-ideal*.[1] Las nociones de

---

[1] Según el planteo metodológico weberiano, la sociología comprensiva como disciplina

racionalidad e irracionalidad son tipos-ideales de carácter general, que se componen de otros tipos-ideales genéricos, construidos para dar cuenta de acciones, relaciones, modos de vida y órdenes perdurables que se despliegan en la realidad social empírica. Por su parte, las nociones de racionalización y carisma son tipos-ideales dinámicos, que se componen de distintos estadios típico-ideales de desarrollo, construidos para aprehender procesos histórico-sociales y la propia historia universal abordada como totalidad. Debido a este carácter típico-ideal de los conceptos analizados, a lo largo de estas páginas se acentúan deliberadamente las diferencias y la polaridad que existe entre ellos, así como los rasgos específicos y la coherencia lógica interior de cada uno, conscientes de que se trata aquí de una relación entre categorías abstractas y de un examen estrictamente teórico, pero que la realidad empírica a la que estos conceptos refieren es siempre más fluida, caótica y compleja. En segundo lugar, se procura respetar el método *individualista* de la sociología comprensiva, que toma la *acción social* como su unidad elemental –puesto que solo el individuo puede otorgar un sentido a sus actos– y concibe las *relaciones sociales* regulares, y las cristalizadas en *órdenes* y formaciones sociales, como expresión en última instancia de acciones individuales que se reproducen en el tiempo.[2] La sistematización tipológica que aquí se propone sobre

y las ciencias de la cultura en general, se valen de los *tipos-ideales* como un recurso para investigar la realidad social y para exponer los resultados de esas indagaciones. Los tipos-ideales son herramientas conceptuales construidas sobre la base de un criterio de máxima racionalidad y coherencia lógica interior, que el investigador elabora abstrayendo, resaltando y extremando artificialmente ciertas manifestaciones de la realidad empírica, y que luego utiliza para echar luz sobre las acciones, relaciones y procesos que se dan efectivamente en ella, por medio de una comparación entre ambos. Se diferencian de los conceptos meramente *genéricos* –que agrupan los aspectos comunes a una pluralidad de fenómenos– en que, aun siendo categorías abstractas, permiten captar la particularidad de los objetos estudiados. En la medida que realzan ciertos rasgos evaluados como *típicos* por el investigador que los construye, los tipos-ideales son lo suficientemente amplios para aplicarse los fenómenos empíricos que comparten dichos rasgos, pero también lo suficientemente específicos para distinguir aquellos aspectos que los diferencian unos de otros y permitir explicaciones *genéticas* sobre ellos. Para Weber, los tipos-ideales pueden utilizarse para aprehender acciones, relaciones y órdenes sociales; para explicar la génesis y la singularidad de *individuos históricos* culturalmente importantes; y también como una herramienta analítica para dar cuenta de procesos de desarrollo (Weber, 2006a: 79-83, 89-90; 2012a:7, 16-18).

[2] Weber rechaza las visiones organicistas de lo social, que parten de lo colectivo como una totalidad anterior a las partes, y propone en cambio una metodología "individualista" para la sociología comprensiva. Esta disciplina estudia la acción social, sus nexos y regularidades que, a diferencia de los fenómenos físicos y naturales, son aprehensibles por vía de la comprensión. Su interés por comprender la acción humana

la racionalidad y la irracionalidad tiene en cuenta especialmente estos distintos niveles de agregación y cristalización de la acción humana.

Las hipótesis que orientan esta indagación y que se busca contrastar mediante su desarrollo son básicamente dos. Por un lado, que los factores irracionales juegan un papel mucho más importante en la reflexión weberiana del que habitualmente se les reconoce, incluso bajo la modernidad altamente racionalizada. Por otro lado, que a pesar de su interés primordial por el racionalismo, la obra de Weber está atravesada por una dualidad considerable entre lo racional y lo irracional y por tensiones constantes y omnipresentes entre ambos aspectos, que configuran verdaderas antinomias.

El lector juzgará si estas conjeturas llegan a corroborarse de forma convincente en este libro. En ese caso, se habrá aportado un matiz novedoso sobre el pensador alemán que, como ocurre con todos los clásicos, continúa interpelando, motivando relecturas y conservando una notable actualidad no obstante el paso del tiempo. Las lúcidas palabras de Italo Calvino (1993) respecto de los textos clásicos de la literatura, también son válidas para los autores consagrados como clásicos en el ámbito de las ciencias sociales. Estos llegan a manos del intérprete trayendo impresa la marca de lecturas precedentes, pero nunca terminan de decir lo que tienen para decir, y toda nueva lectura que se hace de ellos implica algún tipo de descubrimiento como sucede con la primera. Así pues, este libro tiene la modesta aspiración de sacar a relucir algunos aspectos originales sobre la concepción de lo racional y lo irracional en el pensamiento de Weber, que todavía no hayan sido señalados en la larga trayectoria de investigación y discusión que existe alrededor de su obra.

Realizadas estas consideraciones introductorias acerca del objeto y el modo de abordaje de este trabajo, resulta conveniente trazar un breve esquema sobre los contenidos de cada apartado. En el Capítulo I se hace

---

es el motivo por el cual la sociología "trata al individuo aislado y su obrar como la unidad última, como su átomo", dado que solo este puede otorgarle un sentido a su conducta y volverla de este modo interpretable para otros (Weber, 2006b: 175, 187-188). Desde esta perspectiva metodológica, la vida social no es concebida como una entidad externa o superior al individuo, sino como el resultado de un conjunto de acciones e interacciones de personas individuales. En ese sentido, las relaciones sociales regulares, así como los órdenes y formaciones sociales cristalizados, son examinados en función de la probabilidad —empíricamente comprobable y por eso previsible— de que los individuos actuarán socialmente de una determinada manera y de que esa forma de orientación se repetirá a lo largo del tiempo (Weber, 2012a: 12-13, 21-22).

una reposición de los antecedentes de investigación más significativos y destacados en torno al problema de lo racional y lo irracional en el legado weberiano. Su objetivo es brindar herramientas que permitan al lector ubicarse en campo de estudio y hacerse una idea general del estado de la cuestión con anterioridad a los aportes de este libro.

El segundo y el tercer capítulo están dedicados al polo racional del pensamiento de Weber, mientras que el cuarto y el quinto se concentran en el polo irracional. En el Capítulo II se sistematiza y caracteriza el concepto de racionalidad. Se analiza su contexto de surgimiento y su carácter polémico con otras corrientes intelectuales; se propone una definición de su significado; se identifican sus dimensiones centrales y se construyen sus tipos-ideales más importantes, examinando sus características distintivas. De este modo, se da lugar a una tipología multifacética de esta compleja categoría weberiana. En el Capítulo III se examina el concepto de racionalización, entendido como una dinámica de alcance histórico-universal. Se lo caracteriza como poder históricamente operante y como proceso de cambio social. A continuación, se examinan sus tres estadios típico-ideales de desarrollo –el mágico, el religioso y el moderno–, y se describen sus rasgos específicos en lo que respecta a la estructura social y a los grados de racionalización de cada uno.

A partir del cuarto capítulo, comienzan a aparecer con más claridad y detalle las relaciones recíprocas entre los polos de lo racional y lo irracional, al compás del tratamiento de este último. En el Capítulo IV se sistematiza y caracteriza el concepto de irracionalidad, que es todavía más difuso en el enfoque weberiano que el de racionalidad. Se propone una definición de su significado; se identifican sus dimensiones y se construyen sus tipos-ideales fundamentales, analizando las características distintivas de cada uno. Como resultado de esto, emerge una tipología multiforme también en el caso de esta noción. En el Capítulo V se aborda la irracionalidad en la perspectiva histórica de Weber desde dos registros diferentes. Por un lado, se examina el concepto de carisma, caracterizándolo como poder histórico-social y describiendo sus dos momentos típico-ideales de ascenso revolucionario y de rutinización y estabilización. Por otro lado, se analizan los límites del proceso de racionalización y la persistencia de lo irracional en el escenario de la modernidad, indagando para eso en las esferas que se rigen por la racionalidad formal típicamente moderna, a saber: la científica, la económica y la política.

Finalmente, en las Conclusiones del libro se retoman los resultados del análisis conceptual llevado adelante, para dar cuenta de las múltiples relaciones que se advierten en el pensamiento de Weber entre el polo de lo racional y el polo de lo irracional, y caracterizar los peculiares vínculos que entablan entre sí.

Capítulo I

Lo *racional* y lo *irracional* en Max Weber. Un estado de la cuestión

Habiendo transcurrido un siglo desde el fallecimiento de Max Weber el 14 de junio de 1920 y tratándose de un exponente tan importante en el ámbito de las ciencias sociales, es natural que exista una frondosa bibliografía secundaria enfocada en distintas partes de su vasta producción, que resulta completamente inabarcable para cualquier lector o investigador individual. En general, el estudio de los autores clásicos siempre entraña esta dificultad. Sobre ellos se han escrito ríos de tinta y examinado las más diversas temáticas, por lo que toda nueva lectura que se realice acerca de su legado se inscribe necesariamente en una trayectoria de indagaciones y polémicas mucho más amplia.

En el caso de Weber, sus ideas comenzaron a ser debatidas desde el momento de su elaboración, y tuvieron un hito fundamental en las fuertes controversias suscitadas alrededor de su tesis en "La ética protestante y el espíritu del capitalismo", trabajo que fue publicado por primera vez en 1904-1905.[1] Las discusiones en torno a su obra se han extendido, en consecuencia, durante más de cien años y perduran hasta el día de hoy. A lo largo de ese desarrollo, se registraron diferentes oleadas interpretativas que llegaron a ser hegemónicas en determinados períodos y regiones geográficas, y que luego cedieron paso a otras perspectivas. Trazar un recorrido capaz de compendiar todos esos antecedentes no solo sería inviable en los acotados márgenes de este libro, sino también innecesario para sus propósitos. Sin embargo, es preciso mencionar, al menos, el

---

[1] Como sostiene y evidencia la exhaustiva investigación de Francisco Gil Villegas, pocas tesis en la historia de las ciencias sociales han sido tan discutidas y al mismo tiempo tan malentendidas y malinterpretadas como la de Weber sobre la relación entre la ética protestante y el espíritu del capitalismo (Gil Villegas, 2015: 22).

carácter controvertido que ha tenido y todavía tiene la interpretación de la fecunda obra weberiana.

Atendiendo a lo señalado, en este capítulo se reponen solamente los aportes bibliográficos considerados más significativos e iluminadores sobre los conceptos de lo racional y lo irracional en el pensamiento de Weber. En particular, interesa destacar las sistematizaciones que se han hecho de esas categorías y los estudios relacionales o comparativos entre ellas, siempre que los haya. La reposición realizada no pretende ser exhaustiva ni tampoco agobiar al lector con innumerables referencias, pero sí recuperar los antecedentes más reveladores sobre el problema de interés. En ese sentido, en primer lugar, se retoman algunas elaboraciones en torno a la *racionalidad* y el proceso histórico de *racionalización* y, posteriormente, algunas que tematizan la *irracionalidad*, el *carisma* entendido como fuerza histórica y los aspectos irracionales del mundo moderno.

1. Racionalidad y racionalización

En lo que refiere a las temáticas de la racionalidad y la racionalización en la obra weberiana, fue sobre todo en Alemania y Estados Unidos donde se desarrollaron los trabajos más rigurosos y esclarecedores. Probablemente haya sido Marianne Schnitger de Weber, la primera en llamar la atención sobre la relevancia de estos problemas, al redactar la biografía de su esposo. Allí sostiene que, para Weber, fue la conjunción entre un racionalismo teórico y un racionalismo práctico específicos la que separó a la civilización moderna respecto de la antigua, y a la moderna civilización occidental respecto de la civilización asiática; y que él evaluó "este reconocimiento del carácter especial del *racionalismo* occidental y el papel que le tocó desempeñar a la civilización occidental, como uno de sus descubrimientos de mayor importancia" (Weber Marianne, 1995: 331). Paradójicamente, también se debe en parte al influjo de Marianne, la perdurable tradición de interpretarlo a la luz de *Economía y sociedad*, a la que canonizó como su "obra póstuma principal" (Weber, 2012a: XV).[2]

---

[2] Los escritos que componen *Economía y sociedad* fueron recopilados y editados póstumamente por Marianne Weber y Johannes Winckelmann, dando lugar al abultado volumen que hoy se conoce como tal y que apareció por primera vez en alemán en el año 1922. Actualmente se sabe que no es correcto referirse a esa compilación como un "libro" o una "obra" de Max Weber. En efecto, poco antes de morir, Weber envió a imprenta para su publicación tan sólo la primera parte de ese texto –que incluye manuscritos redactados entre 1919 y 1920–, mientras que el grueso de su conteni-

En una de las lecturas más tempranas a comienzos de los años treinta, el filósofo alemán Karl Löwith destaca la racionalidad como el *"tema originario y completo de las investigaciones de Weber"* y considera la racionalización como el hilo conductor de su análisis de la sociedad burguesa y de la historia universal en general, en un lúcido trabajo comparativo entre su pensamiento y el de Karl Marx (Löwith, 2007 [1932]: 54-55). Algunos años más tarde, los teóricos de la primera generación de la Escuela de Frankfurt Max Horkheimer, Theodor Adorno y Herbert Marcuse encuentran en la categoría weberiana de *racionalidad formal* una poderosa herramienta analítica para caracterizar y criticar la dinámica del capitalismo tardío del siglo XX y el desenlace trágico del devenir de la razón ilustrada, que abrieron paso al ascenso del fascismo (Adorno y Horkheimer, 1987 [1944]; Marcuse, 1969 [1964]).

Durante la Segunda Guerra Mundial y hasta bien entrados los años sesenta, el centro de las discusiones sobre la obra de Weber se traslada a los Estados Unidos. La formidable influencia que adquirió la interpretación de Talcott Parsons (1968 [1937]) enfocada en su teoría de la acción social, su problemática traducción de "La ética protestante y el espíritu del capitalismo", así como su lectura deliberadamente antimarxista de Weber, conducen no solo a un relegamiento del tema racionalismo sino también a una serie de confusiones y malentendidos, que en el mundo hispanoparlante persisten incluso en el presente (Morcillo Laiz y Weisz, 2016). Con el paulatino resquebrajamiento de la hegemonía parsoniana, comienzan a emerger otras lecturas. En ese marco, tiene particular importancia el libro de Reinhard Bendix *Max Weber. Un retrato intelectual* (2000 [1960]), que intentó superar las exégesis fragmentarias al buscar una unidad en la extensa e inconclusa obra weberiana.

Sin embargo, es sobre todo desde mediados de los años setenta cuando la racionalidad y la racionalización se convierten en el eje fundamental de un nuevo paradigma interpretativo de su pensamiento, que tiene su epicentro en Alemania y cuyas repercusiones se extienden luego hacia otros países y hasta la actualidad. A contramano de Parsons y la supuesta centralidad de *Economía y sociedad*, esta corriente llama la atención sobre los *Ensayos sobre sociología de la religión* como la contribución más significativa de Weber, sacando a relucir nuevamente el carácter primordial

---

do –que abarca trabajos más antiguos– fue incorporado luego por sus editores, con criterios que han sido muy cuestionados.

del racionalismo. El trabajo pionero de Friedrich Tenbruck representa un punto de inflexión en ese sentido al señalar que "el núcleo de estas investigaciones hay que buscarlo en la noción del proceso de racionalización del que ha surgido el mundo moderno" y plantearlas como la clave que permite comprender de forma unitaria la compleja obra weberiana (Tenbruck, 2016 [1975]: 55, 65). Dentro de este nuevo paradigma se inscriben los aportes de especialistas destacados como Wolfgang Mommsem (1971 [1964]), Benjamin Nelson (2005 [1974]), Stephen Kalberg (2005 [1980]), Wolfgang Schluchter (1981; 2017 [2009]), Jürgen Habermas (1999 [1981]), Guenther Roth (2016 [1987]), Scott Lash y Sam Whimster (2006 [1987]), Helwig Schmidt-Glintzer (2005 [1993]), Yolanda Ruano de la Fuente (1996), Robert Bellah (2005 [1997]) y Stephen Turner (2000), entre muchos otros autores que trabajan en esta misma línea de análisis.[3]

Atendiendo a los propósitos del libro, a continuación se recuperan algunas sistematizaciones que se han hecho de los conceptos de racionalidad y racionalización, que permitieron avanzar en su elucidación. Se advertirá que, a pesar de la importancia de ambas nociones, no existe una lectura unánime ni concluyente sobre su significado, y que la definición que cada comentarista realiza de la primera, condiciona su concepción y definición de la segunda entendida como proceso de desarrollo.

Como señala Carlos Sell (2012), hay algunos intérpretes que explican la noción de racionalidad inspirados en la dicotomía entre sus tipos *formal* y *material*, pero tienden a identificarla con la lógica de la primera, lo que los lleva a entender el concepto de racionalización como la génesis y afianzamiento de conductas regidas por el racionalismo formal. Este es el caso, por ejemplo, de Arnold Eisen y Rogers Brubaker. Para Eisen (1978), la categoría weberiana de racionalidad es múltiple pero no presentaría mayores dificultades sino bastante consistencia, si se atiende a las distintas dimensiones que están constantemente asociadas a ella, a saber: los propósitos (persecución consciente de determinados objetivos), la calculabilidad (capacidad de adecuar los medios y los fines), el control (desenvolvimiento autónomo de la conducta), la coherencia lógica (ausencia de contradicción interna), la universalidad (abstracción

---

[3] Cabe señalar que, a pesar del amplio consenso sobre la centralidad del racionalismo, también existen opiniones disidentes de autores reconocidos como Wilhelm Hennis (1983), que considera que el problema nodal de Weber tiene que ver más bien con una preocupación de raigambre antropológica, referida al surgimiento de un tipo peculiar de sujeto y de conducta de vida en el contexto de ascenso de la modernidad.

e impersonalidad por oposición al particularismo) y la sistematicidad (organización en vista a la consecución de los fines). Sin embargo, todas estas características remiten a la idea que Weber tiene del racionalismo formal y el propio Eisen enfatiza que el tipo-ideal del racionalismo material juega el rol subordinado de marcar los límites de este. De manera similar, Brubaker (1984) considera que el significado del concepto de racionalidad está asociado a un conjunto de connotaciones: deliberado, sistemático, calculable, impersonal, instrumental, cuantitativo, exacto, previsible, metódico, útil, sobrio, meticuloso, reglado, eficaz, inteligible y consistente. Todos estos rasgos se vinculan igualmente al racionalismo de carácter formal, mientras quedan opacadas otras acepciones que trasciendan este tipo singular, y esta perspectiva también se extiende a su concepción del proceso de racionalización. Brubaker examina la dinámica interior de diferentes esferas tratadas por Weber (económica, política, religiosa, etcétera) buscando los elementos comunes que subyacen a ellas y encuentra que la despersonalización de los vínculos, el refinamiento del cálculo, la importancia del conocimiento especializado y la extensión creciente del dominio racional sobre la naturaleza y la sociedad son rasgos compartidos que dan cuenta de un proceso general de racionalización que implica una transición histórica desde el racionalismo material hacia el racionalismo formal. Aunque las lecturas de estos dos autores –y otras semejantes– contribuyen a clarificar las particularidades de la racionalidad formal típicamente moderna, el concepto más amplio y complejo de racionalidad queda reducido aquí a uno solo de sus tipos. Asimismo, la interpretación del proceso de racionalización a partir del dualismo material/formal asume una forma unilateral y taxativa que no deja lugar para las paradojas y contradicciones a las que Weber también refiere. Es evidente, por lo tanto, que la oposición entre lo racional-formal y lo racional-material no logra captar los distintos aspectos que comprenden las categorías weberianas de racionalidad y racionalización.

Otros autores parten de la dicotomía entre racionalidad *teórica y práctica* e interpretan la racionalización desde esta dualidad, pero le otorgan un lugar privilegiado a la segunda que opaca ciertos rasgos de la primera. Esto es lo que ocurre con las elaboraciones de Jürgen Habermas y Yolanda Ruano de la Fuente. Habermas (1999) sostiene que Weber distingue entre el dominio teórico y práctico de la realidad, pero se interesa primordialmente por la *racionalidad práctica* entendida como los criterios según los cuales los sujetos controlan su entorno. Su reconstrucción conceptual explica el racionalismo teórico en términos de una teoría de la cultura. Este supone "estructuras de conciencia que no tienen una traducción directa en acciones y normas de vida, sino que primeramente se expresan en tradiciones culturales, en sistemas de símbolos" (Habermas, 1999: 233). En ese sentido, Weber denominaría *racionalidad teórica* a la elaboración y configuración formales de los sistemas de símbolos, en general, y de los sistemas de interpretación religiosos y las concepciones morales y jurídicas, en particular. Sin embargo, Habermas se detiene sobre todo en el examen de la racionalidad práctica y la explica en términos de la teoría de la acción. Desagrega este concepto en tres grandes aspectos: 1) la *racionalidad instrumental* se apoya en una idea básica de técnica, entendida como la utilización regulada de los medios, y se mide por la eficacia en la planificación de los medios para ciertos fines asumidos como dados; 2) la *racionalidad electiva* refiere a la elección de los fines y se mide por la corrección en el cálculo de los fines, tomando como supuestos determinados valores, medios y condiciones de contorno; 3) la *racionalidad normativa* refiere a la orientación por valores y se mide por las propiedades formales de esos principios, es decir, por su fuerza unificante y sistematizadora de la conducta y por su capacidad de penetración como ordenadores de la acción. Para el autor, Weber llama *racionalidad formal* a la conjunción entre la racionalidad instrumental y la racionalidad electiva, y *racionales con arreglo a fines* a las acciones que son racionales en cuanto al uso de los medios y la elección de los fines; y denomina *racionalidad material* al racionalismo normativo y *racionales con arreglo a valores* a las acciones que cumplan con sus criterios y condiciones. En consonancia con su caracterización del racionalismo teórico y práctico, Habermas desdobla el concepto de racionalización en dos aspectos. La *racionalización cultural* describe el proceso de sistematización y desencantamiento progresivo de las imágenes del mundo, que forjó las estructuras de conciencia típicas de las sociedades modernas y que condujo a la separación de las esferas cognitiva, normativa y estético-expresiva, permitiendo que cada una revelara su lógica interior y sus respectivas pretensiones de validez. La *racionalización social* implica la materialización de la racionalidad práctica en el actuar, en el modo de vida y en las instituciones sociales, aspectos en los que el protestantismo ascético jugó un rol decisivo como portador del racionalismo práctico dominante en la modernidad, abriendo paso mediante la conducta de vida ascética y profesional a los sistemas institucionales de la economía capitalista y el Estado burocrático. Aunque la sistematización que plantea Habermas es muy enriquecedora, también presenta algunos inconvenientes. Por un lado, la influencia evidente del enfoque parsoniano de la acción y los sistemas lo lleva a interpretar las racionalidades teórica y práctica y las racionalizaciones respectivas que acarrean, en dos claves analíticas diferentes –cultural en el primer caso y de la acción en el segundo–, perdiendo de vista a lo largo de su examen lo que ellas tienen en común en tanto racionalidades, es decir, la capacidad de gobernar la realidad. Por otro lado, en su afán de desentrañar los conceptos de Weber, el autor se aparta bastante de su terminología y propone otra en su lugar que agrega dificultades al problema ya que, de acuerdo con su clasificación, no queda claro cuál sería la diferencia entre las nociones de racionalidad formal y acción racional con arreglo a fines y las nociones de racionalidad material y acción racional con arreglo a valores, que en *Economía y sociedad* aparecen definidas por separado.

Por su parte, Ruano de la Fuente (1996) se aproxima al equívoco concepto de racionalidad señalando el potencial de dominar la realidad como el rasgo compartido por todos sus tipos, e identifica en sus formas teórica y práctica la doble dimensionalidad central de esta categoría compleja. Cuando el dominio de lo real se realiza por vía intelectual, mediante la estructuración formal de sistemas simbólicos e interpretativos, hay que hablar de *racionalidad teórica*; y cuando se realiza a través de la acción, conforme a los criterios formales por los cuales el individuo decide y procede en su entorno, hay que hablar de *racionalidad práctica*. La autora descarta un tratamiento más minucioso del racionalismo teórico para enfocarse en el examen del práctico, amparada en la idea habermasiana de que Weber se interesó sobre todo por este último. La reconstrucción de la racionalidad práctica que propone se concentra entonces en la acción racional. En primer lugar, distingue las acciones *racionales* –con arreglo a fines o a valores– de las acciones *no racionales* –afectiva y tradicional–, en función de los diferentes grados de conciencia en la orientación de la conducta que tiene cada una. "La acción racional es la acción libre y conscientemente dirigida hacia la consecución de un objetivo", ya sean fines surgidos de un cálculo entre fines, medios y consecuencias, o valores últimos e incondicionados (Ruano de la Fuente, 1996: 77); mientras que la acción no-racional carece de esta deliberación y reflexividad. Luego diferencia los dos tipos de acción racional y los examina inspirándose fuertemente en el planteo de Habermas. Así, Ruano de la Fuente sostiene que la acción racional con arreglo a fines incluye un actuar técnico y otro electivo. De este modo, su tipología de la racionalidad práctica queda desagregada en tres: 1) la *acción técnico-instrumental*, donde la racionalidad se mide por el criterio de eficacia y por la corrección en el cálculo técnico de los medios (en este marco, recuerda la distinción weberiana entre las acciones *subjetivamente correctas* y las *objetivamente correctas*); 2) la *acción electiva*, cuya racionalidad se mide por la corrección en el cálculo deductivo de los fines a partir de un sistema de preferencias consciente y asumido, y de medios y condiciones de contorno tomados como dados; y 3) *la acción racional conforme a valores*, cuya racionalidad normativa se mide conforme a criterios formales de validez (no por su contenido material) referidos a la consistencia y a la cualidad sistematizadora de la acción y del estilo de vida que ellos poseen. Finalmente, en consonancia con sus definiciones del racionalismo teórico y práctico, la autora da cuenta del concepto de racionalización desdoblándolo en dos grandes aspectos. En el ámbito teórico-cognoscitivo la racionalización tiene un doble rostro: en su cara positiva, remite a la *intelectualización* y el acrecentamiento del dominio teórico de la realidad, y en su cara negativa, se expresa como *desencantamiento* de las imágenes del mundo, como desacralización de la realidad natural y social y fragmentación de las esferas de vida. En el ámbito práctico, la racionalización refiere al logro de un estilo de vida metódico-racional en el que se cumplen todas las condiciones de la racionalidad práctica, en cuanto implica el anclaje conforme a valores de la orientación racional con arreglo a fines. El resultado de esta metodización de la conducta es el dominio práctico del mundo a través de la acción. La sistematización propuesta por Ruano de la Fuente es todavía mejor que la de Habermas y tiene la virtud de que sostiene una misma clave de lectura anclada en su definición inicial de la noción de racionalidad. Sin embargo, ambas interpretaciones se concentran en el análisis del racionalismo práctico entendido a partir de las acciones individuales, dejando de lado otros niveles de este problema en el enfoque de Weber, y relegan en cierto modo el examen del racionalismo teórico, ignorando que este último también tiene una dimensión activa que no aparece tratada en sus respectivas elaboraciones.

Un tercer grupo de autores ha intentado correrse del análisis de la racionalidad a partir de una dualidad tipológica principal que enfatiza en uno de sus polos, para abarcar los distintos niveles y/o tipos que este concepto tiene en los textos weberianos, así como las diversas formas que asume la racionalización. Este es el caso, por ejemplo, de Donald Levine, Stephen Kalberg y Wolfgang Schluchter. Levine (1981) sostiene que en el abordaje que Weber realiza de la racionalidad se pueden identificar dos registros diferentes: *subjetivo* y *objetivo*. La racionalidad subjetiva tiene lugar en los procesos mentales de los actores y estaría presente en su distinción entre la comprensión racional y la comprensión empática del actuar, así como entre los tipos racionales y no-racionales de acción social. La racionalidad objetiva, por su parte, tiene lugar en cursos de acción y productos simbólicos objetivados como normas institucionalizadas y estaría presente en su señalamiento de que ha habido racionalizaciones de diversos tipos en las distintas civilizaciones y esferas de vida, así como diferentes significados posibles del racionalismo.[4] En este nivel objetivo, diferencia cuatro tipos de racionalidad: 1) la *racionalidad conceptual*, referida al dominio de la realidad a través de la abstracción y la generalización; 2) la *racionalidad instrumental*, entendida como la búsqueda metódica de un fin mediante el cálculo de los medios y sus consecuencias; 3) la *racionalidad sustantiva*, referida a patrones normativos de evaluación de la conducta; y 4) la *racionalidad formal*, entendida como la maximización de la previsibilidad de la conducta en esferas sociales específicas. Desde este enfoque, Levine cuestiona que se interprete la racionalización como un proceso histórico de carácter unívoco y unilineal para sostener, en cambio, que los cuatro tipos de racionalidad objetiva mencionados darían lugar en el planteo de Weber a cuatro formas distintas de racionalización, que pueden expresarse al interior de una misma esfera o en las relaciones entre distintas esferas institucionales.

Kalberg (2005) se enfoca en el análisis de los distintos tipos de racionalidad, entendiéndolos como patrones regulares de acción consciente, que sirven para dominar realidades inconexas y fragmentadas. Su tipología está constituida por las racionalidades 1) *teórica*, 2) *práctica*, 3) *sustantiva* y 4) *formal*. La primera se basa en procesos cognitivos y tiene una relación indirecta con la acción, mientras que las otras tres están ancladas en las

---

[4] Levine sostiene que lo que Weber denomina *esferas* u órdenes *de vida* es lo mismo que la sociología actual llama esferas u órdenes *institucionales*.

acciones racionales distinguidas por Weber –la segunda y la cuarta, en la acción racional con arreglo a fines y la tercera, en la acción racional con arreglo a valores–. La *racionalidad teórica* refiere al dominio consciente de la realidad a través de la construcción de conceptos abstractos de creciente precisión y tiene lugar a través de diversos procedimientos cognoscitivos. Surge de la búsqueda irrefrenable de pensadores sistemáticos de otorgarles un sentido a los eventos y al actuar en el mundo. La *racionalidad práctica* refiere a toda forma de vida que considera y juzga la actividad mundana en relación a los intereses puramente pragmáticos y egoístas del individuo. Acepta las realidades como dadas y calcula los medios más convenientes para lidiar con las dificultades que se presentan en la rutina diaria. La *racionalidad sustantiva* ordena directamente la acción en patrones a partir de ciertos postulados de valor pasados, presentes o potenciales. Implica la adopción de criterios éticos a partir de los cuales la realidad empírica puede ser medida y juzgada. Dado que los puntos de vista valorativos pueden ser infinitos, también son múltiples los patrones de acción y los estilos de vida que pueden llegar a moldear. Kalberg sostiene que estos tres tipos de racionalidad tienen en el planteo weberiano un carácter transcultural y metaepocal. En cambio, la racionalidad *formal* es típicamente moderna y se da de manera característica en los campos económico, científico, burocrático y legal. Aunque la conducta supone aquí un cálculo racional con arreglo a fines, se distingue de la racionalidad práctica porque se referencia en reglas o leyes existentes y universalmente aplicadas. Ella tiende a reemplazar el particularismo y la arbitrariedad por un actuar universal y sin consideración de las personas. Partiendo de esta clasificación conceptual, el autor plantea un panorama multifacético de los procesos de racionalización. Por un lado, señala que Weber no solo usa este concepto para dar cuenta de procesos de desarrollo generales de las civilizaciones, sino también para referirse a la dinámica de las distintas esferas que registran procesos de racionalización internos. En cuanto a dichos procesos generales, Kalberg plantea que Weber contempla múltiples racionalizaciones basadas en los cuatro tipos mencionados y que estas son inestables, de corto plazo y no pueden ser ubicadas en un desarrollo lineal o continuo. Pero que, en este marco, le otorga una prioridad analítica a la racionalidad sustantiva dado que es la única capaz de introducir modos de vida metódicos que subyuguen las orientaciones racional-práctica y racional-formal de la conducta. Esta capacidad se debe a que ella ofrece premios psicológicos a la acción ética en el mundo y, una vez que se traduce en una ética-práctica que racionaliza la existencia en función de valores, puede subordinar las otras formas de racionalización.[5] A su vez, la racionalidad sustantiva es la única capaz de llenar de un contenido valorativo al racionalismo teórico. Por este motivo, cuando logra enraizarse sólidamente en una capa de portadores que la lleve adelante, puede producir procesos de racionalización de largo alcance y culminar por institucionalizarse en órdenes legítimos. Según Kalberg, esta prioridad analítica de la racionalidad sustantiva no quiere decir que haya prevalecido históricamente en la realidad empírica. De hecho, lo que Weber constataría en la modernidad es más bien un predominio de la racionalización teórica, práctica y formal por sobre la sustantiva.

En el caso de Schluchter –uno de los especialistas más importantes en la obra weberiana–, su sistematización del concepto de racionalidad fue variando a lo largo del tiempo. En sus trabajos más tempranos (Schluchter, 1981), propuso una clasificación de esta categoría según tres criterios. 1) El *racionalismo científico-tecnológico* se vincula a la capacidad de control mediante el cálculo y es el resultado del conocimiento empírico y práctico de la realidad. 2) El *racionalismo ético-metafísico* refiere a la sistematización de modelos de significado e implica la elaboración intelectual y la sublimación deliberada de los fines últimos; es el resultado de la necesidad humana de comprender el mundo a partir de un sentido ordenador y de tomar una posición unificada frente a este. 3) El *racionalismo práctico* refiere a la realización de un modo metódico de vida y es el resultado de la institucionalización de las configuraciones de significado e intereses. Sin embargo, parece todavía más sugerente lo que plantea en sus elaboraciones más recientes (Schluchter, 2017a), donde intenta ceñirse a la terminología weberiana y desagrega el concepto de lo *racional* en tres niveles distintos, compuestos por dos pares conceptuales cada uno: 1) a nivel de las orientaciones de la acción social, se ubican lo *racional con arreglo a fines* y lo *racional con arreglo a valores*; 2) a nivel de las coordinaciones de la acción en órdenes y asociaciones, están lo *racional-formal* y lo *racional-material*; y 3) a nivel de las relaciones culturales de sentido que Weber llama imagen del mundo, se ubican lo *racional en lo teórico*

[5] Kalberg sostiene que la *racionalidad ética* de la que habla Weber es un tipo de creencia racional con arreglo a valores que impone un elemento normativo a la acción humana que reclama la cualidad de lo moralmente bueno. El autor considera que la racionalidad ética es un tipo particular de racionalidad sustantiva.

y lo *racional en lo práctico*. En cuanto al concepto de racionalización, Schluchter considera que no hay en Weber una teoría evolutiva general al respecto ni tampoco una filosofía de la historia. En cambio, sostiene la existencia de una historia de desarrollo (*Entwicklungsgeschichte*) que aborda los procesos de racionalización en diversas civilizaciones, pero que se interesa centralmente por el desarrollo de Occidente y el surgimiento de la cultura racional moderna. Esta perspectiva histórica la desarrolla Weber sobre todo en su sociología de la religión. En este sentido, Schluchter diferencia dos grandes grupos de religiones, las *religiones culturales* y las *religiones de salvación*, que pueden distinguirse en función de sus estratos portadores –que tienden al racionalismo teórico o al racionalismo práctico– y sus distintas imágenes del mundo –que determinan el tipo de relación del hombre con el mundo–. A partir de la combinación de estos factores, el autor plantea una sistematización de las formas específicas de racionalización que Weber identifica en las distintas civilizaciones. Las religiones de China son religiones culturales que dan lugar a un racionalismo de adaptación al mundo; las de la India son religiones de salvación de carácter místico y extramundano que llevan a un racionalismo de huida del mundo; y el protestantismo occidental es una religión de salvación ascética e intramundana que conduce a un racionalismo de dominación del mundo. La variante ascético-protestante que jugó un rol primordial en la emergencia de la modernidad, constituye un momento especial en el desenvolvimiento histórico del cristianismo, que la diferencia tanto del monasticismo católico como de sus raíces en el judaísmo antiguo.

Las interpretaciones de Levine, Kalberg y Schluchter tienen la ventaja con respecto a las anteriores de que reconocen la complejidad de la noción weberiana de racionalidad, al señalar que está atravesada por distintos niveles de análisis, que comprenden distintos tipos. Sin embargo, tienen el inconveniente de que no son completamente exhaustivas. La propuesta de Levine destaca la importante distinción entre una racionalidad subjetiva y otra objetivada, pero relega el tratamiento del racionalismo entendido como patrones regulares de conducta y como modo de vida, al que Weber le otorga una enorme importancia. Este es precisamente el nivel en el que se concentra Kalberg, cuya caracterización de los diferentes tipos es rigurosa e iluminadora y ha tenido una amplia difusión en el ámbito académico, pero deja de lado explícitamente la indagación de la racionalidad a nivel de la acción y tampoco profundiza en el racionalismo objetivado en los órdenes sociales. En este sentido, el abordaje que el autor realiza de la racionalidad sustantiva o material es un tanto confuso porque no advierte –como sí lo hace Schluchter– que para Weber esta constituye un racionalismo a nivel del orden, del mismo modo que el racionalismo formal. Esto lleva a Kalberg a referirse a la *racionalidad ética* como un subtipo de la sustantiva y no como la condición de posibilidad de esta última. Asimismo, al igual que Habermas y Ruano de la Fuente, Kalberg ignora la dimensión activa del racionalismo teórico cuando señala que tiene una relación tan solo indirecta con la acción. El caso de Schluchter es interesante porque el solo hecho de que su tipología se haya modificado en el tiempo ilustra la dificultad que entraña sistematizar el concepto weberiano de racionalidad. Su primera clasificación era demasiado general y tendía a reflejar la dualidad fundamental entre el racionalismo teórico y el práctico, siendo los tipos científico-tecnológico y ético-metafísico dos expresiones distintas del dominio teorético del mundo. Su sistematización más reciente es mucho más completa y atinada, ya que integra aquellos dos niveles que Kalberg deja afuera y sus tipos correspondientes, e incluye las racionalidades teórica y práctica bajo el nivel que denomina cultural. No obstante, esta reconstrucción tiene el límite de que Schluchter no describe las características de cada tipo, dejando librada su comprensión a las oscuras definiciones de Weber, ni tampoco explica los niveles analíticos que propone, lo que resulta especialmente problemático en el nivel cultural, dado que Weber nunca explicita con claridad y precisión qué entiende por racionalidad teórica y práctica.

En lo que respecta al concepto de racionalización, los planteos de Levine, Kalberg y Schluchter tienen en común que reniegan de aquellas interpretaciones que sostienen que en la obra de Weber existe una teoría del desarrollo histórico-universal o una filosofía de la historia, o que conciben el proceso de racionalización de manera unilineal, unívoca o evolucionista.[6] A contramano de esas lecturas, estos tres autores remarcan el carácter múltiple y polimorfo de esta categoría weberiana y destacan la pluralidad de procesos de racionalización que pueden tener lugar en

---

[6] Entre los intérpretes referidos anteriormente, autores como Tenbruck, Roth, Habermas o Ruano de la Fuente consideran que en Weber hay una teoría histórico-universal de la racionalización, además de las distintas ramificaciones a las que este refiere. Mommsen va un paso más allá al plantear la existencia de una filosofía de la historia en el pensador alemán. Los casos de Eisen y Brubaker, por ejemplo, podrían incluirse entre las lecturas unilineales y unívocas del proceso de racionalización.

las distintas culturas o al interior de los diversos órdenes de vida. En ese sentido, Levine, Kalberg y Schluchter se refieren a distintos tipos de racionalización que están estrechamente vinculados o se desprenden de sus respectivas conceptualizaciones de la racionalidad. Sin embargo, su principal limitación es que tienden a relegar la teoría general de desarrollo que el propio Weber despliega en su famoso texto "Excurso: teoría de los estadios y direcciones del rechazo religioso del mundo".

Robert Bellah (2005) remarca la importancia de este escrito weberiano para la comprensión del proceso universal de racionalización y los momentos típico-ideales que comprende su devenir. Según Bellah, el primer estadio se caracteriza por las relaciones de parentesco y vecindad y por el predominio de la magia en la esfera religiosa. El segundo estadio está signado por relaciones sociales más complejas como el patriarcalismo, el patrimonialismo o la dominación tradicional y por el surgimiento y desarrollo de las religiones proféticas o de salvación. Finalmente, el tercer estadio está constituido por la modernidad y se distingue por la relación social capitalista, por un alto grado de racionalización y por la creciente diferenciación de las esferas de vida.

2. Irracionalidad, carisma y los aspectos irracionales de la modernidad

La faceta irracional del pensamiento de Weber, por su parte, ha sido escasamente estudiada y el tratamiento realizado hasta el momento ha tenido un carácter fragmentario, restringido y en general subordinado a otras temáticas. No solo la cantidad de trabajos al respecto es sensiblemente menor a los que versan sobre el racionalismo, sino que además son menos sistemáticos y abarcadores. Casi no existen investigaciones que busquen reconstruir el significado del concepto de irracionalidad, las diferentes aristas de este problema o su relación con la dimensión racional. La noción de carisma entendida como fuerza histórica ha recibido un poco más de atención, pero se la ha abordado desligada de una visión más global sobre el lugar de lo irracional en la obra weberiana. Finalmente, los aspectos irracionales en el contexto de la modernidad tampoco han sido analizados en profundidad, sino como parte de lecturas críticas hacia el pensamiento de Weber, o que enfatizan en su mirada crítica del mundo moderno.

Entre los antecedentes más significativos, se encuentra el libro de Alan Sica titulado *Weber, irracionalidad, y orden social* (1988), que constituye probablemente el intento más riguroso de recuperar la importancia de la irracionalidad en el pensador alemán. Sica polemiza con las recepciones estadounidenses que enfatizan y extreman su teoría de la acción racional, ofreciendo una visión unilateral acerca de Weber, que opaca sus ambivalencias y ambigüedades. A contramano de esas interpretaciones, trabaja sobre una amplia selección de textos weberianos, que agrupa en tres etapas distintas –trabajos tempranos, período intermedio y trabajos maduros– y los examina rastreando las diversas alusiones y desarrollos en torno a lo irracional. El autor parte de una definición general de las nociones de *racionalidad, irracionalidad* y *no-racionalidad*, que aplica al conjunto del pensamiento filosófico y social moderno. La *racionalidad* refiere a la capacidad de determinar y actuar sobre relaciones de causa y efecto para lograr un fin definido con precisión, o a la voluntad de renunciar a placeres idiosincrásicos o experiencias valiosas en pos de una mayor eficiencia en el logro de los fines. La *irracionalidad* remite a un resorte de acción o creencia que no es fácilmente susceptible de explicación racional, o a una forma de conducta o creencia que domina la acción del sujeto sin un control consciente de su parte. La *no-racionalidad* es un comportamiento que se lleva adelante desafiando el procedimiento racional. Desde esta lente conceptual, Sica recupera los elementos irracionales y no-racionales que aparecen en los escritos de Weber. Pero a pesar de este decisivo reconocimiento, considera que no fue Weber sino Vilfredo Pareto quien elaboró el enfoque sociológico más acabado sobre los componentes irracionales de la acción y la psicología individuales. En consecuencia, propone avanzar hacia una teoría social que complemente la perspectiva estructural weberiana sobre la racionalización, con la perspectiva paretiana sobre la personalidad. El estudio de Sica tiene la virtud de que busca reintroducir en el ámbito de la sociología el hecho en gran medida "negado" de la irracionalidad en la vida humana y, en ese marco, saca a relucir las múltiples referencias al respecto que se presentan en la obra de Weber. Sin embargo, en ningún momento precisa el significado de su concepto de irracionalidad en particular, por fuera de aquella definición general, ni reconstruye las dimensiones y tipos que comprende. Tampoco analiza las relaciones entre lo racional y lo irracional en su pensamiento, que representa el interés fundamental de este trabajo.

Desde el campo del marxismo, se ha llamado la atención acerca del irracionalismo weberiano y también acerca de los límites y la contracara irracional del racionalismo formal, criticándolos como ideológicos y favorables al orden capitalista. Este es el caso, por ejemplo, de Georg Lukács y Herbert Marcuse. Lukács (1968 [1953]) denomina *irracionalismo* a una tendencia reaccionaria de la filosofía y el pensamiento social burgueses, que se desarrolló en distintos países de Europa entre principios del siglo XIX y mediados del siglo XX. "El desprecio del entendimiento y de la razón, la glorificación lisa y llana de la intuición, la teoría aristocrática del conocimiento, la repulsa del progreso social, la mitomanía" (Lukács, 1968: 9) son algunos de los motivos que pueden encontrarse en todo intelectual irracionalista. El autor identifica dos grandes etapas de esta ideología burguesa. La primera se despliega en el contexto histórico de la Restauración monárquica y se enfrenta al concepto hegeliano del progreso, abarcando un rango de pensadores que va desde Friedrich Schelling hasta Søren Kierkegaard. La segunda etapa surge luego de las revoluciones de 1848 y sobre todo luego de la Comuna de París, y tiene como su principal enemigo al materialismo histórico en tanto teoría proletaria; incluye a Friedrich Nietzsche como su exponente más destacado y a un conjunto de autores de la época imperialista del capitalismo. Lukács se enfoca específicamente en el irracionalismo en Alemania, a fin de demostrar cómo este abonó el terreno para la emergencia del nacionalsocialismo y el ascenso de Adolf Hitler al poder. Su trabajo ubica a Weber como un representante peculiar de la segunda oleada de esta corriente intelectual, que compartía sus líneas fundamentales, pero cuestionó y tomó distancia de sus versiones más extremas. En este sentido, destaca la polémica de Weber con el marxismo y la primacía que le otorga a los factores ideales en su explicación de los orígenes del capitalismo. Remarca el carácter ideológico de su perspectiva que, aunque criticaba sus tendencias de desarrollo, consideraba al régimen burgués como un destino insuperable y juzgaba al socialismo como una alternativa inviable. Lukács sostiene que Weber se aparta de los enfoques antidemocráticos, pero bregaba por un cesarismo bonapartista y un expansionismo imperialista como otros irracionalistas de su época. Asimismo, rechaza los tipos-ideales como un método subjetivista, agnóstico, relativista e incapaz de brindar una explicación histórica que trascienda el particularismo y las analogías, puesto que denotarían una concepción de la sociedad entendida como un decurso irracional y no sujeto a leyes. Pero primordialmente, apunta contra la "libertad valorativa" de la ciencia, el irracionalismo práctico weberiano y la visión del mundo a la que darían lugar. Para Lukács, la incapacidad de fundamentar objetiva y racionalmente las posturas prácticas hace recaer a Weber en un decisionismo individual de naturaleza irracional. La expulsión de la religión y la lucha irreconciliable entre valores abstractos desembocaría en un "ateísmo religioso" de cuño romántico y nostálgico de los viejos tiempos todavía no despojados de la magia, pero que niega una perspectiva superadora para la actualidad.

Marcuse (1969 [1964]) parte de señalar la imposibilidad de una ciencia libre de valoraciones, algo que se expresaría en el propio Weber, cuyo análisis del capitalismo industrial presenta este sistema como un destino fatal para Occidente y refleja su hostilidad frente al socialismo. Sostiene que incluso su concepto cardinal de *racionalidad formal* está cargado de un contenido material o valorativo. Según Marcuse, los elementos que caracterizan esta categoría weberiana son: 1) la matematización progresiva de las experiencias y conocimientos; 2) la necesidad de experimentos y comprobaciones en la ciencia y el modo de vida; y 3) la organización universal de la burocracia. La racionalidad formal se hace concreta en el dominio técnico y calculado de la naturaleza y de los hombres. Pero así entendida, esta noción remitiría sin cesuras a la racionalidad específicamente capitalista. Los límites de este concepto se advierten en que asume como presupuestos la empresa privada individual, el trabajo asalariado cuya existencia está sujeta a las posibilidades de ganancia, y la figura del empresario como persona libre, ascética y responsable. Sin embargo, en el contexto del *capitalismo tardío* estos rasgos tienden a ser desmontados y este régimen social se convierte en una fuerza completamente destructiva. Su racionalidad se trastoca en *irracionalidad* en la medida que la alta productividad, el gobierno de la naturaleza y el incremento de la riqueza social conducen a una agudización de la lucha por la existencia, a la guerra entre los Estados, a la devastación del medio ambiente y a la aniquilación de seres humanos. En lo tocante a la dominación política, la racionalidad formal de la burocracia revela su faceta irracional en que requiere de una dirección normativa, que en el planteo weberiano desemboca en el liderazgo carismático. La dialéctica entre racionalidad e irracionalidad se expresa en que la administración racional de las sociedades de masas no puede funcionar sin ese vértice irracional. Para Marcuse, la democracia plebiscitaria es la manifestación política de la irracionalidad convertida en razón. Asimismo, la salvaguarda de los intereses nacionales se traduce en Weber en una defensa del imperialismo, que él mismo consideraba como una forma irracional de capitalismo. El autor destaca que el concepto de racionalidad formal también posee un contenido crítico, pero su límite insalvable radica en que está impregnado de valoraciones propias del orden capitalista. Esto impidió que Weber advirtiera que es la razón de dominio la que conduce a la servidumbre moderna y no la técnica como tal, que también podría ser un medio de liberación si se la orienta en otro sentido.

Los planteos de Lukács y Marcuse resultan iluminadores porque ponen de relieve no solo diferentes manifestaciones de lo irracional en la perspectiva weberiana, sino también cómo estas se relacionan en gran medida con el posicionamiento político y de clase del autor alemán. Sin embargo, la intención fundamental de ambos filósofos no es hacer un examen sistemático de la irracionalidad en Weber, sino criticar los aspectos ideológicos de su pensamiento, revelando que sus límites infranqueables son también los límites de su conciencia burguesa. Asimismo, sus respectivos análisis recaen por momentos en caracterizaciones apresuradas o simplistas sobre algunas dimensiones muy complejas y debatidas de la obra weberiana, que estos desconocen o no tienen en cuenta.

Diversos comentaristas se han referido –con mayor o menor profundidad– a ciertos aspectos de lo irracional en el legado de Weber, en el marco de indagaciones abocadas a otras problemáticas. Por un lado, se ha abordado su concepción de la *irracionalidad ética del mundo* y el *politeísmo* valorativo, que afloran en la modernidad como resultado del proceso de desencantamiento. En este punto, se ha tratado su diagnóstico sobre la lucha irresoluble entre valores contrapuestos y la incapacidad de la ciencia moderna de fundamentar racionalmente las posturas prácticas. También se ha sugerido que la perspectiva ética weberiana conlleva una ruptura con las visiones de Immanuel Kant y Heinrich Rickert; o que abreva en el enfoque nietzscheano sobre la moral y la personalidad (Mommsen, 1971; Schluchter, 1981, 2016; Habermas, 1999; Gronow, 1988; Hennis, 1988; Oakes, 1988; Beriain, 2000; Gane, 2002; Ruano de la Fuente, 2007; Schroeder, 2009). Por otro lado, por fuera de las lecturas críticas de raigambre marxista, algunos estudios han dado cuenta de las limitaciones de la racionalidad moderna, indicando determinados elementos o formas irracionales del capitalismo y la burocracia contemporáneos

(Bühler, 1977; Beetham, 1979; Sayre, 1995; Swedberg, 1998; Al-Habil, 2011). Finalmente, otros trabajos se han aproximado indirectamente a la faceta irracional de Weber, analizando la influencia del romanticismo en su pensamiento, o su mirada crítica de la modernidad. En ese sentido, se han tematizado el papel de las esferas estética y erótica como vías de escape frente al racionalismo; la relación de Weber con la literatura alemana, especialmente con Friedrich Schiller y Johann W. von Goethe; y su perspectiva *romántico-resignada* ante el devenir del capitalismo y la burocratización, que conducen a una creciente pérdida de libertad (González García, 1988, 1995, 2016; Löwy y Sayre, 2008).

En lo que respecta a los factores irracionales en la historia en general y en la época moderna en particular, resultan relevantes los señalamientos de Karl Löwith y Julien Freund, que destacan la ambivalencia del planteo weberiano sobre la racionalización. Löwith sostiene que "Weber intentó hacer comprensible el proceso general de racionalización de nuestra completa vida, porque la racionalidad que surge de él es algo específicamente *irracional e incomprensible*". El capitalismo dominante que emerge de ese derrotero es un sistema de dependencia total que conduce a una nueva servidumbre y a una "aparatización general del hombre" (Löwith, 2007: 54, 57). De este modo, Löwith remarca que Weber, al igual que Marx, reveló la cara irracional de la sociedad burguesa al criticar sus consecuencias reificantes e inhumanas. Por su parte, Freund (1986 [1966]) puntualiza que, en el enfoque weberiano, la irracionalidad se expresa en el terreno de la vida afectiva; en la dinámica de las relaciones con el poder; en el azar o imprevisibilidad de ciertas conductas o fenómenos naturales; y en irracionalidad ética del mundo, caracterizada por la irracionalidad axiológica y la paradoja de las consecuencias. Pero lo más significativo es que señala con vehemencia que

> A pesar de su progresión aparente en todos los dominios de la actividad humana, la racionalización y la intelectualización no logran socavar el imperio de lo irracional. Por el contrario, con la creciente racionalización, lo irracional refuerza su intensidad. Esta es una idea dominante que, aunque Weber no la expresa con claridad, preside toda su filosofía. [...] El hecho de que [la acción racional con arreglo a fines] sea la más comprensible no significa, sin embargo, que sea la más frecuente, aunque Weber hubiera deseado que así fuera. No obstante, su sentimiento profundo, expresado

> varias veces [...] es que la vida y el mundo son fundamentalmente irra-
> cionales (Freund, 1986: 27-28).

Lamentablemente, en ambos autores se trata de planteos relativamente aislados, y ninguno de ellos abunda mucho más sobre la relación entre lo racional y lo irracional en la perspectiva histórica de Weber.

Algunos especialistas subrayan la importancia del concepto weberiano de carisma entendido no solo como un tipo-ideal de dominación, sino también como una fuerza históricamente operante, aunque no siempre destaquen su naturaleza irracional. Luciano Cavalli (2009 [1987]) identifica los distintos momentos del proceso carismático y examina la potencialidad de esta noción para dar cuenta de los totalitarismos del siglo XX. Guenther Roth (1979a; 1979b) se interesa por la explicación histórica en el pensamiento de Weber y recurre a la categoría de carisma para analizar diversos movimientos revolucionarios y contraculturales. Andreas Kalyvas (2002) polemiza con las interpretaciones del carisma enfocadas exclusivamente en el líder individual y, a contramano de eso, enfatiza e indaga su dimensión colectiva. Carlos Sell (2017) examina el carácter bidimensional de la dominación carismática, que puede actuar como "poder instituido" que legitima las instituciones políticas vigentes, o como "poder subversivo" que pone en jaque el orden establecido.

Especial interés revisten los trabajos de Wolfgang Mommsen y Stefan Breuer, que analizan el vínculo entre el carisma y la racionalización burocrática como fuerzas históricas contrapuestas. Mommsen (1971) defiende la tesis de que hay en Weber una filosofía de la historia universal, aunque este rechazara decididamente esa clase de enfoques. Retomando el planteo de Löwith de que su idea de la personalidad está atravesada por la dialéctica entre el *hombre de cultura* y el *hombre técnico*, sostiene que esta constituye el trasfondo de su teoría sociológica de los tipos-ideales, pero también de su concepción histórica. En este sentido, el autor examina la dualidad entre el carisma y la racionalización como poderes antagónicos. Destaca la importancia del carisma como potencia creadora y revolucionaria de la historia, que se orienta hacia ideales trascendentes, ajenos a lo cotidiano, y que transforma espiritualmente a las personas. Esta fuerza se contrapone a los medios puramente técnicos de la racionalización burocrática, que actúa históricamente mediante una "revolución en las condiciones materiales de la vida" (Mommsen, 1971: 99). Mientras la primera es contraria a toda acomodación a la realidad existente, la segunda promueve la conducta disciplinada y la adaptación al orden, conduciendo a una petrificación paulatina de las relaciones sociales. Según Mommsen, el desarrollo del proceso universal de racionalización ha sido favorecido continuamente por fuerzas carismáticas y espirituales, aunque históricamente el factor decisivo ha sido la racionalización. Se trata de una tendencia ineluctable para Weber que, una vez echada a andar, puede prescindir de los impulsos ideales. También considera que, en la filosofía de la historia weberiana, desempeñan un papel primordial los grandes hombres con cualidades carismáticas. En este punto, interpreta su concepción de la democracia plebiscitaria como la respuesta de un liberal aristocrático ante los problemas acuciantes de la sociedad moderna, que amenaza cada vez más la libertad y la responsabilidad individuales. La conjunción entre el liderazgo carismático del político con ideales y la eficiencia de la burocracia racional sería un intento de revitalizar las relaciones sociales e impedir el triunfo definitivo del hombre técnico.

Breuer (1996) polemiza con distintas lecturas sobre el pensamiento político weberiano señalando que, para comprender el proceso de modernización política, no basta con el impulso de la racionalización. Por el contrario, sostiene que Weber le otorgó un lugar primordial al concepto de *carisma* entendido como una fuerza social y política extracotidiana y que, si bien consideraba que en el largo plazo su importancia tendía a decrecer, estaba convencido de que los cambios determinantes para la racionalización política tenían lugar por medio de irrupciones carismáticas. Para Breuer, el carisma puede presentarse bajo una forma puramente personal –en las cualidades individuales de un líder, o de los miembros de una secta o de un movimiento social– o bajo una forma despersonalizada y objetivada en ideales –como ocurre, por ejemplo, en el "carisma de la razón"–. Dependiendo de la modalidad que este adopte, la modernización política también asume un matiz determinado y específico. Así pues, el autor plantea la existencia de una interacción permanente entre racionalidad y carisma, que analiza en los distintos artículos que componen su libro sobre la sociología política de Weber. En este punto, los capítulos dedicados al examen del "carisma de la razón" y el "carisma de la nación" son particularmente importantes ya que, a diferencia de Mommsen, ponen el acento en las formas no-personales del carisma, que también juegan un papel destacado en su obra.

Los planteos de Mommsen y Breuer tienen el mérito de que ponen de relieve la relación clave entre el carisma y la racionalización en el legado weberiano, si bien el primero no hace de ella su tema de indagación principal. Hay que decir, no obstante, que ambos autores destacan la fase transformadora del proceso carismático, pero no le prestan demasiada atención a su fase de rutinización y a cómo esta se vincula con la dinámica del racionalismo.

Como corolario de la reposición bibliográfica llevada a cabo en este capítulo, se puede sostener lo siguiente. Aunque el polo racional del pensamiento de Weber ha sido abundantemente trabajado y con mayor rigurosidad que el polo contrario, las sistematizaciones realizadas sobre las categorías de racionalidad y racionalización no son del todo satisfactorias. Ya sea porque se enfocan en un par conceptual o en un tipo-ideal fundamental, relegando el estudio de otros, porque excluyen del análisis ciertos tipos de racionalidad o procesos de racionalización que Weber aborda explícitamente, o porque omiten una caracterización de los tipos-ideales esgrimidos en las tipologías que proponen, las reconstrucciones conceptuales examinadas carecen de exhaustividad y no resultan enteramente convincentes.

En cuanto al polo irracional, la falta de sistematicidad es manifiesta no solamente en la obra de Weber, sino también entre sus comentaristas. Aunque los antecedentes referidos sobre el concepto de irracionalidad son indudablemente valiosos y colaboran en su intelección, su tratamiento ha sido parcial, insuficiente y tangencial a otras temáticas. El significado de esta noción, así como su relación con la de racionalidad, permanecen sustancialmente inexplorados. Las indagaciones sobre el carisma como fuerza histórica han sido más relevantes, pero paradójicamente, no siempre enfatizan en su carácter irracional y en su vinculación con el proceso histórico-universal de racionalización.

Todo esto revela que la relación entre lo racional y lo irracional en el pensamiento weberiano dista mucho de haberse agotado como problema de investigación y constituye un terreno fértil sobre el que es preciso avanzar para una comprensión más acabada del autor alemán. Esta es la tarea que se proponen, justamente, los próximos capítulos.

Capítulo II
Sobre el concepto de *racionalidad*

Para caracterizar la relación existente en el pensamiento de Max Weber entre los conceptos contrapuestos de lo racional y lo irracional, se comenzará por el examen del primer polo de este vínculo, que ha sido destacado acertadamente como uno de sus aportes más originales y significativos. Como se dijo antes, en los debates de las últimas décadas, la racionalidad y el proceso histórico-universal de racionalización han sido interpretados, con sólidos fundamentos, como los ejes cardinales que vertebran y unifican el conjunto de su obra.

El interés por la racionalidad se manifiesta tempranamente en los escritos de Weber. Subyace a sus investigaciones sobre la situación de los trabajadores agrícolas en el este de Alemania, en las que se evidencia un conflicto irremediable entre la lógica de la economía y la lógica de la nación. También está presente en sus primeros ensayos metodológicos, en donde sienta los pilares de su abordaje científico-racional de la acción humana, en el contexto de las discusiones en el ámbito académico alemán en torno al método de las ciencias sociales. Y se expresa claramente en sus trabajos sobre los orígenes del capitalismo moderno occidental, en los que indaga el papel que jugaron los factores religiosos en el surgimiento del "*ethos* profesional burgués" y el modo de vida racionalmente orientado que lo caracterizan (Weber, 2008b: 464-465; Fischoff, 2005: 38-39).

En cambio, su interés por el desenvolvimiento histórico del racionalismo es relativamente tardío. Es sobre todo a partir de 1910 cuando se advierte un desplazamiento y una ampliación en las inquietudes del autor alemán hacia el examen del proceso histórico de racionalización, entendido como un fenómeno de larga duración y alcance universal, en el que se inscribe el peculiar derrotero de Occidente (Weisz, 2011: 194-195). De hecho, la década de 1910 a 1920 es su época más prolífica, cuando redacta los escritos compilados en *Economía y sociedad,* así como el grueso de sus *Ensayos sobre sociología de la religión,* cuyo objeto por excelencia es la racionalización. A lo largo de ese período y conforme iba avanzando en sus indagaciones, Weber revisa y reelabora una parte importante de estos mismos escritos, a la luz de sus renovados intereses. En este punto, se destaca la reelaboración en 1920 de "La ética protestante y el espíritu del capitalismo", que había sido publicada quince años antes en el *Archiv für Sozialwissenschaft und Sozialpolitik,* y en cuya reescritura agrega nuevos conceptos, comentarios y notas al pie de página, que dan cuenta de este viraje hacia la indagación del racionalismo como un proceso de desarrollo histórico-universal, que trascendía los estrechos márgenes de la modernidad occidental.[1]

Stefan Breuer remarca la influencia, injustamente soslayada, que ejercieron las ideas de Ferdinand Tönnies plasmadas en *Comunidad y sociedad,* sobre las nuevas preocupaciones weberianas. Había sido Tönnies el primero en diferenciar dos formas distintas de convivencia humana y en diagnosticar una intervención creciente de los órdenes estatuidos garantizados por el Estado, en detrimento de la fe y la tradición. También el que había descripto el tránsito histórico entre una y otra forma, mediante un concepto todavía "no formulado explícitamente, pero contenido implícitamente, que habría de convertirse en la idea directriz de las concepciones de Weber sobre el desarrollo histórico: el concepto de racionalización" (Breuer, 1996: 13-14).[2]

En efecto, en sus *Ensayos sobre sociología de la religión,* obra en la que trabajó afanosamente durante los últimos años de su vida, Weber se propuso comprender la especificidad del racionalismo occidental –y del racionalismo occidental moderno en particular– y explicar su génesis histórica, en el marco más general y como parte de un proceso universal de racionalización. Procuró "sacar de su aislamiento" sus investigaciones originales sobre el vínculo entre el protestantismo ascético y la ética económica capitalista, e integrarlas en el conjunto del desarrollo cultural mediante un estudio comparativo "sobre las conexiones histórico-univer-

[1] La edición crítica de "La ética protestante y el espíritu del capitalismo" publicada en 2003 por Francisco Gil Villegas permite distinguir entre el texto original de 1904-1905 y los agregados incluidos en 1920. Es un aporte relevante para la interpretación de este cambio de intereses de Weber por parte de los lectores hispanoparlantes.

[2] Por lo demás, el propio Weber destaca la influencia sobre el contenido de sus propias elaboraciones (no así en la metodología) del "bello libro", "siempre importante", de Ferdinand Tönnies *Gemeinschaft und Gesellschaft* (Weber, 2012a: 5; 2006b: 175).

sales entre sociedad y religión" (Weber, 2008a: 289). En relación a esto, Benjamin Nelson remarca la importancia de la "Introducción" a dicha obra –la célebre *"Vorbemerkung"*–, que es lo último que Weber escribió antes de morir. Sostiene que es un texto clave porque evidencia la manera en que, en la cumbre de su carrera intelectual, llegó a interpretar los esfuerzos de toda su vida, revelando que la realización de sus propósitos como sociólogo era indisociable del estudio de la historia universal en una lógica civilizacional-comparativa (Nelson, 2005: 55).

Partiendo entonces de este reconocimiento sobre el lugar central de la racionalidad y la racionalización en el legado weberiano y, al mismo tiempo, de la necesidad de comprender en qué consisten para avanzar en los objetivos de este libro, en el presente capítulo se realiza una sistematización del concepto de racionalidad, abordándolo desde un enfoque típico-ideal. Se examinan su contexto de surgimiento y su naturaleza polémica con otras corrientes de pensamiento; se propone una definición de su significado, distinguiendo sus principales dimensiones; y se plantea una nueva clasificación de los tipos-ideales de racionalidad, describiendo las características de cada uno. La tipología resultante del análisis y la reconstrucción conceptual llevados adelante se plasman finalmente en un cuadro sintético, que permite visualizar la complejidad y la riqueza de esta noción cardinal de Max Weber.

1. Una categoría multívoca y polémica

Si el concepto weberiano de racionalidad continúa generando controversias hasta el día de hoy, se debe sobre todo a su carácter polisémico y multidimensional, no siempre detectado ni adecuadamente aprehendido por sus intérpretes. El propio Weber es en gran medida responsable de la opacidad y los equívocos suscitados en torno a este, ya que a diferencia de lo que ocurre con otras de sus categorías fundamentales, cuyo significado especifica escrupulosamente, nunca proporciona una definición acabada de esta en particular y se vale indistintamente de las expresiones "racionalidad" (*Rationalität*), "racionalismo" (*Rationalismus*), "lo racional" (*das Rationale*), *"ratio"* para dar cuenta del mismo fenómeno. Abona la imprecisión cuando remarca de forma reiterada que esta noción "puede significar cosas harto diversas" (Weber, 1998a: 21), pero sin indicar posteriormente qué sentido tiene para él. Finalmente, sus referencias al respecto son en general fragmentarias y se encuentran desperdigadas a lo largo de una extensa obra, cuyos vericuetos estilísticos y su abrumadora erudición no siempre facilitan la comprensión del lector ni resultan inmediatamente iluminadores.

En consecuencia, reconstruir qué entiende Weber por racionalidad y cuáles son sus dimensiones y tipos más relevantes, supone un arduo trabajo de búsqueda, de contextualización histórica, de interpretación y sistematización, que pocos investigadores han encarado de manera rigurosa. Como sugiere Stephen Kalberg, muchos de los estudios existentes sobre el tema cometen el error de soslayar la naturaleza multivalente de la racionalidad y de los procesos de racionalización asociados a ella, enfatizando solo un aspecto del problema y recayendo en visiones parciales o restrictivas (Kalberg, 2005: 74-75). El reduccionismo más habitual es el que equipara y limita el alcance del concepto weberiano a la *racionalidad formal* y su avance paulatino en las distintas esferas de la vida; un aspecto indudablemente primordial, pero que no es el único.[3] La sistematización conceptual que se realiza a lo largo de estas páginas procura trascender esas limitaciones, respetando el carácter multívoco y multiforme de esta noción.

Lo primero que es necesario destacar es el contexto y la polémica que subyacen a su elaboración. Weber forja su conceptos típico-ideales de racionalidad y racionalización, en debate con la idea de *razón* y de su desarrollo en la historia, que habían planteado otras corrientes de pensamiento desde los albores de la modernidad (Aguilar Villanueva, 1988: 77-78). El iluminismo y el positivismo franceses se valían de la categoría clásica de *raison*, mientras que el idealismo alemán –cuyos principales exponentes fueron Kant, Fichte y Hegel– diferenciaba nítidamente entre *Verstand* (el *entendimiento* condicionado de lo empírico) y *Vernunft* (la *razón* absoluta e incondicionada). Como sostiene Herbert Marcuse (1999), el idealismo alemán fue la expresión teórica más refinada de la burguesía en ascenso, que sistematizó sus principios revolucionarios de Razón y Libertad y justificó filosóficamente su programa de emancipación respecto del Antiguo Régimen. Fue la corriente de pensamiento dominante en Alemania entre fines del siglo XVIII y principios del XIX, paradójicamente, en un país todavía feudal y atrasado en relación a Francia e Inglaterra en los planos económico, político y social. Tras la muerte de Hegel en 1831, se produ-

---

[3] La *racionalidad formal*, que se desenvuelve de manera característica en la época moderna, es tan solo uno de los tipos de la racionalidad weberiana.

jo el derrumbe del idealismo alemán y esta "filosofía negativa" –esto es, crítica y potencialmente revolucionaria– fue desplazada por las "ciencias positivas" de la sociedad existente –que abrevan en el racionalismo, pero rechazan la revolución–, y por corrientes de raigambre romántica e historicista, abiertamente irracionalistas y reaccionarias –partidarias de la Restauración monárquica y religiosa–. Por su parte, Georg Lukács (1968) señala que con el desarrollo capitalista ya echado a andar en Alemania y, especialmente luego de la derrota de la revolución de 1848, empezaron a cobrar vigor las perspectivas críticas sobre el Estado y la sociedad burguesas, con dos referentes tan destacados como antagónicos: la teoría revolucionaria y socialista de Marx –heredera de Hegel y la Ilustración–, y la filosofía conservadora y aristocrática de Nietzsche –antiilustrada, pero también profundamente antirreligiosa y antiestatal–. La generación de Weber estuvo fuertemente marcada por esta trayectoria intelectual alemana y, sobre todo, por la enorme influencia y el efecto disolvente de estos dos últimos pensadores, luego de los cuales toda visión ingenua y optimista sobre la naturaleza y el porvenir del moderno régimen burgués y su racionalismo característico quedó severamente cuestionada.

Así pues, el concepto weberiano de racionalidad debe ser entendido a partir de este contexto, en el que se inscribe y afirma de manera decididamente controversial. En efecto, por un lado, Weber discute con la tradición ilustrada y sus repercusiones en el idealismo alemán, en el materialismo histórico y en el positivismo; y, por otro lado, con las vertientes más extremas y conservadoras del romanticismo y del historicismo. De los primeros rechaza su concepción universalista de la razón práctica; la sacralización de un ideal que considera haber determinado racionalmente en qué consisten los *valores supremos* y el *deber* moral e histórico del ser humano y que, en consecuencia, instruye sobre cómo *deben-ser* la acción individual y colectiva, así como las formas de organización social y política de los hombres. También critica la idea de que el desenvolvimiento histórico de la razón esté presidido por leyes naturales inmutables o por un principio de desarrollo unilineal y progresivo que, a su debido tiempo, conducirían a una coincidencia entre el *deber-ser* con lo que objetivamente *es*, o bien con lo que inevitablemente *deviene* producto de la historia, así como de la voluntad y el obrar humanos congruentes con aquel (Weber, 2006a: 41). De las otras dos corrientes, por el contrario, rechaza su concepción relativista de los valores, que ignora sus antagonismos irremediables, y su apología exacerbada de lo irracional: la exaltación romántica de los sentimientos y las "vivencias" subjetivas como fundamentos de la personalidad, y la genuflexión historicista frente al tradicionalismo y los hábitos arraigados en cada pueblo, en nombre de su identidad cultural. Pero, por sobre todas las cosas, impugna sus reminiscencias metafísicas y organicistas, y su empecinada resistencia al estudio racional de la acción humana y del devenir histórico, por intermedio de una ciencia empírica (Weber, 1985: 13-15, 19-20, 158-159; 2006c: 239).

Pero aunque Weber discute con estas tradiciones de pensamiento, también abreva y se inspira en ellas. Después de todo, siguiendo la herencia del racionalismo ilustrado, reconoce a la razón como una capacidad distintiva del ser humano y como un poder que se desenvuelve a lo largo de la historia, y pretende indagar su desarrollo mediante un abordaje racional. Ahora bien, le interesa estudiar la racionalidad efectivamente existente y realizada, y no la que debe-ser; y busca llevarlo adelante mediante una investigación histórica y sociológica, y no filosófica o especulativa. Al mismo tiempo, y retomando en esto al romanticismo y al historicismo, Weber es consciente de que la *ratio* es solo uno más entre otros poderes sociales (afectivos, tradicionales), cuya influencia ha sido en general limitada e inestable (Weber, 1998e: 528); y considera que en vez de una evolución unidireccional o un progreso teleológico de "la Razón" en la historia universal, ha habido múltiples racionalidades que se han desarrollado de forma paralela y según su propia dinámica, en las distintas culturas y esferas de la vida. En todo caso, lo decisivo para determinar la significación que cada cultura ha adquirido en la historia universal es en qué esferas y en qué dirección específicas se ha racionalizado (Weber, 1998a: 21).[4]

Llegados a este punto, se advierte con claridad que la constante ambigüedad o imprecisión con la que Weber se refiere a la racionalidad es en realidad deliberada. Él pretende marcar una distancia con respecto a la tradición ilustrada, para lo cual no solo descarta su característico concepto de razón, utilizando otras palabras en su lugar, sino que procura des-sustancializar esta noción tan difundida y cargada de valores.[5] Quiere

---

[4] Este señalamiento vale especialmente para la importancia adquirida por la modernidad occidental, cuya racionalidad característica tiende a difundirse en las demás culturas y en los distintos ámbitos de la vida.

[5] Resulta poderosamente significativo el hecho de que Weber prácticamente no utilice en sus textos la noción ilustrada de razón y que, cuando sí lo hace, la escriba entre

despojarla de los contenidos ético-prácticos que aquella corriente y sus herederas le habían otorgado y que juzgaban como universalmente válidos, para convertirla en una categoría científica valorativamente neutral y utilizable en un sentido puramente analítico-descriptivo (Rabotnikof, 1988: 99). Para llevar esto adelante, recurre al perspectivismo historicista y al subjetivismo romántico, enfatizando que el concepto de racionalidad "encierra un mundo de contradicciones" (Weber, 2008a: 127) y puede significar cosas distintas dependiendo de la perspectiva subjetiva y cultural desde donde se lo mire; que cada cultura y cada ámbito de la vida "puede 'racionalizarse' desde puntos de vista y objetivos últimos de la mayor diversidad, y lo que visto desde uno es 'racional', puede ser 'irracional' visto desde el otro" (Weber, 1998a: 21).

De esta manera, Weber vacía la racionalidad de una connotación absoluta o universalista acerca de lo que es racional y lo que no, para entenderla como una categoría inherentemente contradictoria, que abarca una pluralidad de formas contrapuestas. Pero al mismo tiempo, pone de manifiesto que toda racionalidad se apoya y se desenvuelve a partir de ciertos presupuestos valorativos que se asumen como válidos, "considerándolos como simplemente dados" (Weber, 1998c: 248). Es decir, que descansa en postulados de valor que no se ponen en cuestión, y son precisamente estos *a priori* los que condicionan su dirección e impulsan su dinámica de desarrollo. Por ejemplo, la racionalidad del capitalismo moderno se basa en la expectativa de obtener ganancias como finalidad indiscutida de la actividad económica, y en la validez del dinero y de los precios monetarios como fundamentos de la orientación subjetiva para el cálculo de capital y los intercambios mercantiles, a la vez que estos mismos principios motorizan el desenvolvimiento histórico del orden capitalista y su racionalización característica (Weber, 1998a: 14-15; 1998e: 534-535). Lo interesante y sorpresivo es que, para Weber, estas premisas valorativas en las que se asienta toda racionalidad y todo proceso de racionalización son esencialmente irracionales. En los Capítulos IV y V, dedicados respectivamente al concepto de irracionalidad y al lugar de lo irracional en la historia, se retomará este tema en profundidad.

---

comillas o con un énfasis tal que ha llevado a los traductores a ponerla con mayúscula, y que aluda inmediatamente a la sacralización o "glorificación carismática" de esta idea en los albores de la modernidad (Weber, 2012a: 397), dando a entender la persistencia de una reminiscencia religiosa en torno a ella.

2. La noción weberiana de racionalidad: significado, dimensiones y niveles de análisis

Despejado y aclarado que el significado del concepto de racionalidad está condicionado por el punto de vista cultural y subjetivo, ¿qué sentido tiene para el autor alemán y cuáles son sus principales dimensiones y registros analíticos? Weber aborda y examina estas cuestiones desde la perspectiva y considerándose a sí mismo como un "hijo de la moderna civilización occidental", interesado en "problemas histórico-universales" (Weber, 1998a: 11).

Como tal, tiene la firme convicción de que la clave de la realidad no hay que buscarla en los objetos, sino en el sujeto y su actividad. Inspirado en este punto en la filosofía kantiana, para Weber el sujeto es el principio que recorta, ordena, somete a reglas y torna significativa una realidad que se presenta como indeterminada, caótica e inaprensible por fuera del hombre (Weber, 2006a: 61-62, 65-66).[6] Diversos autores han señalado que en su concepción del objeto de la sociología (la acción social) y en su caracterización de los cuatro tipos de acción social (afectiva, tradicional, racional con arreglo a valores y racional con arreglo a fines), se entrevé una cierta concepción antropológica, aunque relativizada en términos históricos y sociológicos. Weber concibe al hombre como un ser que actúa e interviene en la realidad pero que, al mismo tiempo, es capaz de otorgarle un determinado *sentido* a las acciones que realiza, a su propia vida y al mundo que lo rodea en su conjunto; y es precisamente esta característica la que lo distingue de los animales y lo separa de una existencia puramente natural. El individuo no solamente actúa ocasionando determinadas

---

[6] Con la llegada de la modernidad, la pregunta clásica en la historia del pensamiento acerca de qué es el *ser* o cuál es la *sustancia* de las cosas, es desplazada por el interrogante sobre qué es la *razón*, como rasgo primordial para el conocimiento y la intervención humanos sobre el mundo. Descartes sentó los pilares del racionalismo al señalar que el hombre vive en un mundo de *fenómenos*, de representaciones acerca de las cosas, y Hegel fue su expresión más acabada, al afirmar que la supuesta sustancia es en realidad *sujeto*, actividad (Lambruschini, G., 1998: 42-43). La filosofía kantiana fue el verdadero punto de inflexión, cuando estableció que la clave de lo que las cosas son, está en la manera en que el sujeto enlaza sus representaciones. En efecto, Kant distinguió entre la realidad *nouménica* de las cosas-en-sí, que es compleja, caótica e inaprensible para el hombre, y la realidad *fenoménica*, que implica un recorte y un ordenamiento por parte del sujeto y que es lo que efectivamente puede conocer a través de sus representaciones oriundas de la sensibilidad (intuiciones), del entendimiento (conceptos) o de la razón (ideas). Como se sabe, Weber es un heredero de la filosofía kantiana, aunque también discute con ella en aspectos decisivos.

consecuencias empíricas susceptibles de ser explicadas causalmente, sino que actúa de manera consciente y deliberada, estableciendo una determinada conexión (teleológica) de sentido entre su propio actuar y los propósitos o finalidades que lo rigen, y volviéndolo de este modo comprensible en su desarrollo y por sus motivos últimos. Aquí radica precisamente el plus de racionalidad o calculabilidad de los fenómenos sociales y culturales con respecto a los fenómenos de la naturaleza, en el hecho de que no solo es posible explicar nomológicamente lo que sucede o sucedió, sino también brindar una explicación teleológica de por qué y para qué sucedió, y ocurrió de esa manera y no de otra (Weber, 1985: 80-83; Aguilar Villanueva, 1989: 355-356).

Sin embargo, para Weber las acciones verdaderamente plenas de sentido son las que caracteriza como "racionales" –ya sea con respecto a fines o a valores–, en las que existe una consideración reflexiva y consciente acerca de los medios y los fines del actuar; mientras que las acciones que denomina afectivas y tradicionales, generalmente se encuentran en la frontera de una acción con sentido y muchas veces más allá de lo comprensible (Weber, 2012a: 20-21). Asimismo, considera que esta capacidad de actuar racionalmente constituye una cualidad universal del *homo sapiens* (Kalberg, 2005: 76), un rasgo antropológico que caracteriza típicamente al sujeto moderno, pero que también se encuentra presente en épocas anteriores y en el así llamado "hombre primitivo".

Teniendo en cuenta esto, y retomando en parte los aportes de Stephen Kalberg (2005: 77) y Yolanda Ruano de la Fuente (1996: 62), es posible definir el concepto weberiano de racionalidad como la capacidad del ser humano de *dominar (beherrschen) conscientemente* la realidad: la facultad de vincularse de manera *mediata* y *reflexiva* con lo real –tanto con la naturaleza y los objetos del mundo exterior, como consigo mismo y con los otros hombres–, dando un cierto *orden* y *sentido* a lo que aparece como inconexo y sin sentido. Esta capacidad se manifiesta primeramente en el terreno de acciones aisladas, en las que el individuo tiene una representación clara sobre las finalidades que persigue –sean estas intelectuales, pragmáticas o ético-prácticas–, y a las que dirige deliberadamente su actuar en tanto medio o sopesando los medios. Pero cuando estos tipos de acción adquieren regularidad y se convierten en patrones reiterados y sistemáticos de comportamiento, la racionalidad también se expresa en las visiones del mundo, en algunas formas de conducir la vida (*Lebensführung*), en la dinámica de los distintos órdenes o esferas, y en los rasgos distintivos de una cultura en la historia universal.

En la "Introducción" a "La ética económica de las religiones universales", Weber parece sugerir esta interpretación cuando sostiene que la palabra racionalidad

> [...] puede hacer pensar en esa especie de racionalización que emprende, por ejemplo, el pensador sistemático con la imagen del mundo, y que aumenta su dominio teórico de la realidad mediante la utilización de conceptos abstractos cada vez más precisos; o más bien, en la racionalización en el sentido del logro metódico de un fin determinado, dado en la práctica, mediante el cálculo cada vez más preciso de los medios adecuados. Se trata de cosas bien distintas, pese a que tengan una última e inseparable comunidad. [...] La racionalización del modo de vida de la que aquí nos ocupamos puede adoptar formas extraordinariamente diversas. [...] [Pero] en general todos los tipos de ética práctica que se orientaron sistemática y unívocamente hacia metas fijas de salvación fueron "racionales", en parte en el mismo sentido del metodismo formal, pero en parte también en el sentido de la diferenciación entre lo normativamente "válido" y lo empíricamente dado (Weber, 1998c: 259-260).

La categoría general de racionalidad –que abarca una pluralidad de formas distintas– implica entonces una orientación "metódica" o "sistemática" de la actividad del individuo, es decir, que presupone reflexión y procede ordenadamente persiguiendo una meta y estableciendo una conexión de sentido entre las representaciones que este tiene. Ella tiende a dar una unidad sistemática a lo que aparece fragmentado, sometiéndolo a determinadas normas, leyes o ideales. Y esta forma metódica de actuar tiene como resultado un dominio consciente de la realidad, ya sea a través de la actividad intelectual o de la actividad práctica (Ruano de la Fuente, 1996: 62-63).

En el fragmento referido, también comienzan a avizorarse las diferentes dimensiones y modalidades de este concepto complejo. Como plantea Ruano de la Fuente, la noción de racionalidad contempla "una doble dimensionalidad central: *teórica y práctica*" (1996: 62). Pero como se puso de relieve en el Capítulo I, la autora no advierte cabalmente los diversos registros analíticos que atraviesan esta distinción principal y su trabajo se limita a examinar los dos tipos de acción racional, relegando el abordaje del racionalismo teórico. Kalberg (2005) se enfoca en la racionalidad desde el punto de vista de las regularidades y patrones de acción, mientras que Donald Levine (1981) aborda el racionalismo objetivado en la historia y los órdenes sociales; pero ambos soslayan ciertos tipos-ideales que Weber menciona expresamente. Si bien Wolfgang Schluchter (2017a) distingue diferentes niveles de análisis en la noción weberiana de lo racional, no describe las características de los tipos-ideales que comprende su clasificación. Sin embargo, lo que resulta problemático en general de los estudios existentes es que todavía no han advertido que, bajo el tratamiento evidentemente difuso y poco sistemático que Weber realiza de la racionalidad, subyace una determinada metodología para dar cuenta de ella, que está en consonancia con su rechazo del organicismo y con el método individualista que defendió para la sociología como ciencia.[7]

En efecto, desde la óptica de este libro, a contramano de todo enfoque reificante que analice lo social desligado del actuar con sentido de las personas, Weber se refiere a las formas típicas que asume el racionalismo en tres niveles de agregación y cristalización de la acción humana: 1) a nivel de la *acción* individual y circunscripta espaciotemporalmente; 2) a nivel de la *conducta de vida* regular de un estrato o grupo social; y 3) a nivel de las relaciones sociales cristalizadas como *órdenes*, cuyas reglas se imponen y condicionan las acciones de los individuos participantes.[8] Desde esta perspectiva, el autor da lugar a una tipología rica y multiforme que resulta del entrecruzamiento entre las dimensiones y los niveles analíticos indicados. Sin embargo, como nunca presenta los distintos tipos-ideales de racionalidad concentrados en un mismo lugar y como

---

[7] Sobre el individualismo metodológico weberiano, véase la nota 2 en la Introducción.

[8] Aquí conviene precisar algunas definiciones conceptuales. Weber denomina *acción* a una conducta individual que posee un sentido para el sujeto que la realiza y *acción social* a una conducta con sentido que se orienta en su desarrollo por las acciones pasadas, presentes o futuras de otros individuos. Llama *relación social* a una acción recíprocamente referida de dos o más personas, que consiste exclusivamente en la probabilidad de que se actuará socialmente en una forma indicable. Finalmente, entiende al *orden* como una relación social en la que las acciones se orientan en promedio por máximas que pueden ser señaladas. Cuando los individuos se guían por esas normas por mera costumbre o por motivos racionales de fin, el orden rige solo "de hecho" y es relativamente endeble. En cambio, cuando lo hacen porque estas aparecen en un grado relevante como válidas para la acción individual —es decir, como obligatorias y modelo de conducta—, el orden es considerado "válido" o "legítimo" y resulta más sólido y duradero (Weber, 2012a: 5, 18, 21, 25-26). Al definir la relación social y el orden de esta manera, Weber procura destacar que los vínculos regulares y cristalizados —incluso los que adquieren el rango de instituciones— descansan en última instancia en acciones sociales que se repiten y perduran a lo largo del tiempo.

los trata de forma dispar en función de sus intereses de investigación, su clasificación debe ser arduamente rastreada y reconstruida a partir de sus textos, y esto vale especialmente para las racionalidades a nivel de la *Lebensführung* –que indaga sobre todo en su sociología de la religión– y para su abordaje sensiblemente menor de las formas del racionalismo teórico, en relación a sus formas prácticas.

Como se pondrá de manifiesto en las páginas que siguen, en la tipología weberiana se pueden detectar ciertas afinidades con el pensamiento de Aristóteles y de Kant, que constituyen probablemente los antecedentes más relevantes en el campo de la filosofía que, además de señalar a la razón como un rasgo propio del ser humano, abonaron el terreno de una teoría de la acción y avanzaron en una clasificación de las distintas formas en que puede obrar. Salvando las distancias socio-históricas que separan a Weber de estos dos filósofos, aquí interesa destacar tan solo algunas similitudes entre sus ideas y las de aquellos, que se observan en su elaboración en torno al concepto de racionalidad. Del legado de Aristóteles, resuena la distinción entre *theõría, praxis* y *tékhne* y entre las formas de argumentación retórica vinculadas al *pathos*, al *ethos* y al *logos*.[9] Del legado de Kant, resuena la clara diferenciación entre *razón teórica* y *razón práctica* y, dentro de esta última, entre el actuar *por deber* y el actuar *por inclinación mediata*.[10] Sin embargo, a diferencia de estas perspectivas

[9] Aristóteles (1970) distinguió tres tipos de saberes o "ciencias" (*epistémai*) según su finalidad: el saber *teórico*, cuyo fin es la verdad y el conocimiento de lo que las cosas son; el saber *práctico*, cuyo fin es la acción humana y su virtud específica —la *phrónesis*— y que conoce la realidad con el objetivo de transformarla; y el saber *técnico* o productivo, cuyo fin es el producto o artefacto. Asimismo, diferenció tres tipos de acción vinculados a cada saber: la actividad puramente contemplativa del filósofo, que conduce a la sabiduría (*bíos theoretikós)*; las actividades moral y política del ciudadano, que constituyen la *praxis* propiamente dicha y son un fin en sí mismo (*bíos politikós*); y la actividad eficiente del artesano o el artista, que transforma la naturaleza y las cosas en vistas de un resultado, y que tiene, por tanto, una finalidad exterior a la propia acción. En su tratado sobre la retórica, que indaga el arte de persuadir mediante el discurso, Aristóteles (1971) diferenció tres tipos de argumentos a los que puede apelar el orador. Los argumentos ligados al *pathos* son de orden puramente afectivo, se basan en la psicología de los oyentes y buscan suscitarles emociones. Los relativos al *ethos*, son de orden moral y afectivo, atañen al emisor y buscan despertar confianza y credibilidad entre los receptores. Finalmente, los argumentos vinculados al *logos* son de orden racional, se atienen a la temática del discurso y se dirigen a la capacidad de razonamiento de los receptores.

[10] Kant distinguió dos dimensiones y competencias de la razón: la razón *teórica*, referida al conocimiento de lo que *es*, a los fenómenos empíricos y a las condiciones de posibilidad de los juicios científicos; y la razón *práctica*, vinculada al pensamiento

filosóficas, Weber tiene un interés primordialmente histórico y sociológico y pretende realizar un estudio valorativamente neutral del racionalismo. De allí que su tipología amplíe los niveles de análisis para iluminar la multiplicidad de racionalidades empíricamente existentes, y que sustraiga a la noción de racionalidad práctica el contenido crítico y normativo que tenía en estos filósofos, para entenderla en el sentido genérico de un dominio de la realidad a través de la acción y la conducta de vida. Asimismo, Weber es consciente del carácter típico-ideal de su conceptualización y remarca que los tipos de racionalidad que él plantea, nunca se presentan en toda su pureza y aparecen frecuentemente entrelazados en la realidad histórica.

Atendiendo a lo señalado, a continuación se examinarán los distintos tipos de racionalidad contemplando el cruzamiento entre las dos dimensiones centrales y los tres niveles de agregación y cristalización mencionados. Primero se abordarán los tipos-ideales de *racionalidad teórica*: 1) en la *actividad teórico-cognoscitiva*; 2) en la *conducta de vida intelectualista*; y 3) en las *ideas y visiones del mundo dominantes* en una época. Y posteriormente, los tipos-ideales de *racionalidad práctica*: 1) en la acción práctica individual, que puede ser *con arreglo a valores* o *con arreglo a fines*; 2) en la conducta de vida práctica de un grupo, que puede ser *ético-práctica* o *práctico-técnica*; y 3) en las relaciones sociales cristalizadas en órdenes, que pueden ser *material* o *formal*.

3. Los tipos-ideales de racionalidad teórica

La racionalidad en la actividad teórico-cognoscitiva

Según el planteo weberiano, actúa de acuerdo a la racionalidad teórica el individuo que domina intelectualmente la realidad mediante

---

sobre lo que *debe-ser*, a la ética formal y a las condiciones de posibilidad de los juicios morales. Concibió al hombre como un ser activo y le otorgó una clara primacía a su actividad práctica por sobre su actividad teórica. En su reflexión sobre la acción práctica, señaló que el sujeto puede actuar de distintos modos en relación al deber moral: de manera *contraria* al deber; *conforme* al deber por mero *hábito*; *conforme* al deber *por inclinación* hacia la propia felicidad, la cual puede ser inmediata (cuando la acción misma produce satisfacción) o mediata (cuando la acción es un medio para satisfacer el propio interés o bienestar); o *por deber*, siguiendo los mandatos de su conciencia moral, que es la acción auténticamente racional, autónoma y opuesta a las inclinaciones (Kant, 2015). Resulta verdaderamente llamativo que los intérpretes de Weber casi no hayan indagado el influjo de esta perspectiva kantiana sobre su teoría de la acción, a pesar del enorme aire de familia que existe entre ambas.

la utilización de conceptos y saberes abstractos cada vez más precisos y sistemáticos (Weber, 1998c: 259). Como es evidente, esta forma de orientación subjetiva tiene como presupuesto el desarrollo de las capacidades de reflexión y de lenguaje por parte del ser humano (Ruano de la Fuente, 1996: 62). Las finalidades que motivan la acción son aquí de orden intelectual: la conducta se enfoca en la resolución de problemas de carácter lógico o de preguntas surgidas de la experiencia, que se intentan zanjar a través del pensamiento y del conocimiento. Este tipo de racionalismo implica un dominio consciente de la realidad a través de la actividad teórico-cognoscitiva del sujeto que, al conceptualizar y construir sistemas de creencias o teorías filosóficas y científicas, somete a reglas y otorga significado y unidad a sus representaciones dispersas de lo dado.

Kalberg se equivoca cuando sostiene que la racionalidad teórica tiene un vínculo tan solo indirecto con la acción (Kalberg, 2005: 85, 94). Para Weber —como para Aristóteles y para Kant–, el pensamiento y el conocimiento son acciones, es decir, conductas con un sentido subjetivo para el individuo que las realiza, pero se trata de un "hacer interno" que solo deviene social cuando trasciende la mera contemplación o reflexión solitaria y se orienta en su desarrollo por las acciones presentes, pasadas o futuras de otros individuos (Weber, 2012a: 5, 18). Las actividades del pensamiento y del conocimiento constituyen la forma elemental que asume el racionalismo teórico e implican procesos abstractos como la formación de "significados" simbólicos; la elaboración de conceptos; la clasificación; los razonamientos lógicos de deducción, inducción y abducción; la atribución de relaciones de causalidad; la búsqueda de regularidades, entre otros procedimientos orientados hacia la intelección y el gobierno cognoscitivo de la realidad circundante (Kalberg, 2005: 82).

En el reiterado énfasis weberiano sobre la necesidad de diferenciar claramente entre "conocer" y "juzgar", o entre la indagación de "lo que es" y la reflexión sobre "lo que debe-ser" (Weber, 2006a: 41, 47), resuena la clásica distinción del pensamiento de Kant entre las competencias de la razón en su uso *teórico* y de la razón en su uso *práctico*, referidas respectivamente al conocimiento condicionado de lo empírico y al pensamiento incondicionado sobre la ética y los fines últimos. Como sostiene Schluchter, aunque Weber recupera el dualismo kantiano entre los juicios científicos y los juicios morales, lo agudiza hasta convertirlos en antagónicos (Schluchter, 1981: 18), reservando la racionalidad tan solo para los primeros. Sin embargo, Weber advierte con lucidez que la separación entre estas dos competencias y juicios del sujeto es un fenómeno propio de la modernidad, que resulta del proceso de *desencantamiento del mundo* del que se hablará luego, pero que en épocas históricas anteriores estaban asiduamente entrelazados en las religiones, en la filosofía y en los albores mismos del conocimiento científico moderno (Weber, 1998e: 553-555; 2012b: 198-202).

En este sentido, su concepción del racionalismo teórico en el ámbito de las ciencias típicamente modernas parte de la crucial idea kantiana de que el sujeto solo puede conocer la realidad circundante a través de categorías, que constituyen "medios conceptuales a fin de dominar espiritualmente lo empíricamente dado" (Weber, 2006a: 95). No obstante, retoma la crítica neokantiana a su mentor, referida a que la indagación científica de la realidad socio-cultural no solamente es posible, sino que tampoco puede agotarse bajo un esquema de conceptos y valores abstractos. La vida social debe estudiarse como "naturaleza" haciendo foco en lo general, pero también como "historia" rastreando sus aspectos singulares y específicos (Schluchter, 1981: 14-15). En este punto, Weber se inscribe en la tradición comprensivista inaugurada por Wilhelm Dilthey, inspirándose principalmente en el enfoque de sus amigos y colegas Georg Simmel y Heinrich Rickert.[11] La herencia neokantiana también se

[11] De Simmel, Weber retoma su concepto de *Verstehen*, con su meritoria distinción entre la comprensión objetiva del significado de un discurso o expresión y la interpretación subjetiva de la persona que habla o actúa, así como las grandes líneas de su enfoque comprensivo para la historia, la sociología y la economía política (Weber, 1985: 110-113; Weisz, 2011: 148-149). De Rickert, retoma su clasificación de las diversas disciplinas no a partir de su objeto, sino del tipo de abordaje que realizan sobre este. Las *ciencias de leyes* se proponen ordenar la multiplicidad infinita de los fenómenos en el marco de ciertas relaciones causales y bajo un sistema de leyes y conceptos de validez universal, lo que conduce a un progresivo abandono de las propiedades concretas y "accidentales" de los objetos estudiados, en pos de lo que ellos tienen de general. Las *ciencias de realidad*, por el contrario, aspiran a conocer cualitativamente la realidad rastreando sus peculiaridades distintivas; buscan separar los rasgos esenciales del fenómeno individual, ordenarlo en un sistema de causas y efectos concretos e inmediatamente inteligibles, y bajo conceptos de relación cada vez más ricos en contenido, pero limitados en extensión (Weber, 1985: 6-9; Oakes, 1988: 66-72). Weber considera que ninguna ciencia empírica puede desarrollarse exclusivamente sobre la base de uno u otro punto de vista, pero sí que tiende a inclinarse hacia uno de ellos. Así, tanto la sociología como la historia tienen como objeto la acción humana, pero mientras la primera se interesa por las reglas generales del acaecer y adopta una perspectiva más legaliforme, la segunda estudia las acciones, personalidades y estructuras individuales consideradas culturalmente significativas

advierte en la selección del objeto de estudio, que tiene lugar mediante el recorte que realiza el investigador en función de sus valores e intereses culturalmente condicionados. En este punto, Weber se basa sobre todo en el pensamiento de Rickert, para quien las ciencias históricas y sociales construyen su objeto como un fenómeno individual, delimitándolo de esta manera a partir de relacionar la realidad con ciertas ideas de valor culturales, que convierten una pequeña porción de lo real en significativa y digna de ser estudiada (Rossi, 2006: 15; Weber, 2006a: 65-68). Esto no supone, desde luego, que los resultados obtenidos sean meramente subjetivos. Como se verá más adelante cuando se analice el racionalismo formal, la objetividad de las ciencias modernas depende para Weber del seguimiento riguroso de la lógica y la metodología en el transcurso de la investigación, una vez que el tema de indagación ya ha sido seleccionado. Solo si se respetan esas reglas y procedimientos, es posible producir un conocimiento objetivo y científicamente válido.

El actuar conforme a la racionalidad teórica constituye indudable-mente una capacidad de todo ser humano, que se pone en juego en mayor o menor medida en la cotidianeidad y a lo largo de la existencia individual. Pero el ejercicio del pensamiento y del conocimiento también puede convertirse en un modo de vida regular y metódico, como se verá a continuación.

La conducta de vida intelectualista y las visiones sistemáticas del mundo

En sus escritos sobre sociología de la religión, Weber sostiene que los intelectuales siempre han sido sujetos de un racionalismo más teórico que práctico, comparados con otros grupos sociales. A su vez, se refiere a ellos como "pensadores sistemáticos", buscando destacar con esta expresión no solo su papel primordial en la elaboración de visiones sistemáticas sobre la realidad, sino también su dedicación sistemática a la actividad del pensamiento (Weber, 1998c: 247-249). Así como los filósofos lleva-ban para Aristóteles un estilo de vida contemplativo, los intelectuales constituyen para Weber el estrato social por excelencia cuya conducta

---

y pretende dar cuenta de su especificidad (Weber, 2012a: 16-17). Sin embargo, la actividad de estas dos ciencias está estrechamente vinculada, ya que la sociología toma su materia de los estudios históricos, y la historia necesita de los conceptos sociológicos para indagar el devenir social y cultural.

vital se rige de manera regular y mayoritaria conforme a los criterios de la racionalidad teórica.

El autor llama "intelectualismo" a la peculiar disposición de este sector que, relativamente alejado de los problemas materiales debido a su posición social, se ve compelido por las "necesidades metafísicas del espíritu", que lo empujan a comprender el mundo "como un cosmos *con sentido*, y a tomar posición frente a él" (Weber, 2012a: 399). La conducta de vida intelectualista le otorga una supremacía a la actividad cognoscitiva por sobre todas las demás y busca ante todas las cosas salvarse de la "indigencia interior"; de allí que tenga un carácter más sistemático y ajeno a las preocupaciones mundanas del grueso de las personas. Los intelectuales buscan darle un sentido unificado a su existencia a través de la reflexión y el pensamiento; buscan la "unidad" consigo mismos, con los otros hombres y con el cosmos. Y lo más importante: son ellos quienes inventan y elaboran la *imagen del mundo* como un problema de "sentido" para resolver esas inquietudes íntimas, dejando progresivamente atrás las concepciones mágicas. "Cuanto más rechaza el intelectualismo la creencia de la magia, 'desencantando' así los procesos del mundo, y estos pierden su sentido mágico y solo 'son' y 'acontecen' pero nada 'significan', tanto más urgente se hace la exigencia de que el mundo y el 'estilo de vida' alberguen, en su totalidad, un sentido y posean un orden" (Weber, 2012a: 403-404). De esta manera, los intelectuales sientan un pilar fundamental del racionalismo teórico, a saber: el supuesto de que la realidad se rige por un determinado orden que es inteligible para el ser humano y que, por lo tanto, puede ser aprehendida a través del conocimiento.

Para Weber, los conflictos que han tenido lugar históricamente entre las imágenes del mundo creadas por los intelectuales, por un lado, y las realidades y ordenamientos efectivos de este último, por otro, condicionaron una singular "huida del mundo" de estos pensadores, que podía asumir la forma de un ascetismo más contemplativo, o más activo y transformador (Weber, 2012a: 404).

En este punto, cabe señalar que las imágenes del mundo son representaciones totalizantes sobre los rasgos distintivos y la dinámica del cosmos, que se caracterizan por una coherencia lógica interior cada vez más refinada, y que conllevan asimismo una determinada toma de posición frente a dicha representación (Weber, 1998c: 247).[12] Son vi-

---

[12] Como señala Kalberg, Weber utiliza generalmente el término *Weltbilder* (visión o

siones sistemáticas y al menos relativamente racionales de la realidad, que se distinguen del carácter fragmentario, caótico y primordialmente irracional del pensamiento mágico. Weber se refiere a diversos tipos de imágenes del mundo, entre las que se destacan las de raigambre religiosa, filosófica, revolucionaria y científica. Sintéticamente, puede decirse que la especificidad de las visiones religiosas radica en que conciben la estructura del universo como dotada de un sentido ético unitario, cuestionan lo que –desde esa visión valorativa– aparece como irracional o "sin sentido" en el mundo real, y prescriben normas imperativas de conducta para alcanzar la salvación. Pero, a diferencia de los saberes que aporta el intelecto, ellas no indagan la realidad con medios racionales, "sino en virtud del carisma de una iluminación" que se otorga solamente a aquel que, por medio de la técnica pertinente, es capaz de elevarse hacia la forma religiosa de entender el mundo (Weber, 1998c: 247; 1998e: 555). Las perspectivas filosóficas, por su parte, implican una interpretación especulativa de la vida con respecto a su sentido último y aspiran a un saber intelectual no solo sobre lo que el mundo *es*, sino principalmente sobre lo que *debe-ser*, valiéndose para ello del pensamiento lógico y de las abstracciones conceptuales de la razón (Weber, 1998e: 555; 2006a: 44; 2006c: 238). Las teorías revolucionarias, con las que Weber polemiza más o menos abiertamente, parecieran constituir para él una suerte de hibridación entre filosofía y religión, puesto que indagan la realidad por medios racionales y buscan orientar la conducta práctica, pero plantean un ideal de liberación o de salvación futura con reminiscencias proféticas y pueden adoptar un fuerte *pathos* ético-religioso (Weber, 2012a: 404-405, 410; Lambruschini, P. y Trovero, J., 2019: 176-177). Finalmente, la imagen sistemática, pero al mismo tiempo especializada y secularizada de la ciencia moderna, rompe decididamente con todos estos enfoques interesados por el "sentido" de lo existente, concibiendo la dinámica del universo como un mecanismo causal y legaliforme, pero irracional desde el punto de vista ético-práctico (Weber, 1998e: 553).

Así pues, Weber identifica una pluralidad de intelectuales tanto de procedencia religiosa (sacerdotes, monjes, teólogos) como de filiación laica (escribas, juristas, filósofos, teóricos revolucionarios, científicos

---

imagen del mundo) en lugar del comúnmente usado de *Weltanschauung* (cosmovisión), con la intención de diferenciarse de las corrientes filosóficas hegemónicas en la Alemania de su época y de dotar de una mayor rigurosidad científica a su propia conceptualización (Kalberg, 2011: 208).

modernos) que elaboraron sistemas conceptuales y explicaciones internamente coherentes acerca del cosmos, de la naturaleza y de la sociedad (Weber, 1998e: 553-555; 2012a: 399-411; Kalberg, 2005: 83). Sin embargo, se interesa especialmente por el rol de estos pensadores cuando su hacer específico se transforma en acción social y relación social, es decir, cuando las visiones e ideales que ellos forjan buscan dar respuesta y sentido no solo a sus propias inquietudes existenciales, sino que adquieren una influencia sobre la conducta de otros individuos. Aquí radica, en realidad, la importancia histórica de los intelectuales y su papel decisivo en el proceso universal de racionalización.

Las ideas dominantes y los fundamentos externos del orden

La caracterización weberiana comprende un tercer tipo de racionalismo teórico, vinculado al rol que las ideas pueden desempeñar en las relaciones sociales duraderas, en los órdenes cristalizados, así como en la historia humana. Se trata en este caso de las ideas y visiones del mundo consideradas, no ya como el producto diestro de los intelectuales, sino precisamente cuando adquieren cierta independencia de sus creadores, se difunden socialmente y operan como una fuerza que influencia la conducta teórica o práctica de otros individuos.

De un modo similar a la distinción establecida por Aristóteles entre las formas de persuasión ligadas al *logos*, al *pathos* y al *ethos*, Weber diferencia tres tipos de argumentación en función de sus propósitos. Para el autor alemán, el discurso de la ciencia es el único que interpela estrictamente el razonamiento *lógico*, porque se dirige de manera exclusiva a "nuestro poder y necesidad de *ordenar conceptualmente* la realidad [...] de un modo que pretenda *validez* como verdad empírica". De esta manera, sus argumentos pueden ejercer una influencia sobre el pensamiento y la actividad teorética de los demás, pero aquí termina su papel (Weber, 2006a: 47, 84). Sin embargo, existen otras dos clases de discurso, cuya influencia es más bien *psicológica* y que buscan incidir sobre la acción práctica de los receptores. Por un lado, están los que se dirigen a "nuestra capacidad de entusiasmarnos por fines prácticos concretos o por formas y contenidos de la cultura", movilizando un conjunto de emociones y sentimientos; y, por otro lado, los que se orientan sobre todo a la conciencia moral de las personas, porque ponen "en cuestión la validez de ciertas normas éticas" (Weber, 2006a: 47, 86). Estas dos formas se retomarán en el Capítulo IV, cuando se hable de la irracionalidad. Pero aquí interesa destacar que este último tipo de discurso, que pone en juego "ideas" que implican posturas éticas, puede ejercer un influjo ordenador y racionalizador sobre la conducta práctica.[13] En una clásica referencia, Weber sostiene:

> Son los intereses, materiales e ideales, no las ideas, los que dominan inmediatamente la acción de los hombres. Pero las "imágenes del mundo" creadas por las "ideas" han determinado, con gran frecuencia, como guardagujas, los raíles en los que la acción se ve empujada por la dinámica de los intereses (Weber, 1998c: 247).

Así, aunque las acciones humanas estén movidas en lo inmediato por intereses materiales o ideales, la manera y la dirección en que estos sean satisfechos o perseguidos dependerán de la visión del mundo que se tenga y de la postura práctica que se adopte frente a ella. Al vincularla con una perspectiva de sentido que trasciende la pura inmediatez de los intereses, las ideas teóricas y éticas elaboradas por los intelectuales tornan más reflexiva la acción práctica y, en algunos casos, pueden llegar a moldear un estilo de vida metódico y consecuente con dicha visión del mundo, como lo demuestra típicamente el protestantismo ascético.

Weber constata que en diferentes períodos de la historia ha habido ciertas "ideas" que "gobiernan" a los individuos; "pensamientos e ideales que *han imperado sobre* las masas o una parte históricamente importante de los hombres de esa misma época y que, por esa vía, han sido significativos como componentes de su peculiaridad cultural". Dichas ideas pueden estar presentes y ejercer una influencia sobre los contemporáneos, ya sea como un "ideal por alcanzar prácticamente, o como máxima para la regulación de determinadas relaciones sociales" (Weber, 2006a: 84-85).

Cuando esos pensamientos imperan sobre los hombres como ideales a alcanzar en el terreno práctico, dan lugar habitualmente a la conformación de grupos sociales por fuera de los vínculos de parentesco –y muchas veces en conflicto con ellos–, que se basan en esas creencias compartidas y buscan concretarlas en la vida real. Esto es lo que ocurre,

---

[13] En diversas oportunidades cuando Weber se refiere al influjo de las ideas sobre la conducta y la historia, coloca la palabra "idea" (*Idee*) entre comillas, haciendo alusión probablemente a la noción de Hegel, algo que es evidente en el ensayo sobre la objetividad de las ciencias sociales, donde polemiza directamente con él. En este punto, hay que recordar que lo que Hegel denomina *idea* o *concepto* es al mismo tiempo el fundamento y la finalidad de todo lo que se expresa en la realidad, de manera que en su filosofía el *ser* y el *deber-ser* coinciden en un mismo movimiento.

por ejemplo, con las comunidades religiosas, particularmente en sus variantes ascéticas y sectarias que, a diferencia de las iglesias, evalúan la cualificación ética de sus miembros mediante *pruebas* de las que depende "tanto su bienaventuranza en el más allá, como su existencia social en este mundo" (Weber, 1998b: 207, 231; 1998e: 532). También es el caso de los *"partidos ideológicos (Weltanschauungsparteien)"* modernos, que se organizan en torno a un programa definido y "cuyo propósito es la realización de ideales de *contenido* político", y no solo la conquista de votos para la obtención y reparto de cargos (Weber, 2008c: 106-107). Esta clase de agrupamientos alrededor de ideas, se caracteriza por racionalizar la conducta de vida de sus miembros en función de ellas, pero también por su intervención activa para difundirlas socialmente y transformar la realidad exterior.

Cuando la influencia y la orientación de la conducta por una determinada visión del mundo no se limitan ya a un pequeño número de personas, sino que alcanzan un ascendiente masivo y perdurable en el tiempo, esas ideas pueden consolidarse como las máximas que regulan un determinado orden o incluso una asociación de dominación política o hierocrática. Es decir, ellas pueden convertirse en las normas por las que deben regirse quienes participan de esas relaciones sociales y cuya observancia puede estar garantizada externamente por la reprobación general (convención), o por la coacción de un cuerpo especializado de individuos (derecho). Asimismo, esas ideas pueden dar lugar a la fundamentación teórica, filosófica o religiosa de la validez de las normas imperantes y a la justificación que legitime las relaciones existentes entre dominantes y dominados (Weber, 2012a: 25-27; 704-705). Precisamente, en sus *Ensayos sobre sociología de la religión* Weber estudia diversos tipos de religiosidad que, nacidos en estrecha vinculación con un estrato social que los practicaba de manera rigurosa, influenciaron posteriormente la conducta de vida de amplias masas, llegando a forjar instituciones propias y/o contribuyendo a legitimar religiosamente las relaciones de dominación social y política vigentes.

Tras el desarrollo realizado en torno a la racionalidad teórica, se advierte con nitidez que ella se relaciona doblemente con la acción humana. De manera directa, en la medida que esta capacidad se pone en acto en el pensamiento y el conocimiento, y en el hecho de que el discurso científico se dirige específicamente hacia estas actividades. Y de manera indirecta, en la medida que las visiones del mundo y los ideales éticos que resultan del racionalismo teórico operan como una guía orientadora y un impulso psicológico para la acción práctica cotidiana y, también por esto, como potenciales legitimaciones del orden y la dominación social.

Esto conduce al análisis de los tipos-ideales de *racionalidad práctica* en sus distintos niveles de agregación y cristalización, en los que el dominio de la realidad se efectúa, no mediante la actividad "interna" del intelecto o mediante las ideas hegemónicas, sino a través de la actividad "externa" y de la conducta de vida prácticas. Sin embargo, cabe aclarar que los diferentes tipos de racionalidad práctica siempre implican alguna clase de saber o de proceso mental (Kalberg, 2005: 92).

4. Los tipos-ideales de racionalidad práctica

Racionalidad con arreglo a valores y racionalidad con arreglo a fines

La forma más elemental de racionalismo práctico se expresa para Weber en el terreno de acciones sociales discretas o circunscriptas espacio-temporalmente, que tienen un sentido subjetivo para el individuo que las lleva adelante: la acción racional con arreglo a valores (*wertrationales Handeln*) y la acción racional con arreglo a fines (*zweckrationales Handeln*). Aunque no siempre se repare en ello, estos dos tipos de acción se caracterizan por ser: a) electivas, ya que el sujeto elige consciente y reflexivamente los fines que lo mueven y no los toma como algo meramente dado; b) mediatas, porque se media con la realidad interior y exterior, considerando el propio actuar como un vehículo para sus propósitos; c) autónomas, porque al fijarse metas y conducirse teleológicamente en función de ellas, somete conscientemente su actuar bajo ciertas normas o reglas, dominando de este modo su propia conducta; y d) acciones cuyas consecuencias fácticas pueden ser previstas y deliberadamente perseguidas. Son precisamente estas características las que configuran estas dos formas de acción como "racionales" y plenas de sentido, y las diferencian de las conductas irracionales determinadas de manera afectiva o tradicional. Pero más allá de estos puntos en común, la naturaleza de los fines, el carácter de la mediación, las reglas y saberes que se ponen en juego, así como la reflexión o no sobre las consecuencias de la propia acción, las convierten en la expresión de dos tipos de racionalidad cualitativamente distintos.

La *racionalidad con arreglo a valores* remite a aquellas acciones en las que el sujeto actúa motivado por su creencia consciente en el valor intrínseco –desde el punto de vista ético, estético, religioso, político, etcétera– de una conducta determinada, e independientemente de los resultados que esta tenga. Se trata de un actuar realizado por deber o por convicción, en donde el individuo somete voluntariamente su acción bajo determinados valores y se conduce conforme a lo que estos parecen ordenarle. En efecto, "una acción racional con arreglo a valores es siempre […] una acción según 'mandatos' o de acuerdo con 'exigencias' que el actor cree dirigidos a él (y frente a los cuales el actor se cree obligado)" (Weber, 2012a: 20-21). Son intereses o motivaciones ideales los que impulsan aquí la acción individual. El sujeto obra conscientemente al servicio de ciertas ideas o principios en cuya validez cree (son sus valores subjetivos) y considera la acción congruente con ellos como absolutamente válida, sin relación alguna con sus consecuencias. Así, una persona que cree en el valor de la amistad, considera esencialmente bueno y necesario pasar tiempo con sus amigos o acompañarlos en los momentos difíciles, precisamente porque son sus amigos y solo en virtud de este motivo.

Esos valores subjetivamente elegidos y voluntariamente perseguidos son la finalidad última a la que se dirige el actuar. Sin embargo, ellos no son alcanzables o plenamente realizables en lo inmediato, sino que operan como ideales regulativos que ordenan y tornan significativa la conducta pero que, al mismo tiempo, se reafirman y actualizan a través de esta. Por eso, la racionalidad según valores se caracteriza porque el sentido de la acción no está puesto en el resultado, sino en la peculiaridad y en la realización de la propia acción, la cual ha sido planeada de manera consecuente y a tenor con esos postulados valorativos y reviste por eso como una conducta válida en sí y por sí misma (Weber, 2012a: 20). La elaboración consciente de los fines del actuar distingue a la racionalidad según valores de una conducta puramente afectiva e inmediata. Producto de esta relación reflexiva y teleológicamente coherente con los ideales que la motorizan, la acción aparece como un fin en sí y, al mismo tiempo, como un medio para la reafirmación práctica de aquellos. El criterio que aquí se pone en juego no es entonces el de la eficacia de la acción, sino su "valor

[…] propio y absoluto" como forma de seguimiento de las convicciones y propósitos que tiene el sujeto (Weber, 2012a: 20).

En esta caracterización de la acción racional con arreglo a valores, se observa cierta afinidad con la visión aristotélica sobre la *praxis* y la visión kantiana sobre el actuar *por deber*, como formas de concebir la actividad práctico-moral del ser humano, en las que la acción es un fin en sí mismo y aparece como válida en función de los principios o virtudes a las que está asociada. Asimismo, de lo dicho se desprenden dos conclusiones importantes sobre la concepción weberiana de la racionalidad según valores. Por un lado, aunque ella se caracteriza por un vínculo metódico entre los fines y los medios del actuar, es irracional con respecto a sus consecuencias fácticas, dado que el actor no las tiene en cuenta ni las considera relevantes y, por lo tanto, tampoco se responsabiliza de las mismas. Por otro lado, aunque ella no prevea ni evalúe las consecuencias, tampoco es un mecanismo ciego, pues la acción está iluminada y regulada por la creencia consciente en ciertos valores o ideales, oriundos de la racionalidad teórica o de la vida colectiva, que se propone actualizar y concretar prácticamente.

La *racionalidad con arreglo a fines*, por su parte, remite a aquellas acciones en las que el sujeto actúa persiguiendo finalidades conscientemente elegidas y sopesadas, y utilizando sus expectativas sobre el comportamiento de determinados objetos o de otros hombres, como medios adecuados para alcanzarlas (Weber, 2012a: 20-21). Se trata en este caso de un actuar de carácter utilitario, que se orienta metódicamente hacia los propios fines y considera la realidad exterior en calidad de condiciones necesarias para la satisfacción de los intereses, la conveniencia o el bienestar individuales. A contramano de la racionalidad según valores, aquí lo primordial es el resultado y la eficacia de la acción; por este motivo, el individuo somete su conducta a reglas de experiencia y al cálculo de fines, medios y consecuencias. Para Weber, actúa racionalmente con arreglo a fines "quien oriente su acción por el fin, los medios y las consecuencias implicadas en ella y para lo cual sopese racionalmente los medios con los fines, los fines con las consecuencias implicadas y los diferentes fines posibles entre sí" (Weber, 2012a: 21). Por ejemplo, un deportista que quiere participar y tener un buen desempeño en una competencia, llevará adelante un entrenamiento más intensivo que el habitual, y practicará ejercicios que le permitan perfeccionar su técnica y optimizar sus resultados. Evaluará las horas de descanso y el tipo de alimentación necesarios, elegirá las que, según su experiencia o los conocimientos existentes, le aporten mayor energía e incrementen su rendimiento, y desechará otras opciones. Y su decisión de intervenir en la contienda implicará resignar o postergar conscientemente otras finalidades posibles, como asistir a reuniones sociales o hacer actividades recreativas.

Siguiendo el planteo de Jürgen Habermas (1999), Ruano de la Fuente sostiene que la acción racional con arreglo a fines comprende un momento *técnico*, vinculado a "la utilización calculada de los medios para fines dados" y un momento *electivo*, referido a "la elección de los posibles fines, supuestos los medios, valores y condiciones de contorno". Ella implica: a) sopesar los medios con los fines, que es una tarea puramente técnica; b) sopesar los fines con las consecuencias previsibles, que remite a la responsabilidad sobre la propia conducta; y c) sopesar los distintos fines entre sí, que implica la elección de los fines según un sistema de preferencias establecido, pero siempre bajo el criterio de maximización de resultados (Ruano de la Fuente, 1996: 78-79).

En este tipo de racionalidad, las finalidades del actuar son esencialmente pragmáticas y tienen que ver con intereses materiales o necesidades de la vida cotidiana. Pero el aspecto más importante, que destacan tanto Habermas como Ruano de la Fuente, es el énfasis de Weber en que esos propósitos son evaluados y elegidos de forma consciente por el individuo. En efecto, la decisión en torno a los fines concurrentes –y las consecuencias que implica cada uno– puede realizarse: o de manera racional con arreglo a valores, "en cuyo caso la acción es racional con arreglo a fines solo en los medios"; o siguiendo el principio de utilidad marginal, es decir, considerando los distintos propósitos como "deseos subjetivos ubicados en una escala de urgencias consecuentemente establecida", y orientando su satisfacción progresiva en el orden de dicha escala (Weber, 2012a: 21). Es precisamente la elección reflexiva de los fines lo que separa este tipo de actuar de las conductas afectivas y tradicionales, pero también del racionalismo formal que, como se verá luego, los asume como simplemente dados. Por otro lado, en lo que se refiere a la selección de los medios del actuar, Weber diferencia claramente entre las acciones "*subjetivamente* racionales", que se rigen por una orientación planificada hacia los medios que el sujeto considera correctos para el fin; y las acciones "racional o técnicamente *correctas*", que emplean los medios correctos de acuerdo al conocimiento científico (Weber, 2006c: 255-256). Así, los saberes que se ponen en juego al momento de elegir los medios pueden provenir tanto de la propia experiencia como de la racionalidad teórico-científica. Por último, la racionalidad según fines se caracteriza por el hecho de que el sujeto evalúa y prevé las posibles consecuencias que implican el seguimiento de ciertos fines y el empleo de ciertos medios, y decide su modo de actuar teniéndolas presente. De manera que, a diferencia de lo que ocurre en la racionalidad según valores, el individuo es plenamente consciente y responsable de su conducta y no puede desentenderse fácilmente de sus consecuencias.

En la caracterización weberiana de la acción racional con arreglo a fines, también es posible advertir una afinidad con el enfoque aristotélico de la actividad *eficiente* iluminada por el saber técnico, por un lado, y con el enfoque kantiano del actuar *por inclinación mediata*, por el otro, como formas de conceptualizar un obrar humano orientado hacia propósitos pragmáticos, en el que se busca obtener un determinado resultado y hay una deliberación sobre los medios adecuados para ello.

Atendiendo a lo expuesto acerca de los dos tipos de racionalidad práctica en la acción individual, se puede advertir en Weber una peculiar concepción de la autonomía. Como señala Ruano de la Fuente, para el autor, "la acción racional es la acción libre y conscientemente dirigida a la consecución de un objetivo" (Ruano de la Fuente, 1996: 77). Ya sea que el sentido del actuar esté puesto en el seguimiento de un valor incondicionado, o en la realización de una finalidad elegida a partir del cálculo de fines, medios y consecuencias, se trata en ambos casos de acciones autodeterminadas y racionalmente controladas por el individuo que las lleva adelante.

Racionalidad ético-práctica y racionalidad práctico-técnica

El segundo nivel de la racionalidad práctica weberiana tiene que ver, no ya con acciones singulares y discretas de un individuo, sino con el estilo de vida práctico de una pluralidad de personas, que expresa en cambio una continuidad y perdurabilidad en la orientación subjetiva de la actividad cotidiana y, por eso mismo, también una cierta configuración de la subjetividad. A diferencia de lo que ocurre con los otros dos niveles del racionalismo práctico, sobre los que Weber realiza algunas precisiones en

Economía y sociedad,[14] este nivel se encuentra desarrollado principalmente en sus escritos sobre sociología de la religión –donde introduce la noción de *Lebensführung*– y exige un mayor esfuerzo para reconstruirlo desde el punto de vista conceptual. De allí que en las clasificaciones existentes sobre la racionalidad weberiana, este nivel y los dos tipos que contempla queden generalmente soslayados o aparezcan confundidos con otros, como sucede en las analizadas en el Capítulo I. A contramano de esto, aquí se sostiene que Weber contrapone dos tipos-ideales de racionalidad en la conducta de vida que, sobre la base de sus señalamientos, podrían denominarse *ético-práctica* y *práctico-técnica*.

En cuanto al primer tipo, utiliza alternativamente las expresiones de "racionalidad ética", "ética práctica", "*ethos*" o incluso la noción hegeliana de "eticidad",[15] para hacer referencia a un modo de vida que se rige de forma regular y mayoritaria de acuerdo con los criterios de la racionalidad según valores, orientándose por los preceptos éticos que se derivan o se vinculan a una determinada visión del mundo. Weber considera que las imágenes del mundo pueden agrupar una pluralidad de seguidores y dar lugar a relaciones de "comunización" (*Vergemeinschaftung*) basadas en las creencias compartidas y en el sentimiento común de pertenecer a un todo; pero también pueden darle un sentido a la existencia individual, "poniéndola al servicio de 'algo'" (Weber, 2012a: 33-34; 2012c: 95). En relación a esto, sostiene que "la dirección de todo estilo de vida, allí donde fue racionalizado con arreglo a un plan, ha estado determinada profundísimamente por los valores últimos hacia los que esta racionalización se orientaba" (Weber, 1998c: 253). Su noción de la racionalidad ético-práctica refiere, entonces, al modo de vida de individuos que *creen* en una visión del mundo y actúan cotidianamente en diferentes ámbitos siguiendo las exigencias prácticas que plantea, lo que tiene como resultado una sistematización de su conducta vital y subjetiva en función de ella.

Para Weber, la expresión paradigmática de esta forma de racionalismo es el estilo de vida y las cualidades subjetivas que forjan las religiones

---

[14] En *Economía y sociedad*, Weber esboza definiciones y comentarios acerca de sus conceptos de *acción racional con arreglo a valores, acción racional con arreglo a fines, racionalidad material* y *racionalidad formal*.

[15] En "La ética protestante y el espíritu del capitalismo" —su ensayo más antiguo sobre sociología de la religión—, Weber utiliza el concepto hegeliano de *Sittlichkeit*, traducido habitualmente como *eticidad* o como *vida ética*, para referirse a la conducta moral de los monjes medievales, de los protestantes en sus variantes ascéticas, e incluso de aquella extendida en la sociedad en general (Weber, 2008a: 136, 142, 194, 200, 201).

proféticas; pero también se manifiesta en la conducta del político que vive *para* la política, haciendo de esta el motivo primordial de su existencia. En efecto, el autor se interesa por las religiones no solo como visiones sistemáticas acerca del cosmos, sino sobre todo como "sistemas [...] religiosamente determinados de reglamentación de la vida" (Weber, 1998c: 233), es decir, como doctrinas que plantean una serie de mandatos morales que los fieles deben seguir como camino para alcanzar o corroborar su salvación. En este punto, no deja de llamar la atención que inscriba bajo la idea de religiosidad de salvación tanto a las religiones que estudia en *Economía y sociedad* y en sus *Ensayos sobre sociología de la religión* (cristianismo, islamismo, judaísmo, hinduismo, budismo y confucianismo) como a aquellas corrientes no religiosas o decididamente antirreligiosas como el romanticismo ilustrado de Jean-Jacques Rousseau, el populismo ruso, el anarquismo y el socialismo (Weber, 2012a: 404, 410). Weber critica así a las teorías políticas radicales, asimilándolas de modo provocador con las creencias de naturaleza religiosa.[16] Lo mismo vale para el político profesional que actúa exclusivamente de acuerdo con la "ética de la convicción", abrazando apasionadamente una "causa" y persiguiendo lo imposible día tras día, pero desentendiéndose por completo de las consecuencias implicadas en sus actos, al igual que el hombre religioso (Weber, 2012c: 151, 161-162, 175; Lambruschini, P. y Trovero, J., 2019: 176-179; 182-184).

En todo caso, el rasgo decisivo de la racionalidad ético-práctica –que comparten tanto las religiones de salvación como las perspectivas políticas mencionadas– radica en que establece una clara diferenciación entre la realidad *empíricamente dada* y la *normativamente válida*, y se orienta sistemática y unívocamente hacia esta última (Weber, 1998c: 260). De aquí proviene, justamente, su enorme potencial transformador y reconfigurador de la subjetividad y del estilo de vida. Procede de manera racional-ética el que no se conforma con lo que meramente *es* producto de la naturaleza o del obrar humano, sino que actúa regularmente según lo que cree que *debe-ser*. Y cuanto más grande sea la distancia que separa a la realidad existente de la idealmente válida, y más absoluto y trascendente aparez-

---

[16] Weber critica en particular al socialismo, dando a entender que constituye una creencia religiosa. En diversas oportunidades se refiere a la "fe socialista", a la "creencia de tipo religiosa en la escatología socialista" y al carácter "profético" del *Manifiesto Comunista*; y a los dirigentes socialistas como "profetas", "apóstoles revolucionarios" o "guerreros de la fe" (Weber, 2012a: 410; 2008d: 309, 327).

ca el propio sistema de valores, tanto mayores serán la tensión respecto del mundo y sus diversos órdenes, y la tendencia a la metodización de conducta de vida (Weber, 1998d: 506-507, 512-513; 1998e: 531-532).[17] Como se desprende de la contraposición weberiana entre la *ascética* y la *mística*, dicha tensión puede resolverse de manera consecuente, mediante una intervención activa y transformadora o mediante una huida contemplativa del mundo (Weber, 1998e: 528-532). Sin embargo, generalmente se buscan salidas conciliadoras con lo existente y más adaptadas a la realidad de las mayorías. Esto conduce a que se forjen distintas cualidades espirituales en cada caso: la conducta moral del núcleo de "virtuosos" en una ética-práctica es mucho más firme y rigurosa que la que pueden alcanzar las "masas" (Weber, 1998c: 254-255).

En ese sentido, cabe señalar que el dominio de la realidad que tiene lugar mediante la racionalidad ético-práctica refiere sobre todo a la propia conducta interior y exterior del individuo, que deja de estar exclusivamente gobernada por los impulsos inmediatos o por una adecuación irreflexiva a las influencias mundanas, para regirse por imperativos conscientes y voluntarios, cuyo cumplimiento implica cierto grado de sacrificio por parte del sujeto. Como expresa acabadamente el ascetismo protestante, la racionalidad ética "rigurosamente asumida" supone una relación mediata y reflexiva del sujeto consigo mismo, esto es, un auto-dominio y un autocontrol de la propia conducta en una doble dirección: hacia el interior, moderando o reprimiendo los afectos y "la vida instintiva

[17] En este punto, es interesante la confrontación que Weber establece entre el confucianismo y el protestantismo ascético. El primero fue la ética racional que redujo al mínimo la tensión respecto del mundo pues carecía de toda orientación hacia una meta trascendente: el confuciano solo pretendía liberarse de la ignorancia y tener una vida próspera, larga y saludable. El camino correcto para la salvación era la adaptación al eterno y divino orden del mundo (el Tao) y el cumplimiento de las exigencias sociales derivadas de esta armonía cósmica. De allí que promoviera una racionalización de la conducta práctica "desde afuera hacia adentro", forjando una subjetividad asistemática que solo combinaba una serie de cualidades útiles y adaptadas al mundo exterior. El puritanismo, en cambio, creía en la doctrina de la predestinación y estaba enteramente orientado hacia el destino ultraterreno. La tensión respecto del mundo era mayúscula: era visto como sede del pecado y como un terreno a ser transformado conforme a las exigencias divinas. Aunque no había modo de garantizarse la salvación futura, el desarrollo de una vida ascética y el cumplimiento metódico de las tareas queridas por Dios para su propia honra proporcionaban a los fieles la certeza de estar salvados. Esa perspectiva codujo a una racionalización de la conducta "desde adentro hacia afuera", sistematizando y subsumiendo la totalidad de la existencia bajo esa meta trascendente y promoviendo una intervención activa en la realidad exterior (Weber, 1998d: 506-507, 512-513, 516-518).

natural", sometiéndolos a ideales y normas conscientemente perseguidos y obedecidos; y hacia el exterior, promoviendo una "afirmación de sus 'motivos constantes'" y una "determinada acción cualificada", es decir, la conducta consecuente con las propias convicciones y considerada como esencialmente válida (Weber, 1998d: 521; 2008a: 189-192). A contramano de una adaptación pragmática a las realidades existentes, la orientación regular y en diversas esferas conforme a un sistema de valores principal brinda una unidad sistemática a la existencia convirtiéndola en "una totalidad subsumida metódicamente bajo una meta trascendente" (Weber, 1998c: 512-513; 2008a: 192).

De esta forma, la racionalidad ético-práctica moldea la personalidad individual y otorga un sentido a la vida y, en consecuencia, también a la muerte, que solo puede tener auténtico sentido cuando se ha vivido de acuerdo a las propias creencias y elecciones, o se ha dado la vida por alguna "causa" considerada relevante. Sin embargo, ella no escapa a las dificultades que Weber advierte en la racionalidad según valores, pues también es irreflexiva con respecto a los resultados previsibles de la acción. De allí que, en las prácticas religiosas y políticas orientadas solo por la ética de la convicción, puedan aparecer en el corto o mediano plazo consecuencias no advertidas, no deseadas, o directamente antagónicas con las motivaciones ideales del actuar original.

Bajo la denominación de *racionalidad práctico-técnica*, se sintetizan aquí las múltiples pero dispersas referencias que Weber realiza a un estilo de vida práctico que se rige de forma regular y mayoritaria de acuerdo a los criterios de la racionalidad según fines y siguiendo los intereses particulares del individuo. Para aludir a este tipo-ideal, utiliza alternativamente las expresiones de "racionalismo técnico", "técnica de vida", "racionalidad teleológica" o "racionalismo práctico" a secas. Se trata de un modo de vida "que refiere conscientemente el mundo a los intereses terrenales del yo individual y hace de ellos la medida de toda valoración" (Weber, 2008: 127) y que, para llevarlos adelante de manera eficaz, se vale regularmente del cálculo de fines, medios y consecuencias, y de ciertas normas basadas en la experiencia. A diferencia de la racionalidad ético-práctica, esta forma de conducir la existencia tiende a generar relaciones de "socialización" (*Vergesellschaftung*), en las que el vínculo con otros individuos aparece solo como un medio para alcanzar las propias finalidades e intereses (Weber, 2012a: 33-34). Al mismo tiempo, ella comparte con la conducta determinada mágicamente, el estar enfocada en propósitos mundanos e individuales como el bienestar económico, la buena salud o la longevidad, y el hecho de apoyarse en reglas de experiencia. No obstante, se aparta radicalmente de esta en cuanto recurre al cálculo racional para el gobierno de la realidad y perfecciona reflexiva y progresivamente los medios adecuados (Weber, 212a: 328; 2006c: 255-256).[18]

Para Weber, el ejemplo característico de esta técnica vital es la conducta del estrato burgués antes de constituirse como clase hegemónica (artesanos, comerciantes, empresarios de la industria doméstica y sus derivados en la modernidad occidental), cuya "existencia entera reposa sobre la dominación y el cálculo técnico o económico de la naturaleza y de los otros hombres, por primitivos que sean sus medios" (Weber, 1998c: 250-251). Orientada conscientemente hacia el fin de la ganancia, la naciente burguesía se rige por el criterio de eficacia más que ningún otro sector social, y se afana en mejorar los medios para obtener ese resultado, aunque sean bastante elementales con anterioridad a la consolidación del capitalismo racional moderno. Lejos de una actitud meramente adaptativa y subordinada a los avatares de la naturaleza, se vale de los recursos necesarios para intervenir activamente sobre ella (herramientas, maquinarias, mano de obra) y transformarla teleológicamente en una dirección determinada. Así, de un modo similar a lo que ocurría con la figura del artesano para Aristóteles, Weber concibe a la burguesía naciente como el modelo paradigmático de una conducta de vida técnica.

Mientras la racionalidad ético-práctica juzga el mundo a partir de un criterio valorativo fundamental y actúa en este de acuerdo a lo que *debeser*; la práctico-técnica persigue intereses terrenales de manera consciente y se vale del cálculo racional y del conocimiento práctico de lo que *es* para satisfacerlos exitosamente. Ella también supone un autodominio de la propia conducta, pero diferente de la ético-práctica. Hacia el interior, refrena y mediatiza los deseos e impulsos irreflexivos sometiéndolos al cálculo de fines, medios y consecuencias y a las previsiones basadas en la experiencia sobre el probable desempeño de los fenómenos externos. Y hacia el exterior, selecciona los medios más apropiados para el fin,

---

[18] Según Weber, la *técnica* de una acción refiere al conjunto de los medios aplicados a ella, por oposición a los fines por los que se orienta. Y la *técnica racional* significa "una aplicación de medios que conscientemente y con arreglo a plan está orientada por la experiencia y la reflexión, y en su óptimo de racionalidad, por el pensamiento científico" (Weber, 2012a: 47).

manipulando los objetos y/o vinculándose con los sujetos que sean necesarios para su efectiva realización. Este tipo de racionalidad se dirige sobre todo al dominio del mundo exterior para someterlo y configurarlo en función de los intereses particulares, razón por la cual choca con los hábitos comunitarios arraigados y con el llamado "tradicionalismo" en el ámbito económico.

Para dar cuenta del efecto de racionalismo técnico en la subjetividad, es necesario recordar los distintos criterios desde los que pueden seleccionarse los fines en la *Zweckrationalität*. Cuando la conducta de vida persigue regularmente diversos fines mundanos siguiendo el principio de utilidad marginal, puede configurar –como en el confucianismo– un conjunto de cualidades útiles adaptadas a diferentes contextos, pero no una subjetividad unitaria y sistemática. La situación cambia cuando hay una finalidad terrenal fundamental en función de la cual se orienta y organiza toda la existencia individual; una actividad donde se procura obtener resultados exitosos, pero que carece de una meta trascendente para el sujeto (como, por ejemplo, el trabajo). Este modo de vida sí puede generar una metodización de la subjetividad, pero es incapaz de otorgarle un sentido a la existencia. Por eso Weber la denomina "técnica vital" o "racionalismo técnico", para distinguirla formalmente de la racionalidad ético-práctica que sí puede hacerlo. Finalmente, el autor destaca la posibilidad de un entrelazamiento virtuoso entre el racionalismo práctico-técnico y el ético-práctico, que puede llegar a forjar una subjetividad metódica y brindar un significado a la propia vida. Este tiene lugar cuando la conducta cotidiana se orienta hacia un fin mundano principal, pero que ha sido elegido y perseguido desde un punto de vista valorativo, en cuyo caso el estilo de vida es práctico-técnico tan solo en los medios.

Esto último es lo que evidencia el "espíritu capitalista" de la burguesía, en el período de surgimiento del capitalismo moderno occidental. Para Weber, siempre subsistió en este sector la posibilidad de que surgiera "una reglamentación ética racional de la vida, en conexión con [su] tendencia al racionalismo técnico y económico" (Weber, 1998c: 251) y es precisamente lo que intenta demostrar en sus ensayos dedicados al protestantismo ascético. El ejemplo de Benjamin Franklin resulta significativo porque "no enseña una simple técnica vital, sino una 'ética' particular, cuya infracción constituye no solo una estupidez, sino un olvido del deber" (Weber, 2008a: 95). Motivada por su creencia en la idea puritana de profesión, la burguesía occidental de dicho período perseguía la ganancia como un fin en sí mismo, evitando todo goce inmoderado y considerando el enriquecimiento como el resultado y la expresión de la virtud en el trabajo. El modo de vida peculiar de esta burguesía puritana condujo a una racionalización de la conducta inexistente en otras culturas y sentó las bases para el surgimiento del *homo economicus* moderno, que luego se extendió hacia otras capas sociales y hacia otras latitudes (Weber, 2008a: 97-98; 276-277). Solo cuando las raíces religiosas de este modo de vida comenzaron a secarse producto de la creciente presión de la riqueza acumulada, pudo el ideal profesional ser reemplazado por criterios valorativos puramente utilitarios o eudemonistas, que Weber –al igual que Kant– encuentra por completo ajenos al racionalismo ético consecuente y a las máximas morales de Franklin (Weber, 2008a: 97-98).

Así, en continuidad con lo que se dijo antes respecto de la racionalidad según valores y fines como acciones autónomas, es posible sostener que Weber considera el estilo de vida de la burguesía occidental que, en "aquella época heroica del capitalismo" (Weber, 2008a: 263), conjugaba el racionalismo técnico con el ético-práctico, como un modelo de vida libre. Esa libertad estaba determinada, por un lado, por su independencia económica y su dominio racional de la naturaleza mediante sus técnicas productivas y, por otro lado, por su actitud reflexiva y autogobernada, emancipada de los apetitos irracionales y del *status naturae*, pero también de toda inclinación irreflexiva hacia los hábitos tradicionales en la persecución de sus intereses económicos (Weber, 1998c: 251; 2008a: 111-113, 190-191).

Racionalidad material y racionalidad formal

Como se dijo antes –y como esboza parcialmente la última tipología de Schluchter (2017a) –, el tercer y último nivel del racionalismo práctico weberiano se expresa en el ámbito de relaciones sociales cristalizadas como órdenes, cuyas reglas se imponen y condicionan las acciones de los individuos participantes. En este marco, Weber contrapone nuevamente dos tipos-ideales de racionalidad práctica, a las que denomina *material* y *formal*.

Utiliza el concepto de *racionalidad material* para referirse fundamentalmente a la dinámica de los órdenes económico y político en las sociedades premodernas o ajenas a la relación capitalista moderna, que se caracterizan por la intervención de postulados valorativos en la gestión de la economía o en la administración y la justicia. El propio Weber reconoce la equivocidad de esta noción, que significa solamente que las acciones y relaciones sociales que tienen lugar en dichos órdenes no se rigen por reglas abstractas ni por el criterio inequívoco de la calculabilidad, sino de acuerdo a valores o fines últimos que pueden ser extraordinariamente diversos y, en principio, ilimitados (Weber, 2012a: 64 y 65). Estos valores se encuentran cristalizados en el orden como normas que regulan el actuar y generalmente no se ponen en cuestión, ya sea porque se los considera absolutamente válidos y legítimos, o porque siempre han sido así en virtud de la tradición. La naturaleza específica de un racionalismo material dependerá entonces del *contenido valorativo* por el que se orientan las relaciones sociales en esas esferas.

En este sentido, cuando se refiere a la economía, Weber llama racionalmente material al grado en que el abastecimiento de bienes dentro de un grupo social sucede mediante una acción económica orientada por determinados valores "de suerte que aquella acción fue contemplada, lo será o puede serlo, desde la perspectiva de tales *postulados de valor*" (Weber, 2012a: 64). Así, las normas por las que se rigen las acciones en el orden económico no son formales como ocurre en el capitalismo moderno, sino sustantivas. Esto significa que la actividad productiva y la satisfacción de las necesidades cotidianas no se orientan de modo racional con arreglo a fines, sino que "se plantean *exigencias* éticas, políticas, utilitarias, hedonistas, estamentales, igualitarias o de cualquiera otra clase" y se evalúan sus consecuencias de acuerdo a esos valores o fines últimos (Weber, 2012a: 64-65). Weber remarca que los puntos de vista valorativos capaces de configurar el orden económico de modo racional-material son sumamente distintos, e incluye entre ellos a los principios comunistas y socialistas, que impulsan la planificación de la economía con el objetivo último de superar las clases sociales y liberar al ser humano de toda dominación.

En cuanto al orden político, caracteriza como racional-materiales a aquellas asociaciones en las que el derecho, la justicia y la administración proceden conforme a postulados valorativos, o en las que intervienen consideraciones personales en el ejercicio del poder. La dominación tradicional, cuya legitimidad descansa en la validez de "ordenamientos y poderes de mando heredados de tiempos lejanos" y donde se obedece a un "*señor* personal" en virtud de esas tradiciones, se caracteriza por este tipo de racionalismo (Weber, 2012a: 180). El príncipe patrimonial "que procura la felicidad de sus súbditos por motivos utilitarios y ético-sociales, del mismo modo que el señor de una gran casa procura la de los vinculados a ella" y, en general, toda teocracia y todo absolutismo, se distinguen claramente de la orientación formalista de la burocracia moderna (Weber, 1998c: 265; 1942: 355-356). A contramano de la dominación carismática carente de toda regla y por eso plenamente irracional, la tradicional implica un principio de racionalización, en la medida en que está sujeta a normas arraigadas en el pasado y validadas por la costumbre (el así llamado "derecho consuetudinario"). Sin embargo, no constituyen reglas racionales desde el punto de vista de su *forma* (formulación escrita, abstracta y universal; procedimientos generales de aplicación), sino que poseen un *contenido* valorativo concreto fijado por la tradición, que no necesariamente es justo desde un criterio universalista. En efecto, los mandatos del señor son legítimos "en parte por la fuerza de la tradición que señala inequívocamente el *contenido* de los ordenamientos, así como su amplitud y sentido" y, en parte, por su libre arbitrio individual que también está delimitado tradicionalmente. Este puede actuar por afinidades o antipatías personales, o a partir de decisiones arbitrarias; o bien según principios como "la justicia y la equidad, con un contenido ético *material*, o la conveniencia utilitaria", pero no según principios formales como ocurre en la dominación legal (Weber, 2012a: 180-181). Por otro lado, Weber sostiene que las distintas expresiones de la democracia radical en la antigüedad greco-romana, en la revolución burguesa y en el socialismo moderno, poseen un componente carismático oculto bajo la legitimidad de la voluntad popular, pero también una justicia y una administración de naturaleza racional-material. En efecto, los funcionarios elegibles y revocables, los órganos de democracia directa y los tribunales revolucionarios, se distinguen precisamente por la intervención de postulados valorativos en las tomas de decisión política por parte de las masas (Weber, 2012a: 215).

La categoría weberiana de *racionalidad formal* remite a un fenómeno oriundo principalmente de Occidente, pero que solo alcanza su plenitud con la consolidación de la relación capitalista moderna. Caracteriza a los órdenes económico, político y científico de la modernidad, en los que las acciones y relaciones sociales se rigen por reglas abstractas o normas de validez universal (Kalberg, 2005: 90). El racionalismo formal se distingue por el hecho de que no hay una evaluación y una elección reflexivas de los fines del actuar, sino una aplicación técnicamente racional de los medios apropiados para llevarlos adelante. Considera la realidad existente y las finalidades que allí se plantean como simplemente dados en la práctica, y se concentra en su "logro metódico [...] mediante el cálculo cada vez más preciso de los medios adecuados" (Weber, 1998b: 259). Enfocada enteramente en obtener el óptimo resultado, cuando la racionalidad formal se basa en el conocimiento científico, configura una acción "técnicamente *correcta*" (Weber, 2006c: 255-256). Sin embargo, como asume los fines como meramente dados, sin cuestionarse sobre su naturaleza o su validez, es irracional desde este punto de vista.

A diferencia de la racionalidad material, donde el contenido valorativo es lo primordial para determinar su especificidad, aquí lo fundamental es el criterio formalista y los medios aplicados: el recurso a normas o leyes universales y a procedimientos generales de aplicación. Como sostiene Kalberg, en la medida en que reina el puro cálculo en término de reglas abstractas, el actuar procede aquí "sin consideración de las personas" y dejando de lado todo particularismo o arbitrariedad en las decisiones (Kalberg, 2005: 90).

Desde este enfoque, Weber llama "*racionalidad formal* de una gestión económica al grado de *cálculo* que le es técnicamente posible y que aplica realmente" (Weber, 2012a: 64). Esto significa que la producción, el intercambio y la satisfacción de las necesidades se expresan en razonamientos contables, siendo el dinero "el medio formal más racional de orientación de la acción económica", que permite el máximo grado de calculabilidad (Weber, 2012a: 65). El capitalismo moderno occidental, afianzado ya como *orden social* y como relación dominante en la esfera económica, es el arquetipo de la racionalidad formal. La burguesía persigue la ganancia mediante empresas lucrativas de actividad continuada, basadas en la contabilidad de capital en términos monetarios. Se apoya en el trabajo asalariado formalmente libre, que es el único que permite calcular precisamente los costos de producción; en la previsibilidad del derecho y de la administración modernos; y en los progresos de la ciencia y la técnica como medios para optimizar los resultados e incrementar los márgenes de beneficio. El capitalismo moderno extiende las fronteras del mercado hasta comercializar el conjunto de la economía y al punto tal que la satisfacción de las necesidades cotidianas se realiza de manera universal a través de mercancías que se compran y se venden (Weber, 1942: 295-297; 1998a: 14-16, 20). Sin embargo, "el dinero es lo más abstracto e 'impersonal' que existe en la vida humana"; por eso cuando este régimen se asentó plenamente y comenzó a desarrollarse según sus propias leyes, el vínculo original entre el racionalismo técnico y económico y el racionalismo ético puritano se tornó inviable (Weber, 1998e: 534-535).

> El orden económico capitalista actual es como un cosmos extraordinario en el que el individuo nace y al que, al menos en cuanto individuo, le es dado como una [carcasa] (*Gehäuse*)[19] prácticamente irreformable, en la que ha de vivir, y al que impone las normas de su comportamiento económico en cuanto se halla implicado en la trama de la economía. El empresario que de modo permanente actúa contra estas normas, es eliminado indefectiblemente de la lucha económica; del mismo modo, el trabajador que no sabe o no puede adaptarse a ellas, se encuentra arrojado a la calle, para engrosar las filas de los sin trabajo (Weber, 2008a: 99).

Así, bajo el capitalismo afianzado como relación social hegemónica, reina el racionalismo formal y no existe una elección reflexiva de los fines de la acción económica. Los objetivos del orden están dados y el individuo que no se oriente por sus máximas será automáticamente desplazado "por vía de la selección económica" (Weber, 2008a: 99). El burgués que no persiga el lucro empleando los medios técnicos más racionales y el proletario que no trabaje como se le exige simplemente perecerán frente a la competencia en el mercado. En este contexto, la idea puritana del deber profesional aparece como un *caput mortum* para el hombre económico moderno, para quien los fines de su actuar ya no son objeto de su elección consciente, sino una regla que se le impone y a la que debe someterse (Weber, 1942: 379).

La racionalidad formal también caracteriza al orden político moderno, donde el Estado se apoya en un andamiaje jurídico formalista y en una

---

[19] Diversos comentaristas han señalado que la traducción –realizada por Talcott Parsons y luego ampliamente difundida–, de la expresión weberiana *sthahlhartes Gehäuse* como *iron cage* (jaula de hierro) es errónea. Por un lado, Weber no habla de hierro sino de acero, que es el metal típico del capitalismo industrial. Por otro lado, aunque su expresión denota la idea de albergar o contener, a diferencia del encierro involuntario en una jaula, de la que en principio se quiere salir; en este caso, el encierro parecería estar incorporado o naturalizado por las personas. Atendiendo a esto, aquí y más adelante, se ha modificado y reemplazado la traducción "jaula de hierro" por la expresión "carcasa dura como el acero".

burocracia especializada. La legitimidad de la dominación legal descansa en la creencia en la validez de un cuerpo establecido de normas escritas y en los poderes de mando allí previstos. El derecho moderno es un cosmos sistemático de reglas abstractas y universalmente válidas para todos los ciudadanos, lo que implica que tanto los dirigentes como los miembros de la asociación de dominación se encuentran sometidos y deben orientarse en sus acciones y relaciones por esas máximas estatuidas. El proceso jurídico para la administración de la justicia también se encuentra pautado y racionalizado de manera formal: existen normas procedimentales para ello y la judicatura consiste en la aplicación de las leyes generales al caso concreto (Weber, 1998c: 265; 2012a: 172-174). De estos rasgos se desprende que, a diferencia del derecho material, el racional-formal es un derecho previsible y calculable y ajeno por principio al particularismo y las decisiones arbitrarias (Weber, 1942: 353-355).

La administración burocrática que prolifera en diversos ámbitos de la vida moderna constituye para Weber el tipo más racional de dominación en términos de precisión, continuidad, disciplina, calculabilidad, aplicabilidad a toda clase de tareas y perfeccionamiento técnico para alcanzar el óptimo resultado. La burocracia es el dominio de la impersonalidad formalista: ella procede sin odio y sin pasión, libre de caprichos y de favoritismos, "sin acepción de personas" y de modo estrictamente racional según reglas abstractas. Actúa de manera disciplinada y sometida al deber de obediencia, cumpliendo las órdenes que se le imparten, sin resistencia ni crítica, y calculando los medios más eficientes para llevarlas adelante (Weber, 2012a: 178-180, 707-708). Pero, aunque la administración burocrática sea la más racional desde el punto de vista técnico-formal, la cuestión fundamental es "*¿quién domina* el aparato burocrático existente?*" (Weber, 2012a: 178). La inquietante pregunta de Weber apunta al carácter heterónomo del racionalismo formal que, atento a la eficacia de los medios, es irreflexivo respecto de los fines del actuar.

Finalmente, las huellas del racionalismo formal también se advierten en el orden intelectual contemporáneo. Las ciencias modernas se basan en la validez universalmente reconocida de la lógica y la metodología como formas de orientarse para el conocimiento del mundo (Weber, 2012b: 204). Las pretensiones de verdad y de objetividad del conocimiento científico en relación a otros saberes se fundamentan, precisamente, en esas reglas formales sobre el proceder del pensamiento racional y del proceso de investigación (Weber, 2006a: 73). Aunque la formulación de conceptos, hipótesis y teorías pertenece al ámbito de la racionalidad teórica, los procedimientos de la indagación empírica remiten al racionalismo formal. Una vez seleccionado su objeto de estudio, el investigador lo asume como dado y, si quiere producir un conocimiento "científico", debe atenerse a las normas de la lógica y del método para examinarlo. En el caso de las ciencias naturales, la observación empírica, la medición, la cuantificación y la experimentación en laboratorios son medios técnicos universalmente aplicados (y retomados en parte por los estudios sociales cuantitativos). Pero, para Weber, las ciencias de la cultura también proceden conforme al racionalismo formal cuando recurren al método de los tipos-ideales como medio de investigación, que constituyen constructos conceptuales de máxima coherencia lógica interior, respecto de los cuales la realidad empírica puede ser medida y comparada (Weber, 2006a: 82; 2012a: 7).

5. Una tipología multifacética de la racionalidad

Tras haber examinado los diferentes tipos-ideales de racionalidad, se advierte la riqueza y el carácter multifacético de este concepto de Weber, tantas veces interpretado de manera parcial y reduccionista. Del análisis realizado, emergen algunas conclusiones relevantes que es preciso señalar.

En primer lugar, se advierte que aunque esta categoría está atravesada por las dimensiones centrales de racionalidad teórica y racionalidad práctica, esta última también comprende dos grandes aspectos, que Weber contrapone sistemáticamente en los distintos niveles analíticos. En efecto, entre las racionalidades con arreglo a valores, ético-práctica y material, por una parte, y las racionalidades con arreglo a fines, práctico-técnica y formal, por otra parte, existe una continuidad en cuanto a los criterios rectores del actuar. En los tres primeros casos, la acción se rige por la validez normativa de ciertos postulados valorativos que la configuran como intrínsecamente válida, es decir, como una conducta racional desde el punto de vista de su contenido. En cambio, en los tres casos siguientes, la acción se rige por la eficacia de los medios aplicados para la obtención de resultados pragmáticos, que la configuran como una conducta técnicamente exitosa, o racional en cuanto a su forma de desarrollo (Weber, 1998e: 542). Esto pone de relieve la existencia de dos dimensiones principales también al interior del racionalismo práctico que, atendiendo a los criterios mencionados, podrían denominarse *de contenido y de forma* respectivamente. En este sentido, la tipología weberiana del concepto complejo de racionalidad podría sintetizarse como aparece en el Cuadro 1.

Cuadro 1. Tipos-ideales de racionalidad según niveles de agregación y cristalización de la acción

		Niveles de agregación y cristalización de la acción		
		Acción individual y circunscripta	Conducta de vida regular de un grupo		Relaciones cristalizadas en órdenes
			Estilo de vida	Estrato típico-ideal	
Tipo de racionalidad	Teórica	Racionalidad teórico-cognoscitiva	Racionalidad intelectualista	Intelectual	Ideas dominantes y fundamentos externos del orden
	Práctica — De contenido	Racionalidad con arreglo a valores	Racionalidad ético-práctica	Hombre religioso y político por convicción	Racionalidad material
	Práctica — De forma	Racionalidad con arreglo a fines	Racionalidad práctico-técnica	Burguesía naciente	Racionalidad formal

En segundo lugar, cuando se consideran los tres niveles de agregación y cristalización desde los que Weber analiza la racionalidad teórica y las racionalidades prácticas de forma y de contenido, se constata lo que se dijo al comienzo sobre su enfoque decididamente histórico y sociológico. Por un lado, porque los tipos cristalizados de cada una de ellas pueden entenderse como el resultado histórico de la regularización y difusión de tres modos de orientación de la acción racional, que un grupo social desempeña en su máxima expresión desplegando una conducta de vida sistemática, pero que luego alcanza una influencia social que lo trasciende. Como consecuencia de esto, se consolidan relaciones y órdenes duraderos cuyas reglas condicionan el actuar de los individuos participantes, reproduciendo así los vínculos existentes. Por ejemplo, para que el capitalismo dominante pudiera producir los empresarios y los trabajadores que necesita mediante un mecanismo similar al de la selección natural, primero tenía que surgir la conducta de vida profesional como una concepción y una práctica metódica de un grupo social, y no como propia de individuos aislados (Weber, 2008a: 99). Por otro lado, porque frente a las visiones reificantes y ahistóricas de lo social, este enfoque enfatiza que los poderosos órdenes modernos y tradicionales, que han gobernado y determinado la vida de los hombres durante años, descansan en última instancia en el hecho de que los individuos orientan reiteradamente su acción teniendo en cuenta sus normas rectoras; pero cuando esta deja de ser la conducta mayoritaria, dichos órdenes se ven severamente cuestionados y tienden a disolverse y perecer.

En tercer lugar, resulta sumamente significativo el vínculo que Weber establece no solo al interior de la racionalidad práctica, sino también entre esta y la racionalidad teórica, ya que en las acciones individuales, en la conducta de vida metódica y en las relaciones sociales consolidadas en el terreno práctico, se ponen en juego –con mayor o menor grado de conciencia– ideas y saberes sistematizados por el racionalismo teórico. En efecto, la racionalidad con arreglo a valores y la ético-práctica están iluminadas por visiones del mundo y postulados valorativos oriundas del pensamiento sobre lo que *debe-ser*, mientras que la racionalidad con arreglo a fines y la práctico-técnica están informadas por reglas de experiencia y saberes técnicos y científicos provenientes del conocimiento empírico sobre lo que *es*. El racionalismo teórico puede proporcionar las fundamentaciones valorativas, religiosas o formales en las que se apoyan los órdenes legítimos vigentes; pero también puede volverse reflexivo sobre las máximas que regulan aquellos órdenes que imperan tan solo de hecho.

Por último, teniendo en cuenta que para Weber el concepto de racionalidad refiere a la capacidad del ser humano de dominar la realidad a través de la actividad teórica o de la actividad práctica, cabe destacar que esto no se expresa de la misma forma en sus tres niveles de análisis. Del examen realizado emerge que, a nivel de las acciones racionales discretas espacio-temporalmente y a nivel de la conducta de vida metódica y regular de un grupo, prima la autodeterminación subjetiva del actuar, vinculada a la elección reflexiva de los propios fines. En cambio, a nivel de las relaciones sociales cristalizadas como órdenes ocurre lo contrario: la racionalidad y los fines aparecen –como sugiere Levine (1981)– *objetivados* en dichos órdenes, bajo la forma de ideas hegemónicas o normas de conducta que se imponen sobre los individuos y que estos toman como referencia a la hora de actuar. Así, lo distintivo de este tercer nivel del racionalismo con respecto a los dos anteriores es que aquí la capacidad de dominar la realidad se presenta –para decirlo en términos de Marx– de manera invertida y enajenada, es decir, como una propiedad materializada en dinámica de las relaciones sociales y de los órdenes existentes, a la que los sujetos se ven sometidos con mayor o menor grado de conciencia. Esta conclusión de que la racionalidad no solamente expresa la capacidad humana de dominar la realidad, sino también el dominio sobre los hombres de esa fuerza nacida de sus propias facultades, conduce al análisis del proceso histórico-universal de racionalización en el capítulo siguiente.

Capítulo III

El proceso histórico-universal de *racionalización*

Tras haber examinado el concepto weberiano de racionalidad, sistematizado y caracterizado sus tipos-ideales fundamentales, es preciso abordar su faceta procesual, que concibe al racionalismo como una fuerza histórica que se desenvuelve a lo largo del tiempo y a escalas planetarias. El proceso histórico-universal de racionalización, que Weber esboza en el apartado de *Economía y sociedad* dedicado a la sociología de la religión, pero que investiga principalmente en sus *Ensayos sobre sociología de la religión*, refiere a este aspecto dinámico de su conceptualización.

Como se dijo antes, el autor se abocó al estudio de la racionalización durante la última década de su vida, que constituye su etapa más fecunda en términos de su producción científica. Diversos especialistas han destacado la importancia de sus investigaciones histórico-sociológicas sobre las religiones, como clave para interpretar el conjunto de su obra y sus inquietudes fundamentales: el proceso histórico-universal de racionalización, la singularidad del racionalismo occidental moderno en el marco de ese desarrollo, y el progresivo desencantamiento del mundo que ambos trajeron aparejado (Tenbruck, 2016: 56; Roth, 2016: 154; Schluchter, 2017b: 75-76). Su sociología de la religión es bastante peculiar, porque no se interesa tanto por los aspectos teórico-doctrinales de las visiones religiosas que analiza, sino que se concentra en la influencia que ejercieron sus respectivas éticas sobre la forma de pensamiento y la conducta de vida práctica de sus seguidores, y más específicamente sobre su conducta económica (Weber, 1998a: 21; 1998c: 234). Por este motivo, su indagación sobre las religiones podría considerarse apropiadamente como un aporte a la "sociología del racionalismo en sí" (Weber, 1998e: 528).

El presente capítulo aborda la concepción weberiana de la racionalización, entendida como un proceso típico-ideal de desarrollo histórico, de alcance universal y de larga duración temporal. Esto no implica desconocer que, para Weber, existen múltiples racionalizaciones al interior de las diversas culturas y los distintos órdenes de vida; pero aquí interesa examinar sobre todo ese decurso general. Para ello, en primer lugar, se interpreta la racionalización como un poder o una fuerza históricamente operante. En segundo lugar, se la caracteriza en tanto proceso de cambio social que marca el tránsito desde las relaciones primordialmente comunitarias del pasado, hacia las relaciones primordialmente societarias de la modernidad. Finalmente, se examinan sus estadios típico-ideales de desarrollo para identificar sus rasgos distintivos en lo que respecta a la estructura social y a los grados de racionalización en las dimensiones teórica y práctica.

1. La racionalización como poder social e histórico

En el Capítulo II se puso de relieve que Weber elabora sus conceptos típico-ideales de racionalidad y racionalización, discutiendo con la idea de razón y de su desenvolvimiento a lo largo de la historia, que habían planteado otras corrientes de pensamiento herederas del Iluminismo, o de raigambre romántica e historicista. En este sentido, Guenther Roth analiza los aspectos fundamentales de la "historia de desarrollo" (*Entwicklungsgeschichte*) propuesta por el autor en reemplazo de esas versiones anteriores, que contenían una "teleología metafísica de la historia mundial" y se ocupaban de diversas maneras de "la autorrealización del espíritu del mundo a través de los tiempos o del despliegue del espíritu de cada pueblo" (Roth, 2016: 155). La alternativa de Weber se asemeja a los enfoques ilustrados en que tiene como epicentro a la racionalización, concibiendo al racionalismo como una fuerza históricamente operante. Sin embargo, implicó "la sustitución de las leyes metafísicas y positivistas, por tipologías históricas y etapas teóricamente construidas" y la desagregación de la historia de desarrollo en diferentes dimensiones, entre las cuales se destacan una visión holística sobre la evolución cultural, entendida como una racionalización general de la existencia, y una explicación histórica de la singularidad de la cultura europea y mediterránea, como parte de ese desarrollo global (Roth, 2016: 159-160).

En este punto, hay que recordar que el abordaje weberiano de la racionalización está marcado por su interés especial en el derrotero de Occidente. Weber indaga el proceso histórico-universal de racionalización con el objetivo último de explicar la génesis y comprender la especificidad del racionalismo moderno occidental (Weber, 1998a: 21). La naturaleza polémica de su perspectiva salta a la vista desde el comienzo ya que, para dar cuenta de dicho proceso, recurre un estudio comparado entre distintas religiones y rastrea los orígenes mismos de la racionalidad en el ámbito de la magia y de la religión, es decir, en las fuerzas irracionales por antonomasia para toda visión racionalista e ilustrada y defendidas con tenacidad por las corrientes irracionalistas contrarias a la Ilustración, precisamente por este motivo. Para que no queden dudas al respecto, afirma contundentemente:

> También lo racional, en el sentido de la "coherencia" lógica o teleológica de una toma de postura teórico-intelectual o ético-práctica, ejerce y ha ejercido siempre poder sobre los hombres, por muy limitado e inestable que este sea y haya sido frente a otros poderes de la existencia histórica. Pero precisamente las interpretaciones religiosas del mundo y las éticas religiosas con pretensiones de racionalidad, creadas por los intelectuales, están intensamente sometidas al imperativo de la coherencia (Weber, 1998e: 528).

Este fragmento resulta relevante no solo porque destaca que la racionalidad también es un rasgo propio de las religiones, sino por el enfoque más general que pone de manifiesto. Weber caracteriza "lo racional" como un "poder" (*Macht*) histórico que siempre ha ejercido una influencia sobre los seres humanos, en dirección a la coherencia lógica en el terreno teórico y a la coherencia teleológica en el terreno práctico. En ese proceso, ha entrado en disputa con otros poderes ajenos al imperativo de la coherencia, lo que implica que ha rivalizado con fuerzas históricas irracionales en ambos terrenos. Conviene aclarar que, cuando Weber habla de *poder*, remite a algo que se impone de manera forzosa sobre las voluntades individuales e incluso contra toda resistencia (Weber, 2012a: 43). Así, aunque su noción de racionalidad refiere a la capacidad humana de dominar conscientemente la realidad mediante las actividades teórica y práctica, considerada como proceso social que se desenvuelve a lo largo de la historia, constituye una fuerza que se impone sobre los hombres, que condiciona sus acciones de manera involuntaria y que puede potencialmente dominarlos a ellos.

Como se vio antes, esto es lo que ocurre cuando determinadas relaciones sociales se han consolidado como órdenes duraderos y los individuos quedan sometidos a su legalidad interna y a su dinámica racionalizadora específica, situación que alcanza su máximo desarrollo cuando dichas relaciones se cristalizan en instituciones con estatutos racionales y organización burocrática. Esta contradicción entre la facultad humana de dominar la realidad que se trastoca en su contrario, en el dominio de los órdenes existentes sobre los propios hombres, es elemental desde el punto de vista sociológico: recuerda que la actividad del individuo no es enteramente libre, sino que está condicionada por circunstancias históricas y sociales que lo preceden y no ha elegido. Pero al mismo tiempo, esa contradicción al interior del racionalismo es la que habilita la crítica weberiana de la racionalidad formal imperante en la modernidad, que conduce a la "carcasa dura como el acero" (*sthahlhartes Gehäuse*) que restringe la libertad individual.

En el señalamiento sobre la coherencia lógica de la imagen del mundo y la coherencia teleológica de la conducta práctica como expresiones de lo racional en la historia, también se evidencia la perspectiva desde la que Weber investiga el proceso de racionalización. Al igual que con los tipos-ideales de racionalidad, le interesa examinarlo en dos dimensiones centrales: en el aspecto teórico y en el aspecto práctico. El autor considera que la *ratio* es una fuerza revolucionaria que opera históricamente por dos caminos fundamentales. Por un lado, por medio de una *intelectualización* paulatina, que aumenta el dominio teórico sobre la realidad circundante, dotándola de un orden, interpretando su sentido, explicándola causalmente y dando lugar a visiones del mundo cada vez más sistemáticas y congruentes, pero progresivamente desencantadas. Por otro lado, por medio de una *metodización* creciente de la conducta de vida práctica y de una profunda *transformación de las condiciones materiales de existencia*, que modifican la actitud de los seres humanos frente a la realidad y moldean su subjetividad y su modo de actuar cotidiano. En este sentido, la racionalización actúa como una fuerza antagónica a la del carisma, otra potencia histórica igualmente revolucionaria de la que se hablará en el Capítulo V (Weber, 2012a: 196-197, 852-853; Ruano de la Fuente, 1996: 119-123; Mommsen, 1971: 99-100).

En el abordaje weberiano del proceso de racionalización se advierte una reminiscencia antropológica, cuando remarca "el efecto de la *ratio*" sobre las personas y su papel como fuerza impulsora de la historia universal. La recurrente representación en el ser humano de que hay algo en el mundo que carece de sentido, da lugar al intento de superarlo y motoriza, en consecuencia, una dinámica racionalizadora (Tenbruck, 2016: 79-81; Weisz, 2011: 213, 215). De este modo, el desarrollo histórico encuentra un fundamento permanente en la irrefrenable "necesidad racional" de todo hombre de cultura, que está dotado de "la capacidad y la voluntad de tomar *conscientemente* posición ante el mundo y conferirle *sentido*", y que interviene activa y reiteradamente en esa dirección (Weber, 1998c: 242; 2006a: 70).

2. Un proceso de cambio social

Aunque la racionalización es un tema omnipresente en los *Ensayos sobre sociología de la religión*, la "Introducción" ("*Vorbemerkung*") de 1920 y el "Excurso" ("*Zwischenbetrachtung*") de 1916 que aparecen en su primer tomo resultan imprescindibles para comprender la perspectiva weberiana sobre este proceso histórico-universal, que tuvo sus manifestaciones más aguzadas en el Occidente moderno, donde condujo a la fragmentación del racionalismo, al desencantamiento del mundo y a la emergencia del politeísmo valorativo.

La interpretación de Stefan Breuer (1996: 13-14) acerca del influjo que ejerció sobre Weber la pregunta tönniesiana sobre el pasaje desde la *comunidad* a la *sociedad* resulta cardinal.[1] Toda la elaboración weberiana

[1] En *Comunidad y sociedad*, Tönnies (1947) analiza dos formas cualitativamente distintas de convivencia humana y de voluntad individual, y establece un contraste permanente entre ellas. La *comunidad* constituye la "vida real y orgánica", "duradera y auténtica" e implica "una unidad en la pluralidad". La *sociedad*, en cambio, es una "formación ideal y mecánica", "pasajera y aparente" y supone "una pluralidad en la unidad". El individuo se siente en casa en la comunidad, pero ajeno en la sociedad; la primera es "lo antiguo", vinculado a la vida rural y las costumbres tradicionales, mientras la segunda es "lo nuevo", vinculado a las grandes ciudades y las costumbres de la burguesía. Según Tönnies, estas dos formas de convivencia son el resultado del predominio de dos tipos de voluntad individual, que se distinguen por la relación existente entre el querer y el pensamiento. En la *voluntad esencial* hay una unidad natural entre medios y fines a la hora de actuar, en la medida que los primeros son tenidos como necesarios o justos en virtud de la sensibilidad, el hábito o la conciencia práctica. La *voluntad de arbitrio*, en cambio, es un querer eminentemente reflexivo que rompe la unidad entre medios y fines para concentrarse en estos últimos, evaluando cuáles son los medios más apropiados y eficaces para conseguirlos. Mientras la voluntad esencial propicia relaciones comunitarias, la voluntad arbitraria favorece los vínculos societarios. El autor describe una transición histórica desde un período original caracterizado por la comunidad y la hegemonía de la voluntad esencial, hacia otro posterior y derivado de aquel, dominado por la sociedad y la voluntad

sobre el proceso de racionalización podría ser leída como un ambicioso intento de dar respuesta a ese interrogante tan significativo para un hombre moderno-occidental, interesado por "problemas histórico-universales" (Weber, 1998a: 11). La influencia de Tönnies se advierte fuertemente en su ensayo "Sobre algunas categorías de la sociología comprensiva" del año 1913, en donde Weber coquetea incluso con su terminología y con la lógica oposicional y comparativa de su argumentación (Alvaro, 2014). Sin embargo, rechaza definitivamente la perspectiva organicista de Tönnies y su diagnóstico unilateral sobre el alcance efectivo de lo racional en el marco de la vida moderna. De allí que, lejos de todo sustancialismo, su abordaje de la racionalidad plantee distintos niveles de agregación y cristalización, partiendo de la acción individual como el fundamento último de las relaciones sociales y los órdenes colectivos. Que enfatice, además, que las relaciones comunitarias y societarias han convivido históricamente y que la transición a la modernidad no implica una "sustitución" de las primeras por las segundas, sino más bien una extensión creciente de las acciones racionales con arreglo a fines, de los vínculos de socialización y de las instituciones con normas racional-formales (Weber, 2006b: 209, 218). Y finamente, que Weber se empeñe en demostrar –a diferencia de Tönnies– no solamente el avance progresivo de la racionalización en los terrenos teórico y práctico, sino también los límites inherentes al racionalismo moderno y la persistencia de lo irracional incluso bajo el contexto de la modernidad.[2]

Pero, aunque se aparta del enfoque de Tönnies en esos aspectos decisivos, Weber abreva y profundiza en el problema crucial que este había planteado. Su caracterización de la racionalización histórico-universal podría interpretarse entonces como un extraordinario proceso de cambio social que marca el tránsito desde las formas de pensamiento, de acción social y de vida colectiva que predominaron históricamente entre los hombres desde que el ser humano salió de la pura animalidad, hacia las formas de pensamiento, de acción social y de vida colectiva que son propias y distintivas del mundo moderno y que tuvieron su expresión más acabada en Occidente.

---

arbitraria típicos de la modernidad. El pasaje de una etapa a la otra está signado por la destrucción de los vínculos originarios y naturales y su reemplazo por otros nuevos y artificiales, que avanzan al compás de un progreso creciente de lo racional.

[2] Esta cuestión se retomará cuando se hable de la irracionalidad en el Capítulo IV y se tratará particularmente en el Capítulo V.

La "*Zwischenbetrachtung*" constituye un texto clave para dar cuenta de este fenómeno, dado que Weber plantea allí los tres grandes momentos de su teoría de la racionalización, a saber: el estadio mágico, el estadio religioso y el estadio moderno. Sin embargo, antes de examinar los aspectos fundamentales de estas tres etapas típico-ideales de desarrollo, es importante hacer algunas consideraciones previas sobre su perspectiva general al indagar este proceso de cambio social.

En la "*Vorbemerkung*" se advierte desde el comienzo que la racionalización es un proceso de carácter histórico-universal, que se ha desarrollado a lo largo de distintos períodos de tiempo y en todas partes del mundo, y que se desenvuelve en "una dirección evolutiva de alcance y validez *universales*" (Weber, 1998a: 11). Según Weber, durante miles de años, en todas las culturas y en los diferentes ámbitos de la vida, ha habido racionalizaciones de distintos tipos y en las direcciones más diversas. No obstante, lo decisivo para determinar la significación que cada civilización ha llegado a adquirir en la historia universal, es en qué esferas y en qué dirección específicas se ha racionalizado (Weber, 1998a: 21). En este punto, el autor remarca la singularidad de Occidente, donde la racionalización ha alcanzado un nivel de desarrollo y ha dado lugar a determinadas manifestaciones desconocidas en otras culturas, que luego se difundieron y se volvieron dominantes en todo el mundo (por ejemplo, la ciencia basada en la observación y la experimentación racionales, el Estado basado en el derecho racional y la burocracia especializada, el capitalismo basado en el cálculo racional de capital, etcétera). Aunque la racionalización también se desarrolló en las civilizaciones orientales, encontró en ellas obstáculos de diferente índole, que le impidieron desplegarse tal como ocurrió en la civilización moderno-occidental. En consecuencia, el interés de Weber radica en comprender la peculiaridad del racionalismo occidental y explicar la génesis de su forma moderna, como una parte fundamental de este proceso de largo alcance y de extensión universal.

Teniendo en cuenta la conceptualización de Piotr Sztompka en *Sociología del cambio social* (1993),[3] es posible sostener que la racionalización

---

[3] Sztompka plantea un esquema para examinar los procesos de cambio social y distingue, entre otras cosas: 1) los niveles de la realidad social en los que opera el proceso (macro, medio, micro); 2) el alcance temporal que tiene; 3) la forma que asume su desarrollo (direccional o no-direccional, lineal, no-lineal o multilineal, ascendente o descendente, etcétera); 4) los principales resultados del proceso; y 5) la fuerza motriz que lo impulsa (Sztompka, 1993: 35-45).

es un proceso de cambio de carácter macro-social, porque se produce a escalas planetarias y en las diferentes culturas, pero que se desarrolla y se manifiesta también en los niveles medio y micro sociales, en la dinámica de los distintos órdenes o esferas y en la manera en que los individuos orientan sus acciones y relaciones sociales cotidianas. Constituye un cambio de larga duración, dado que su extensión temporal es extremadamente amplia en la historia, abarcando varios milenios. La forma en que se desenvuelve el proceso de cambio es direccional y multilineal, ya que avanza en el sentido general de una racionalización creciente de los órdenes de vida y de la conducta cotidiana de las personas, que alcanza su mayor desarrollo en la modernidad occidental, pero que también se ha expresado en otras culturas, asumiendo direcciones y rasgos específicos en cada una.

Ahora bien, cuando se tienen en cuenta los tres estadios típicos de desarrollo que se analizarán a continuación, se constata un aspecto no-lineal en el desenvolvimiento direccional de la racionalización, puesto que cada estadio implica un salto cualitativo con respecto al precedente. Esto habla de la magnitud del cambio social en cuestión: los distintos momentos del proceso de racionalización representan modificaciones de carácter estructural, dado que entrañan una alteración en la naturaleza de las relaciones sociales, en la dinámica interna de los distintos órdenes de existencia y en el modo en que las personas orientan sus acciones cotidianamente. Cada etapa conlleva cambios en el núcleo de la vida social o en la mayoría de sus aspectos, configurando una transformación social de conjunto, lo que vale especialmente para el salto cualitativo que supone la sociedad moderna con respecto a las dos etapas anteriores. Finalmente, en relación a las fuentes que motorizan el cambio, ya se hizo referencia al poder que la *ratio* ha ejercido siempre sobre los seres humanos. En el planteo weberiano, la racionalización se presenta como un proceso impulsado por fuerzas endógenas, por una cierta tendencia antropológica de los hombres hacia lo racional, que recurrentemente buscan otorgar una explicación y un sentido a sus diversas acciones, a su existencia como un todo y al mundo circundante.

3. Los estadios típico-ideales de la racionalización

Así como Weber caracteriza los tipo-ideales de racionalidad según distintos niveles de agregación y cristalización, también da cuenta del proceso histórico-universal de racionalización en diferentes momentos de desarrollo. En el "Excurso", sobre la base de un esquema típico-ideal de diferentes órdenes o esferas de vida (económica, política, estética, erótica, intelectual y religiosa), construye una teoría de los estadios de las relaciones entre el mundo y la religión, donde se expresan al mismo tiempo las tres grandes etapas de la racionalización.

Como señala Robert Bellah, el primer momento siempre está marcado por los lazos de parentesco y el predominio del pensamiento mágico; el segundo momento, por los vínculos de tipo tradicional y las religiones proféticas o de salvación; y el tercer momento, por la relación capitalista moderna, la hegemonía de las ciencias empíricas y el politeísmo de valores (Bellah, 2005: 129-130). Aunque Weber cuestiona ácidamente las visiones evolucionistas y unilineales de la historia, proponiendo en cambio un enfoque direccional y multilineal y destacando siempre la pluricausalidad de los fenómenos que estudia, su esquematización típico-ideal del proceso de racionalización está marcada por una fuerte impronta de desarrollo. No solo porque se refiera explícitamente a diversos "estadios" y direcciones de desenvolvimiento, sino también porque cada etapa planteada expresa un grado superior de racionalización con respecto a la anterior, delineando una sucesión lógica de carácter *evolutivo*; y porque en ciertos aspectos de este proceso histórico tienen lugar *progresos objetivos* –independientemente de la valoración que se haga sobre ellos–, como ocurre para Weber con el avance de la diferenciación social, con la diversificación de las posibilidades del actuar en relación a la conducta del hombre primitivo, y con la proliferación –sobre todo en la modernidad– de las acciones técnicamente correctas iluminadas por el conocimiento científico (Weber, 2006b: 220-221; 2006c: 248, 255-256).

El análisis weberiano presenta el estadio moderno-occidental como el momento culminante del proceso histórico-universal de racionalización, que trajo aparejada una pluralidad de avances en cuanto al dominio del mundo exterior y el autogobierno de la propia conducta, pero también un conjunto de consecuencias no deseadas y cuestionables desde un punto de vista ético. Sin embargo, Weber no avizora un estadio superador al existente, ni tampoco grandes posibilidades de trasformación social y política. Su diagnóstico trasluce un espíritu eminentemente trágico frente a las tendencias del racionalismo moderno, que considera fatales e irreversibles, aunque plantea algunas propuestas para contrarrestarlas dentro de los márgenes del orden vigente. Esto ha llevado a algunos comentaristas a sostener que el capitalismo moderno constituye un "destino" necesario e incontestable para Weber, afirmado de manera ideológica por este debido a su rechazo del socialismo revolucionario (Luckács, 1968: 490; Marcuse, 1969: 117). O bien, que representa una barrera infranqueable y una suerte de "punto de llegada" del desarrollo histórico, que habilitaría a interpretar su perspectiva como signada por una filosofía de la historia (Weisz, 2011: 286-288).

Más allá de la evaluación que se haga al respecto, es evidente que su concepción del proceso de racionalización, en tanto teoría del desarrollo social y cultural de la humanidad, rivaliza abiertamente con la del materialismo histórico y se propone superar el determinismo económico que le atribuye a esta corriente.[4] Weber se interesa por el ser humano no solo como productor de sus condiciones de existencia a través de su trabajo y del desarrollo de sus fuerzas productivas, sino también –e incluso centralmente– como productor de símbolos, que se confronta permanentemente "con las cosas y los procesos del mundo como son, pero también con lo que significan" (Schluchter, 2017b: 70). Su teoría pretende conjugar un examen de los aspectos *ideales* que el materialismo histórico habría relegado,[5] indagando la evolución de las imágenes del

[4] Weber discute, en realidad, con la versión mecanicista y economicista del materialismo histórico que tenía la socialdemocracia alemana, lo que no impide que atribuya ese determinismo al propio Marx. Desde un enfoque evolutivo similar al del positivismo, la socialdemocracia consideraba que el socialismo llegaría de manera necesaria como resultado del movimiento económico del régimen capitalista, que conduciría inevitablemente a su derrumbe. Esta lectura mecánica le sirvió a esta corriente para adoptar una orientación política reformista y parlamentarista, que fue duramente cuestionada por los marxistas revolucionarios de la época. Sin embargo, los llamados "revisionismo" teórico y "oportunismo" político de la socialdemocracia alemana estaban muy alejados de la visión de Marx, que entendía a la ciencia como *teoría crítica* y a la política como *praxis revolucionaria*, y que otorgaba una importancia decisiva para la revolución, no solamente a los factores *objetivos* del desarrollo capitalista, sino también a los factores *subjetivos*, sin los cuales no había movimiento revolucionario ni transformación social posibles.

[5] Es muy discutible que el materialismo histórico haya relegado el papel de las ideas, al menos en lo que respecta a sus fundadores Karl Marx y Friedrich Engels. En efecto, si se tiene en cuenta la importancia del problema de la ideología y la alienación en los escritos juveniles de ambos autores, el lugar fundamental que siempre le asignaron a la lucha teórica y al "arma" de la crítica en ese terreno, y su esfuerzo denodado por

mundo y su posible influencia sobre los hombres, con un examen de los aspectos *materiales* que trascienda los intereses de clase y las relaciones de producción, analizando las transformaciones ocurridas en el modo de vida práctico en general y en la conducta económica en particular (Weber, 1998c: 234, 236).

En ese sentido, su abordaje del proceso histórico-universal de racionalización comprende, como se dijo antes, las dos grandes dimensiones presentes en su tratamiento del concepto de racionalidad. En el terreno teórico, se manifiesta como una intelectualización creciente, caracterizada por el desarrollo de formas de pensamiento y de conocimiento cada vez más complejas, sistemáticas y fundadas de manera racional-formal, que se plasman en visiones del mundo con una coherencia lógica interior cada vez más refinada y que conducen al desencantamiento paulatino del medio natural y social. Y en el terreno práctico, se manifiesta como una metodización creciente de las acciones sociales y de la conducta de vida, que se expresa en una coherencia teleológica cada vez más reflexiva entre los fines, los medios y las consecuencias de la actividad humana práctica, y también bajo la forma de una profunda transformación de las condiciones de existencia (Weber, 2012a: 196; Ruano de la Fuente, 1996: 119-122). Este doble movimiento alcanza su apogeo en la modernidad occidental, pero sus orígenes históricos se remontan mucho tiempo atrás y es justamente ese derrotero el que Weber pretende rastrear.

Aunque la dinámica típico-ideal de la racionalización podría exponerse siguiendo la evolución en los diferentes estadios del racionalismo teórico, por un lado, y del racionalismo práctico, por el otro, resulta más conveniente imitar el camino de Bellah (2005), que realza analíticamente las tres etapas siempre presentes –pero de forma difusa–, en la caracterización weberiana de las distintas esferas u órdenes de vida. Este enfoque tiene la virtud de que permite examinar la racionalización en los planos teórico y práctico, vinculándola con los rasgos socio-estructurales de cada estadio de desarrollo. Además, permite identificar la imagen del mundo exterior predominante en cada etapa histórica y relacionarla con las posturas

dotar de un programa político a la clase obrera y favorecer el desarrollo de su conciencia revolucionaria, se vuelve evidente que los factores ideales también tenían un rol primordial en su pensamiento. El hecho de que, en su polémica con la corriente hegeliana y neohegeliana, Marx y Engels hubiesen enfatizado en la determinación "en última instancia" de los factores materiales, no debe opacar esta cuestión. Sin embargo, es indudable que la socialdemocracia alemana con la que discute Weber, recaía efectivamente en un determinismo económico unilateral.

prácticas que trae aparejadas y con el influjo que ejerce sobre la acción y el modo de vida de las personas.

El estadio mágico

La primera etapa del proceso de racionalización se caracteriza por una estructura social escasamente diferenciada basada en las relaciones de parentesco, en la comunidad de linaje y en la vecindad con los compañeros de la aldea. Los vínculos con el medio para la satisfacción de las necesidades son todavía elementales y ponen de manifiesto una estricta dependencia del ser humano con respecto a las fuerzas de la naturaleza.

En esta fase, el pensamiento mágico domina no solo en la esfera religiosa, sino que impregna todas las demás, recubriendo su específica legalidad interna. Esto es, la lógica y la dinámica de cada uno de los órdenes de vida se encuentran estrechamente ligadas a la magia y esta gobierna las acciones y relaciones sociales que se desarrollan en su seno. Por ejemplo, en la esfera económica se intentaba influir mágicamente sobre los espíritus y los dioses para favorecer el enriquecimiento o el bienestar particular del individuo; y en la esfera política, los dioses funcionales de la guerra y del orden jurídico protegían y garantizaban los valores indiscutibles de la vida cotidiana (Weber, 1988e: 534, 536).

Para Weber, la magia implica un principio incipiente de racionalización de las actividades teórica y práctica del ser humano, que las separa de un comportamiento meramente instintivo, inmediato y natural, elevándolo por encima de la pura animalidad. Se trata, sin embargo, de un momento muy elemental de desarrollo, que contempla ciertas manifestaciones racionales en un contexto general primordialmente irracional. En el terreno práctico, el autor sostiene que toda acción suscitada por motivos mágicos es al menos relativamente racional: "Si no es necesariamente un actuar según medios y fines, sí, desde luego, conforme a reglas de experiencia" (Weber, 2012a: 328). Este aspecto se refuerza cuando se considera que la conducta mágica se dirige sobre todo hacia "el más acá", persiguiendo fines de carácter económico y atendiendo necesidades o malestares individuales que los cultos comunitarios primitivos no contemplaban (Weber, 1998c: 238). Quienes actúan de manera mágica distinguen en primer término el grado de cotidianeidad o regularidad de los fenómenos y atribuyen nombres y cualidades especiales a las fuerzas no cotidianas, que Weber designa con el concepto de *carisma* (Weber, 2012a: 328). El fuego que brota "mágicamente" de la frotación de una madera con un palo o el sujeto que sana como resultado de las manipulaciones y exorcismos del mago son ejemplos ilustrativos de esta forma de actuar.

Así pues, en la medida en que se orienta conscientemente hacia propósitos pragmáticos y se apoya en regularidades de experiencia, la conducta mágica implica para Weber un desarrollo embrionario en el sentido de la racionalidad con arreglo a fines. Sin embargo, puesto que habitualmente no aplica los medios técnicamente correctos desde el punto de vista científico ni avanza necesariamente en esa dirección, la magia constituye un obstáculo para el racionalismo formal y permanece tan solo como un actuar subjetivamente racional con respecto a fines (Weber, 2006c: 255). Tampoco da lugar a una conducta de vida racional-técnica, ya que carece de un propósito terrenal fundamental y de una visión unificada y sistemática acerca del mundo.

Esto se vincula con el papel de la magia en el terreno teórico. Para Weber, el círculo de representaciones mágico-mitológicas también implica un principio de racionalización en el ámbito intelectual. La forma más elemental tiene que ver con el surgimiento de nombres y de categorías especiales para denominar a las diversas fuerzas extracotidianas. La representación sobre la existencia de "espíritus" que se esconden y determinan la actuación de ciertos objetos, hombres o animales, constituye una abstracción más refinada porque implica que estos fenómenos no solamente juegan un papel en la vida, sino que además "significan" algo: son símbolos. Un paso más adelante está dado por el pensamiento mitológico, que configura un universo simbólico mucho más desarrollado, y que el autor pondera especialmente por el lugar primordial que en él tienen las analogías. Finalmente, cuando el desenvolvimiento de cultos regulares va tornando sistemática la reflexión sobre la práctica religiosa y cuando la racionalización de la existencia en general alcanza un cierto nivel de desarrollo, ambas dan lugar a la "formación del Panteón", es decir, a la caracterización rigurosa de ciertas figuras divinas, dotadas de atributos fijos y competencias específicas, y a su creciente personificación antropomórfica (Weber, 2012a: 328-329, 331, 334).

Weber inscribe el politeísmo de los antiguos griegos y romanos –con sus dioses y demonios antagónicos– en esta última fase evolutiva del estadio mágico, signada por la religiosidad de los dioses funcionales y locales, que ya implica un pensamiento sistemático sobre la religión –con intelectuales que se dedican especialmente a esa tarea–, y que emerge sobre una estructura social y política bastante más desenvuelta que la señalada al comienzo. Este momento de desarrollo pareciera constituir una suerte de punto de inflexión, que marca el tránsito hacia el estadio superior de las religiones monoteístas y de salvación. La singularidad de estas civilizaciones occidentales de la Antigüedad radica, justamente, en su racionalidad sustancialmente mayor con respecto a otras coetáneas. En efecto, los griegos dieron origen a la reflexión filosófica y al conocimiento científico lógicos y racionales, que excluyeron lo mágico de la concepción del mundo, y los romanos sentaron los pilares fundamentales del pensamiento jurídico y del derecho racional-formal, dos cuestiones que alcanzarán su pleno desenvolvimiento recién en la época moderna (Weber, 2012a: 334-335; 2012b: 196, 198-199; 1942: 352-355).

Sin embargo, por fuera de este caso singular, para Weber la interpretación puramente mágica de la realidad no constituye una visión racional-teórica que pueda motivar una sistematización de la conducta de vida práctica: "Ningún camino partía de allí hacia una forma de vida intramundana racional" (Weber, 1998f: 353). Sus abstracciones dirigidas a ordenar y otorgarles un sentido a los fenómenos terrenales son expresiones embrionarias del racionalismo teórico, pero no ofrecen una imagen unitaria ni lógicamente coherente de los acontecimientos mundanos sino, por el contrario, un enfoque fragmentario, caótico e internamente contradictorio. Conforme a este tipo de representación, "el mundo es un jardín encantado" (Schluchter, 2017b: 74), y tal "encantamiento" proviene de que se lo interpreta como poblado y gobernado por "potencias mágicas de actuación irracional", es decir, por poderes sobrenaturales misteriosos, imprevisibles y completamente ajenos al control del ser humano (Weber, 1998f: 352; 2012b: 196). Pero esta forma de pensamiento, hegemónica durante un largo período de tiempo, más que un dominio de los hombres sobre la realidad exterior, reflejaba su completa subordinación a los avatares de la naturaleza, cuya dinámica les resultaba todavía inaccesible desde el punto de vista teórico-cognoscitivo.

El estadio religioso

El segundo estadio del proceso de racionalización está marcado por una disolución de los lazos de parentesco y por la consolidación de relaciones sociales bastante más complejas y de tipo tradicional, como la gerontocracia, el patriarcalismo y el patrimonialismo en sus diferentes variantes (estamental o sultanista). La organización económica y política está más desarrollada en esta fase histórica. Son sociedades que se sustentan a partir del vínculo con la tierra, mediante la agricultura y la ganadería, pero donde ya existe un desarrollo urbano, con producción artesanal y cierto grado de intercambio, así como una estructura estatal delimitada, originalmente muy elemental y luego más desenvuelta con el surgimiento de un cuerpo administrativo alrededor de un señor.

En la esfera religiosa, durante el primer milenio a. C., se asiste en diferentes culturas al surgimiento de las religiones proféticas o de salvación, que inicialmente forjaron pequeñas comunidades por fuera de los vínculos de linaje y alrededor de un profeta, pero que posteriormente llegaron a agrupar multitudes de seguidores, de allí que Weber las denomine "religiones universales" (Weber, 1998e: 532-533; 1998c: 233). Para el autor, estas jugaron un papel extraordinariamente importante en la historia universal, ya que produjeron un salto cualitativo en el proceso de racionalización tanto en la dimensión teórica como en la dimensión práctica.

En el terreno teórico, las religiones dieron inicio al llamado *desencantamiento del mundo* (*Entzauberung del Welt*) mediante su ruptura con el pensamiento mágico, tarea en la que el judaísmo fue sumamente consecuente y en la que ejerció una influencia determinante sobre otros cultos. Como señala Schluchter, ese proceso implica revertir el encantamiento previo realizado por los propios seres humanos en su representación simbólica de la realidad circundante (Schluchter, 2017b: 69-71, 75). El concepto de *Entzauberung del Welt* remite en Weber a un doble movimiento: por un lado, a la desmagificación de la imagen del mundo a través del rechazo de la magia, que fue la obra específica de las religiones de salvación y, por otro lado, a su desencantamiento y secularización, mediante la depuración de todos los resabios mágicos y religiosos y la expulsión de todo sentido ético trascendente, que como se verá más adelante, fue la obra distintiva de las ciencias modernas (Weisz, 2011: 216-217).

A nivel de su doctrina teórica, las religiones de salvación se distinguen porque formularon una teodicea del sufrimiento para explicar los padecimientos recurrentes y las desigualdades palmarias entre el mérito y el destino de las personas en el marco de la vida terrenal. De esta manera, los intelectuales religiosos dieron lugar a una visión sistemática y en cierto modo racional acerca de la realidad, otorgándole un "sentido" ético unificado a la existencia y los sucesos mundanos, y fijando una postura práctica frente a ellos (Weber, 1998c: 240-241, 246-247). En estas concepciones se advertía siempre "una toma de posición frente a algo que en el mundo real se percibía como específicamente 'sin sentido', así como la exigencia de que la estructura del universo en su totalidad era un 'cosmos' dotado de un sentido, o al menos, podía y debía serlo" (Weber, 1998c: 247). Al mismo tiempo, los intelectuales religiosos elaboraron una promesa de redención y sistematizaron una ética-práctica, es decir, un conjunto de preceptos morales que los fieles debían seguir para alcanzar la salvación futura o tener alguna certeza de alcanzarla. Así, Weber considera que, por más que las religiones no hayan respetado plenamente el imperativo de la ausencia de contradicción interna, y por más que hayan incluido entre sus mandatos actitudes no deducibles lógicamente, expresaban un racionalismo teórico al menos relativo, especialmente en lo que respecta a la deducción teleológica de los postulados prácticos a partir de la imagen del mundo (Weber, 1998e: 528).

Sin embargo, fue sobre todo en la racionalización de la conducta práctica donde las religiones desempeñaron el rol más importante. Quien actúa por motivos religiosos, lo hace conforme a la racionalidad con arreglo a valores, creyendo en la validez intrínseca –desde el punto de vista religioso– de la acción que lleva adelante, e independientemente de los resultados que esta tenga. El fiel actúa por convicción, guiado por sus ideales y siguiendo los mandatos ético-prácticos de la visión religiosa en la que cree. En este punto, cabe destacar que las religiones no solo plantearon exigencias éticas en el plano doctrinal, sino también diversos mecanismos prácticos para juzgar su efectiva observancia por parte de los fieles. Por ejemplo, la confesión propia de la Iglesia católica premiaba o castigaba acciones singulares, mientras que el examen personal típico de las sectas puritanas calificaba éticamente al individuo (Weber, 1998b: 207, 229). No obstante, lo que a Weber le interesa destacar principalmente es el papel crucial de las religiones en la racionalización del modo de vida práctico. En primer lugar, en el desenvolvimiento de una conducta de vida racional-ética, orientada de forma regular y mayoritaria de acuerdo a los preceptos morales de una determinada concepción religiosa. Y en el caso específico de Occidente, en el impulso que también dieron al racionalismo práctico-técnico, cuando la ética puritana motivó la dedicación ascética al trabajo profesional como forma de comprobar la salvación.

Finalmente, el autor se refiere a una forma particular de racionalismo material, por la importancia histórica que tuvo en la práctica, que consistió en un compromiso y una relativización de los valores religiosos cuando se entrelazaron con el orden político vigente: la "ética social orgánica". Esta última fue, en todas partes donde tuvo lugar, un poder extraordinariamente conservador y antirrevolucionario, que utilizaba la religión para la domesticación política de las masas y para consagrar de manera religiosa la legitimidad de las relaciones de dominación y de las jerarquías estamentales establecidas (Weber, 1998e: 541, 543). Weber habla en este caso de una solución de compromiso, pero la regla fue más bien el conflicto entre la religión y los órdenes de vida, cuando ella quiso racionalizarlos materialmente.

En efecto, en su intento de racionalizar el mundo en dirección hacia un amor acósmico y una fraternidad universal,[6] las religiones proféticas entraron en una tensión permanente con sus estructuras: con el carácter impersonal y corruptor del dinero en la esfera económica; con el pragmatismo de la razón de Estado y la conservación del poder en la esfera política; con las fuerzas irracionales de las esferas estética y erótica; y por sobre todo, con el desarrollo del pensamiento filosófico y el conocimiento científico en la esfera intelectual. Dicha tensión fue tanto mayor por el lado de las religiones, cuanto más absoluta y trascendente era su meta de salvación y cuanto más evolucionaron sus principios hacia una ética racional, es decir, cuanto más se desarrollaron pasando del mero ritualismo a la "religiosidad de convicción". Y fue tanto mayor por el lado del mundo, cuanto más se racionalizaron las distintas esferas de la vida siguiendo su propia lógica interna y cuanto más se enalteció la posesión de sus propios bienes mundanos. La consecuencia principal de este proceso conflictivo fue poner de manifiesto y hacer consciente la legalidad específica de cada esfera, que estaba ingenuamente velada en la imagen originaria del mundo exterior. Pero su carácter paradójico radica en que, cuanto más racionales se volvieron las religiones, más favorecieron la racionalización

---

[6] El concepto weberiano de *Liebesakosmismus*, traducido generalmente como *acosmismo del amor* pero que Bellah propone expresar de modo más accesible como *amor negador del mundo*, remite a la idea religiosa de un amor que, a diferencia del amor mundano enfocado en personas particulares, se extiende hacia todos los seres humanos sin distinción —amigos, enemigos, hermanos, extraños— y que conlleva el ideal ético de una fraternidad universal (Weber, 1998e: 533-534; Bellah, 2005: 127).

de cada orden de vida y, junto con ello, el rechazo mundano de la religión (Weber, 1998e: 531-532, 534, 537, 544, 546).

Según Weber, aunque este fenómeno se produjo en distintas culturas, alcanzó su punto culminante en la civilización occidental, sentando las bases para el tránsito hacia la modernidad. En el plano teórico, se expresó en que, a medida que la religión fue racionalizándose teóricamente, convirtiéndose en doctrina y en escritura y tornándose así más literaria, fue abonando el terreno para el surgimiento del pensamiento laico racional, de cuyas entrañas emergieron "los profetas antisacerdotales, los místicos y sectarios que buscaban su salvación religiosa de un modo no ritualista y, finalmente, los escépticos y filósofos enemigos de la fe" (Weber, 1998e: 554). En el caso de Occidente, los ejemplos más ilustrativos de este fenómeno fueron las reflexiones de Lutero y la Reforma protestante, los ideales ascéticos de Calvino y otras variantes puritanas y el movimiento filosófico de la Ilustración. Como se sabe, Weber destaca la categoría de *profesión* del luteranismo, así como su reformulación en el sentido de una ascética activa por parte de los puritanos, vinculada a su concepción del *Deus absconditus* y el dogma de la *predestinación*. En cuanto a la perspectiva radical de la Ilustración, señala que esta rechazó la religión reemplazando la idea de Dios por una "glorificación carismática de la 'Razón'" y una visión optimista según la cual "la 'razón' del individuo, siempre que se le conceda vía libre, conducirá al mejor mundo posible en virtud de la Divina Providencia y de que el individuo es el que mejor conoce sus propios intereses" (Weber, 2012a: 937). Como se dijo antes, el autor cuestiona las teorías revolucionarias en general, apuntando contra sus supuestas profecías y su *pathos* ético-religioso, y hace lo propio con el Iluminismo al ubicar a esta corriente como la última manifestación del estadio religioso y protocapitalista y, por lo tanto, en la antesala de la modernidad y del capitalismo propiamente dichos (Weber, 1942: 379-380).

En el ámbito práctico, en "La ética protestante y el espíritu del capitalismo", Weber indaga precisamente las consecuencias paradójicas que trajo aparejadas la racionalización de la práctica religiosa, cuando el protestantismo llegó a convertirse en una religiosidad de convicción que rechazaba el mero ritualismo y promovía, en cambio, un ascetismo intramundano caracterizado por la dedicación sistemática a la actividad profesional y la represión de todo goce inmoderado. Esta ética económica del puritanismo ejerció una influencia decisiva sobre la burguesía naciente, y contribuyó contradictoriamente al surgimiento de la conducta de vida y la subjetividad capitalista, orientada enteramente hacia la búsqueda racional de la ganancia como un fin en sí mismo, que aquella consideraba tan solo como un medio para comprobar la salvación. Una vez echada a andar sobre esta lógica, la economía burguesa abandonaría progresivamente toda raigambre religiosa, reemplazando su perspectiva ética por una visión puramente utilitaria y removiendo todos los obstáculos –incluidos los religiosos– que conspirasen contra la persecución metódica del enriquecimiento. De esta manera, allanó el terreno para la consolidación del orden capitalista tal como se manifiesta en la época moderna.

El estadio moderno

La tercera y última etapa del proceso histórico-universal de racionalización descripto por Weber es precisamente la modernidad. A nivel estructural, esta fase se caracteriza por la vigencia de la relación social entre la burguesía y el proletariado, distintiva del capitalismo moderno occidental; por el desarrollo de la gran industria y las grandes ciudades; por un vasto desenvolvimiento de la división del trabajo y la especialización profesional; y por un despliegue más amplio de la subjetividad individual vinculado a estas últimas. En el plano político, es una época marcada típicamente por la presencia del Estado racional moderno, con la dominación legal y la administración burocrática que lo acompañan; por el desarrollo de las democracias representativas con participación de las masas en las elecciones; y por la lucha de distintos partidos por el poder político.

A contramano de lo que ocurría en los dos estadios anteriores, donde la potencia racionalizadora provenía principalmente de la esfera religiosa, en esta etapa es el capitalismo "el poder que determina el destino de nuestra vida moderna". En este punto, Weber enfatiza nuevamente la peculiaridad de la cultura occidental, donde este régimen asumió una fisonomía y alcanzó un grado de racionalidad que no se habían dado en otras partes del mundo, particularmente porque se apoyó en la "organización racional del trabajo (formalmente) libre" –es decir, en el trabajo asalariado–, que es el único que permite un cálculo exacto del capital (Weber, 1998a: 14, 17-18). Según el autor, una vez afianzado como relación social dominante, el capitalismo se convierte en una fuerza que condiciona en gran medida

–y no exenta de tensiones– la racionalización en los terrenos teórico y práctico, así como la dinámica de las diversas esferas.

En lo que refiere a la racionalización práctica, Weber señala que el escenario de la modernidad se caracteriza por una fragmentación irreversible de la realidad mundana, que contrasta con los momentos previos en los que la esfera mágica y religiosa opacaba efectivamente, o intentaba someter la lógica de las otras esferas bajo su perspectiva teórica y ético-práctica. En esta etapa, en cambio, los distintos órdenes de vida están diferenciados entre sí y cada uno se racionaliza siguiendo su propia lógica interior, sin ningún principio que los unifique externamente. Sin embargo, en el marco de esta escisión, el capitalismo no solo se despliega ampliamente en la esfera económica, revolucionando como nunca antes las condiciones materiales de existencia de la humanidad, sino que tiende a ejercer una influencia sobre las demás esferas. En efecto, él le imprime un ímpetu decisivo a la racionalidad formal, impregnando la dinámica económica en primer término, pero también la de los órdenes político e intelectual, ya que necesita del Estado y su derecho calculable, de la burocracia disciplinada y especializada, y del avance continuo de la ciencia y la técnica para desenvolverse de manera plena y eficaz (Weber, 1998a: 19-20). Asimismo, le da un fuerte impulso a la racionalidad práctico-técnica, al convertir el trabajo profesional en la finalidad por excelencia a la que se orienta la vida cotidiana, pero que es incapaz de otorgarle un sentido trascendente. Finalmente, en un contexto donde las relaciones mercantiles mediadas por el dinero tienden a ganar cada vez más terreno y donde el despliegue de la individualidad tiene un margen mayor que en el pasado, la racionalidad con arreglo a fines, que está movida por los intereses particulares del individuo y considera todo lo exterior en calidad de simples medios, se desenvuelve en su máxima expresión. La época del capitalismo moderno constituye "la apoteosis de la *Zweckrationalität*" (Sayer; 1995: 111).

En lo que respecta al terreno teórico, el capitalismo promueve el desarrollo de las ciencias empíricas y de las técnicas basadas en ellas para aplicarlas con propósitos económicos, aunque estas lo preceden históricamente y también condicionaron su surgimiento. En este plano, se destaca una vez más la especificidad de civilización occidental, donde la evolución de este tipo de saberes alcanzó un nivel de racionalidad y asumió características desconocidas en otras culturas, como la experimentación racional o la fundamentación teórico-conceptual de la técnica (Weber, 1998a: 11-12, 19-20). La racionalización intelectualista de la época moderna se distingue típicamente porque el conocimiento científico desplaza al pensamiento mágico y religioso de la interpretación y explicación de los fenómenos mundanos, confinándolos definitivamente al reino de lo irracional. En efecto:

> La moderna forma de racionalización, al tiempo teórica y práctica, [...] de la imagen del mundo y de la conducta de vida, ha tenido la consecuencia universal de que la religión se haya visto relegada al terreno de lo que, desde el punto de vista de la conformación intelectual de la imagen del mundo, es irracional, y ello con tanta mayor intensidad cuanto más progresaba este tipo particular de racionalización (Weber, 1998c: 247-248).

El avance progresivo de las ciencias empíricas y matemáticas altera radicalmente la concepción del universo, transformándolo en un mecanismo causal que se rige por leyes naturales, susceptibles de ser conocidas racionalmente por el ser humano. Pero esta visión genera "por principio" el rechazo de toda consideración que se pregunte "por un 'significado' del acontecer intramundano". De esta manera, culmina el proceso de desencantamiento del mundo que habían iniciado las religiones, descartando de plano que existan poderes misteriosos e insondables que gobiernen su dinámica, o que el cosmos esté regulado por un sentido ético unitario (Weber, 1998e: 553). ¡Pero atención en este punto! Porque Weber considera que el significado práctico de esta intelectualización no consiste en que el hombre moderno tenga un mayor conocimiento de sus condiciones generales de vida que el hombre primitivo, sino tan solo que tiene la *creencia* de que no existen "poderes ocultos e imprevisibles [y] que, por el contrario, todo puede ser *dominado mediante el cálculo y la previsión*" (Weber, 2012b: 196). De este modo, remarca claramente uno de los límites del racionalismo moderno.

Como consecuencia de esta secularización de la imagen del mundo y de esta racionalización de los distintos órdenes de vida según su propia lógica, se produce para el autor una fragmentación del racionalismo teórico y la emergencia del *politeísmo* valorativo. Las capacidades humanas de conocer empíricamente la realidad y de reflexionar sobre los fines últimos que dan sentido a la existencia se separan radicalmente y estrechan sus respectivos horizontes. El conocimiento científico moderno, orientado crecientemente por la racionalidad formal, ya no tiene respuesta alguna para los problemas ético-prácticos, que son en definitiva "las únicas cuestiones que nos importan" (Weber, 2012b: 203). Y por su parte, el pensamiento sobre lo que *debe-ser* se repliega en el ámbito privado y se restringe al plano de las creencias subjetivas dado que, con el rechazo mundano de la religión y la pérdida del sentido unificado del mundo, "los valores últimos y más sublimes han desaparecido de la vida pública" (Weber, 2012b: 225). Para Weber, en el contexto de la modernidad desencantada, se asiste al surgimiento de un nuevo tipo de politeísmo, en el que los distintos sistemas de valores luchan entre sí en una contienda eterna e irremediable. Y sobre este conflicto trágico entre ideales y visiones del mundo, no puede decidir la ciencia sino solamente el individuo, quien debe asumir la dura tarea de elegir cuáles serán los principios que lo gobiernen y le otorguen un sentido a su propia vida (Weber, 2012b: 212-214). Así pues, según el enfoque weberiano, tras su largo y extendido devenir, el proceso de racionalización desemboca en la modernidad en una lucha irracional entre valores contrapuestos y, más concretamente, en el irracionalismo ético-práctico.

4. Consecuencias de la racionalización

Luego de analizar los diferentes estadios del proceso histórico-universal de racionalización, se pone de manifiesto que cada momento típico-ideal conlleva un avance del racionalismo en los terrenos teórico y práctico, que puede sintetizarse transversalmente de la siguiente manera.

En cuanto a la racionalización teórica, el estadio mágico supone un desarrollo incipiente en ese sentido, con las categorías que designan lo extraordinario, la simbolización, las analogías y la representación bastante más compleja de los dioses con atributos específicos. Sin embargo, todo esto en el marco de una concepción todavía asistemática y primordialmente irracional de la realidad circundante. Las religiones de salvación implican un salto cualitativo en este terreno, al dar inicio al desencantamiento del mundo mediante su ruptura con la magia y la elaboración de visiones sistemáticas que entienden el universo como regido por un sentido ético. Proporcionan una explicación relativamente racional del sufrimiento mundano a través de la teodicea y plantean una ética-práctica como guía para la salvación. Finalmente, el conocimiento científico moderno culmina el proceso de desencantamiento, excluyendo toda reminiscencia mágica y religiosa de la imagen del mundo y entendiéndolo como un mecanismo causal, despojado de todo sentido ético trascendente. En esta etapa, se produce una fragmentación y un estrechamiento del racionalismo teórico.

En cuanto a la racionalización práctica, la conducta mágica representa un desarrollo embrionario en dirección a la racionalidad según fines, pero es incapaz de forjar un estilo de vida metódico. El estadio religioso, en cambio, implica un avance en dirección a la racionalidad con arreglo a valores y procura racionalizar materialmente los distintos órdenes mundanos. Se distingue, principalmente, porque puede dar lugar a una conducta de vida sistemática y consecuente con una visión del mundo, racionalizándola en un sentido ético-practico. La época moderna, por último, se caracteriza por dar un fuerte impulso a la racionalidad con arreglo a fines, al modo de vida práctico-técnico enfocado en la actividad profesional y, sobre todo, por el amplio desarrollo del racionalismo formal distintivo de esta fase histórica. La transformación de las condiciones materiales de existencia avanza lentamente en los primeros dos estadios y se despliega ampliamente con el impulso poderoso del capitalismo racional moderno.

En los tres estadios típico-ideales de desarrollo, Weber remarca la peculiaridad de la cultura occidental, que se destaca en cada caso por su mayor grado de racionalización con respecto a otras culturas. Es lo que ocurre con la civilización grecorromana en el primer estadio; con el protestantismo ascético, en el segundo; y con el capitalismo racional y las ciencias empíricas tal como se desarrollaron en Occidente, en el tercero. Para el autor alemán, la época moderna constituye el punto culminante del proceso histórico-universal de racionalización, donde la intelectualización y el desencantamiento de la imagen del mundo, por un lado, así como la metodización de la conducta y la transformación de las condiciones de existencia, por el otro, alcanzaron su máxima expresión.

Sin embargo, Weber no se limitó a señalar los progresos implicados en dicho proceso, sino que advirtió con lucidez sus consecuencias no deseadas. El resultado sombrío de la racionalización que desemboca en la modernidad consiste en un creciente enfriamiento, reificación y despersonalización de los vínculos intersubjetivos; en un avance paulatino de la lógica del cálculo en las distintas esferas en las que se desenvuelve el sujeto; en una pérdida de libertad individual bajo el imperio del capitalismo y de la burocracia; y en un vaciamiento de sentido de la vida cotidiana y un embotamiento de la rutina diaria por la "presión creciente del racionalismo teórico y práctico" (Weber, 1998e: 534-535, 545, 549-550; 2008c:

117). Al criticar este desenlace de la racionalización histórico-universal,[7] Weber puso de relieve su contracara ineludible, porque lo que surge de ella "es algo específicamente *irracional e incomprensible*" (Löwith, 2007: 54). En ese sentido, se ocupó de señalar las limitaciones propias de la racionalidad formal moderna y del proceso de racionalización en su conjunto, pero también le otorgó un papel extraordinariamente importante a la irracionalidad en general, aunque esta faceta de su pensamiento haya sido escasamente estudiada. Los siguientes dos capítulos se proponen echar luz sobre estas cuestiones mediante el abordaje del polo irracional del legado weberiano.

[7] Weber tenía una mirada sumamente crítica sobre las tendencias del racionalismo moderno, que se pone de manifiesto en muchos de sus escritos y conferencias. Sin embargo, procurando ser consecuente con su defensa de una ciencia libre de valores, en sus textos "científicos" trataba de moderar o reprimir —generalmente sin éxito— sus comentarios más oscuros cuando ya los había formulado, mientras que en sus textos "políticos" expresaba sin mayores tapujos su evaluación personal y sus propuestas sobre cómo enfrentar esas tendencias.

Capítulo IV
Sobre el concepto de *irracionalidad*

Con el tratamiento de la categoría de irracionalidad en la perspectiva de Weber, estas páginas se introducen de lleno en el otro polo de la relación conceptual que se investiga en el presente trabajo, cuya indagación se completará en el capítulo siguiente con el análisis del carisma como fuerza histórica y de los límites de la racionalización en la modernidad. Para poder aproximarse a esta dimensión del problema de interés, resultaba indispensable entender primero cómo caracteriza Weber la racionalidad y la racionalización, puesto que lo irracional constituye la contraparte necesaria y omnipresente de estas últimas y ambas facetas son siempre relativas entre sí. En efecto, como se intentará poner de manifiesto a partir de aquí, la irracionalidad se expresa a veces como un presupuesto o una contracara de los distintos tipos de racionalismo, otras veces aparece como la consecuencia paradójica e inevitable del proceso histórico-universal de racionalización, y otras como una vía de escape frente a la racionalidad típicamente moderna. En cualquier caso, lo irracional es un aspecto sumamente relevante del pensamiento weberiano, que solo puede ser relegado al precio de ofrecer una mirada parcial y en cierto modo sesgada del autor alemán.

Sin embargo, a pesar de la importancia que tiene en su obra, la irracionalidad ha sido generalmente desatendida o abordada de manera mucho más fragmentaria, en relación al vasto tratamiento que han tenido la racionalidad y la racionalización. Como se puso de manifiesto en el Capítulo I, por fuera del estudio relativamente aislado de Alan Sica (1988), que procura sacar a relucir el papel de lo irracional en la producción weberiana, aunque no indaga el sentido ni los tipos más importantes de su noción de irracionalidad; la mayoría de los comentaristas referidos en el estado de la cuestión ha trabajado tangencialmente sobre alguna u otra arista, haciendo interpretaciones sin duda valiosas, pero todavía no existe una lectura sistemática y abocada específicamente a este problema.

El presente capítulo se ocupa entonces del concepto weberiano de irracionalidad, abordándolo desde un enfoque típico-ideal en tres planos diferentes. Por un lado, se ensaya una definición de su significado, que es todavía más difuso que el de su par opuesto. Por otro lado, siguiendo el método del Capítulo II, se realiza una sistematización del concepto de irracionalidad, caracterizando sus diversos tipos-ideales a partir del cruzamiento entre las dimensiones teórica y práctica y los distintos niveles de análisis que Weber pone en juego en su examen de la racionalidad, a saber: la acción individual y circunscripta espacio-temporalmente, la conducta de vida regular de un grupo o estrato social, y las relaciones sociales cristalizadas como órdenes. Finalmente, se plasma la tipología resultante en un cuadro sintético que permite visualizar los diferentes tipos-ideales de irracionalidad.

1. La noción weberiana de irracionalidad

Así como Weber nunca proporciona una definición acabada de su concepto de racionalidad y es deliberadamente vago al referirse a este, tampoco ofrece grandes precisiones de lo que entiende por irracionalidad y es tanto o más ambiguo al sostener que "lo 'irracional' no es algo sustantivo, sino en relación a un determinado punto de vista 'racional'" (Weber, 2008a: 97). En todo caso, con esta afirmación al pasar, advierte que se trata de una categoría estrechamente relativa y dependiente respecto de su antagonista y anticipa al lector que, si su caracterización del racionalismo partía de su autocomprensión y su mirada como un hijo de la modernidad occidental, lo mismo debe pensarse sobre su enfoque de la irracionalidad. En este sentido, la naturaleza multívoca se hace extensiva también a su concepto de lo irracional, que tiende a perder sustantividad y aparece más bien como un sinónimo de lo "no-racional", es decir, como la contracara negativa de cierta concepción de lo racional y, en el caso concreto que aquí se trata, del peculiar punto de vista sobre la racionalidad que se analizó anteriormente.

Esta aclaración preliminar no quita que, al introducirse en este terreno, uno sienta que ingresa en un sendero verdaderamente oscuro y espinoso de la obra de Weber. No solo porque sus referencias sobre el tema se encuentran diseminadas en sus textos sin ninguna clase de organización, sino particularmente porque el autor adopta posiciones oscilantes en su abordaje de la irracionalidad, a la que interpreta a veces como un presupuesto epistemológico, otras veces como un problema de carácter ontológico y otras como una simple constatación en la realidad empírica.

Para comenzar a reconstruir el significado de esta categoría compleja y tener una primera aproximación al lugar de lo irracional en la perspectiva weberiana, es necesario volver a su fundamentación del objeto y del método de la sociología comprensiva. Esta disciplina se propone comprender la acción social, interpretando el sentido que le otorgan los sujetos del actuar y explicándola causalmente en su desarrollo y en sus efectos (Weber, 2012a: 5). Para llevar adelante esa tarea, la sociología recurre al método de los tipos-ideales. Inspirada en la teoría económica pura, construye tipos teóricos de acción rigurosamente racionales con arreglo a fines (claramente inteligibles y unívocamente orientados), y los utiliza para echar luz sobre las acciones reales (influidas por afectos y por errores), a las que compara y analiza como "desviaciones" del tipo puro, exponiendo aquellos aspectos en los que se apartan del devenir estrictamente racional de la conducta. Sin embargo, Weber remarca que este procedimiento metodológico no debe interpretarse como si implicara una creencia en el predominio de lo racional en la vida cotidiana (Weber, 2012a: 7). El autor pareciera sugerir más bien lo contrario.

Como se señaló en el Capítulo II, las acciones que considera plenas de sentido son las que se acercan a los parámetros de la racionalidad según valores y la racionalidad según fines, en las que existe un vínculo consciente entre los propósitos y los medios del actuar. Pero una amplia gama de acciones que también interesan a la sociología se encuentran en el límite de un actuar con sentido y muchas veces más allá de este, asumiendo la fisonomía de una conducta meramente reactiva. Esto no significa, empero, que queden por completo ajenas a la comprensión. Allí donde es posible, la sociología busca captar intelectualmente la conexión racional de sentido que se manifestó en la acción, esto es, la relación entre los medios empleados y los fines (intelectuales, pragmáticos o últimos) que la motivaron; pero en otras oportunidades, ella comprende por una vía de carácter endopático, tratando de revivir la conexión irracional de sentimientos que se expresó en el actuar, proporcionando en cada caso distintos tipos de evidencia empírica (Weber, 2012a: 6-9).

Así pues, Weber reconoce de entrada que las acciones cotidianas están influenciadas en su desarrollo por irracionalidades de toda especie y que existen conductas humanas cuyo sentido intrínseco es de naturaleza irracional, todo lo cual se refleja tanto en el método de la sociología comprensiva como en su tipología de la acción social. Para el autor, los tipos estrictamente racionales con arreglo a fines, elaborados por esta disciplina como herramienta heurística, son casos límites que rara vez ocurren en la realidad.

> La acción *real* sucede en la mayor parte de los casos con oscura semiconsciencia o plena inconsciencia de su "sentido mentado". El agente más bien "siente" de un modo indeterminado que "sabe" o tiene clara idea; actúa en la mayor parte de los casos por instinto o por costumbre. Solo ocasionalmente […] se eleva a conciencia un sentido (sea racional o irracional) de la acción. Una acción con sentido efectivamente tal, es decir, clara y con absoluta conciencia es, en realidad, un caso límite. Toda consideración histórica o sociológica debe tener en cuenta este hecho en sus análisis de la *realidad* (Weber, 2012a: 18).

Esta referencia de *Economía y sociedad* resulta significativa por diversos motivos. En primer lugar, porque apartándose claramente del racionalismo ilustrado que veía en la razón lo distintivo y la norma del obrar humano, Weber relativiza el alcance de las acciones racionales en la realidad empírica, al sostener que una conciencia diáfana sobre las propias motivaciones como la plasmada en los tipos-ideales es bastante excepcional. Lo que tiende a suceder efectivamente es que el sujeto procede de un modo semiconsciente: con un sentimiento indefinido de que "sabe" lo que busca y lo que quiere, en el caso de las conductas que se acercan a los tipos de acción racional, y actuando la mayoría de las veces por mero instinto o costumbre, es decir, de manera afectiva o tradicional, que aparecen en la tipología weberiana como dos formas no-racionales de acción social (Kalberg, 2005: 94; Ruano de la Fuente, 1996: 64, 76). Esto cuando el individuo no se comporta de manera plenamente inconsciente sobre el sentido de su actuar, reaccionando irreflexivamente frente a estímulos físicos externos o ciertas influencias sociales (como las situaciones de masa o la imitación de otra persona), en cuyo caso la conducta queda por fuera del alcance de la sociología. En segundo lugar, Weber deja en claro aquí su filiación kantiana, al destacar la distancia existente entre el abordaje racional que realizan la sociología y la historia como disciplinas científicas, y la realidad en sí misma. Lejos de la perspectiva hegeliana según la cual "lo que es racional es real y lo que es real es racional", pues considera que los conceptos se realizan y se plasman históricamente (Hegel, 1975: 23), el enfoque weberiano parece traslucir en cambio –como se verá– una cierta "afinidad electiva" entre realidad e irracionalidad. Finalmente, en la contraposición que establece entre los tipos puros teóricamente construidos y las acciones reales signadas por un proceder semiconsciente o inconsciente, Weber brinda algunos indicios sobre lo que entiende por irracionalidad.

En efecto, si la racionalidad tenía que ver con la capacidad de dominar conscientemente la realidad, estableciendo un vínculo mediato y reflexivo con ella y otorgándole un determinado orden y sentido, la irracionalidad se presenta como su límite y su contracara. Weber utiliza este concepto en dos direcciones principales, que están vinculadas a las dimensiones teórica y práctica respectivamente. En el primer caso, lo usa para referirse a la realidad considerada de manera inmediata, al margen del ordenamiento significativo y necesariamente limitado que implican las distintas formas del racionalismo teórico, la que aparece entonces como esencialmente caótica, múltiple, inaprensible, sin sentido y en definitiva... irracional (Weber, 2006a: 61, 100). En este punto, reafirma y extrema el enfoque del idealismo subjetivo, para el cual no hay racionalidad posible por fuera de la intervención del sujeto. En el segundo caso, se vale de esta noción para dar cuenta de un aspecto que también es propio del ser humano y de su actividad práctica, con igual –o incluso más– derecho que su faceta racional. En este sentido, la irracionalidad puede ser interpretada como un rasgo más elemental del hombre como especie, vinculado a sus necesidades y condicionamientos como ser natural y social, y a sus capacidades como sujeto sensible y expresivo. El individuo no solo actúa de modo racional, sino también gobernado por sus emociones, sus deseos o sus impulsos más primigenios; o bien por una simple inclinación adaptativa a lo que es habitual –y casi "natural"– en el medio social en el que se desenvuelve su acción. Como sugiere Luis Aguilar Villanueva, frente a los enfoques unilateralmente racionalistas, Weber recupera aquí la idea romántica e historicista de una subjetividad integral, dotada de una cabeza racional pero también de corazón, de sentimientos y de pasiones irracionales (Aguilar Villanueva, 1989: 413-414). A esto hay que añadir el señalamiento de Wolfgang Mommsen sobre la influencia del vitalismo nietzscheano en su concepción de la *personalidad* (Mommsen, 1971: 91-92). Pero, como se dijo antes, en esta visión antropológica de Weber parece resonar asimismo el pensamiento de Kant, que consideraba el actuar *por hábito* y *por inclinación inmediata* hacia la propia felicidad como dos formas muy extendidas de conducta humana. A contramano entonces de la racionalidad, el concepto weberiano de irracionalidad implica siempre una relación *inmediata y/o irreflexiva* del individuo con la realidad –ya sea con su propia interioridad, o con los objetos y personas del mundo exterior–, que lo desborda por distintos flancos y le recuerda que su capacidad de dominarla es inevitablemente restringida.

Sin cuestionar en absoluto que el centro de interés de su obra resida en el racionalismo –y especialmente, en el moderno occidental–, es necesario destacar que Weber contempla y se refiere permanentemente a diversos aspectos irracionales, como una contraparte ineludible de los distintos tipos de racionalidad que analiza y que además les marca sus límites. Y es tan consecuente en este punto de vista, que la irracionalidad puede ser rastreada como un rasgo omnipresente en sus escritos, en las mismas dimensiones y niveles de agregación y cristalización que comprende su tipología de la racionalidad. A partir de esta pesquisa, es posible reconstruir también una clasificación de los distintos tipos-ideales de irracionalidad.

2. Los tipos-ideales de irracionalidad en la dimensión teórica

En el plano teórico, la irracionalidad aparece tematizada como aquello que señala los límites del dominio racional de la realidad circundante a través de la actividad cognoscitiva del sujeto, de la reflexión sistemática de los intelectuales, y de las ideas hegemónicas o cristalizadas como fundamentos de los órdenes de vida. Lo irracional se presenta aquí como un rasgo –empírico u ontológico– de lo real en su inmediatez concreta, que actúa como presupuesto y como contracara de los distintos tipos de racionalismo teórico.

Como se dijo al comienzo, Weber se ubica a sí mismo como un hombre moderno occidental, de allí que su abordaje sobre lo irracional en este terreno asuma como puntos de partida los resultados más importantes del proceso histórico-universal de racionalización y su desenlace típicamente moderno, a saber: el predominio de las ciencias empíricas especializadas como forma de conocimiento válido, el desencantamiento del mundo y el politeísmo de valores y su irremediable contienda.

Para entender entonces el planteo weberiano sobre la irracionalidad en la dimensión teórica, es necesario tener presentes estos tres aspectos de la modernidad desde los que parte su caracterización, que implican una determinada perspectiva sobre el racionalismo y moldean, en consecuencia, lo que aparece como no-racional o irracional desde ese peculiar punto de vista.

Los presupuestos irracionales de la actividad teórico-cognoscitiva

La irracionalidad en el terreno teórico se expresa, en primer lugar, bajo una serie de premisas en las que se apoya la actividad cognoscitiva del individuo y que delimitan su gobierno del mundo exterior a través de conceptos y representaciones de creciente sistematicidad. Weber se ocupa ante todo de precisar los límites y los alcances del dominio racional-teórico y racional-formal que realizan las ciencias modernas, que se distinguen del pensamiento ético de tipo religioso, filosófico o revolucionario por sus diferentes criterios de validez. Aquellas no pretenden valer como un saber incondicionado y orientador de la acción práctica, sino que aspiran a ser reconocidas como un conocimiento *empírico verdadero*, pero que está sujeto a la especialización temática y disciplinar, a los imperativos formales y procedimentales de la lógica y la metodología, y a la comprobación de sus afirmaciones a través de la experiencia (Weber, 2006a: 47). En este marco, el autor se refiere a los presupuestos epistemológicos de la actividad científica, desde un enfoque que contempla tanto premisas ontológicas como axiomas valorativos. Su planteo se revela como heredero de la teoría del conocimiento de Kant y las mediaciones críticas del neokantismo alemán, con las que entabla relaciones de continuidad, discontinuidad, "afinidad electiva" y ruptura abierta (González García, 1988: 23-24).[1]

[1] Weber nunca elaboró una teoría del conocimiento propia ni tenía intenciones de hacerlo, sino que fue desenvolviendo su propuesta metodológica de manera paulatina y al calor de un debate con otras corrientes existentes en Alemania, que se encontraban en una disputa sobre la tarea de las ciencias sociales y la validez de sus procedimientos de investigación, desde mediados del siglo XIX. Como sostiene Pietro Rossi, las formulaciones metodológicas de Weber encuentran su término de referencia más adecuado en el contexto de la *Methodenstreit*, pero también en su intento de resolver los problemas con los que él mismo se fue topando en su trabajo como historiador y como sociólogo. Su método se fue construyendo "en el curso de la investigación concreta, día tras día, hallando su núcleo genuino en la exigencia de definir la función respectiva del análisis empírico de las ciencias histórico-sociales y de la actividad política" (Rossi, 2006: 9, 17). Sus ensayos metodológicos reflejan esta preocupación central y este espíritu polémico de la época, en los que Weber fue

Weber retoma la idea kantiana de que el sujeto solo puede conocer la realidad empírica a través de categorías con las que le otorga orden y sentido. Asume esta posición frente al "naturalismo" positivista, que entiende los conceptos y las leyes científicas como expresiones reflejas de la realidad objetiva, y también frente al "panlogismo" hegeliano, que considera las *ideas* o *conceptos* como la auténtica realidad que se despliega y se realiza en la historia (Weber, 2006a: 84). El criticismo kantiano, en cambio, diferencia claramente entre la realidad como *cosa en-sí* y las representaciones y juicios del sujeto cognoscente. Considera que las categorías son un medio indispensable para el conocimiento empírico, pero solamente eso, y que entre ellas y los objetos de indagación como tales existe un *hiatus irrationalis* que no puede suturarse ni resolverse (Weber, 2006a: 95; Schluchter, 1981: 13-14). Lo distintivo del enfoque de Kant es que enfatiza el carácter necesariamente condicionado y restringido del conocimiento científico, al señalar que este jamás puede aprehender la totalidad de lo real y que, incluso en el estudio de un objeto en particular, siempre hay aspectos que permanecen incognoscibles. El filósofo parte de la idea –heurística y reguladora– de *mundo*, asumiéndola como la condición de posibilidad de toda experiencia y todo potencial conocimiento, y como el faro inalcanzable que ilumina y orienta cada nuevo ámbito de indagación. Pero, al mismo tiempo, se afana en poner de manifiesto las estrechas fronteras del saber considerado válido y verdadero.[2]

Inspirado en esta perspectiva, Weber remarca las limitaciones inherentes al ordenamiento conceptual que realizan las ciencias empíricas; se refiere a la "irracionalidad" de la realidad circundante, cuando se intenta

---

fijando sus propias posiciones y destacando los autores en los que se inspira, diferenciándose o contraponiendo sus argumentos a los de otras vertientes de pensamiento.

[2] En su *Crítica de la razón pura*, Kant sostiene: "No solo hemos recorrido el territorio del Entendimiento Puro y examinado cuidadosamente cada parte de este, sino que, además, hemos comprobado su extensión y señalado la posición de cada cosa. Ese territorio es una isla que ha sido encerrada por la misma naturaleza entre límites invariables. Es el *territorio de la verdad* –un nombre atractivo– y está rodeado por un océano ancho y borrascoso, verdadera patria de la ilusión, donde algunas nieblas y algunos hielos que se deshacen prontamente producen la apariencia de nuevas tierras y engañan una y otra vez con vanas esperanzas al navegante ansioso de descubrimientos, *llevándolo a aventuras que nunca es capaz de abandonar, pero que tampoco puede concluir jamás*. Antes de aventurarnos a ese mar para explorarlo en detalle y asegurarnos de que podemos esperar algo, será conveniente echar antes un vistazo al mapa del territorio que queremos abandonar e indagar primero si no podríamos acaso contentarnos con lo que contiene, o bien si no tendremos que hacerlo por no encontrar tierra en la que establecernos" (Kant, 1978: 259).

pensarla en su inmediatez concreta; y asume el torrente inagotable, multifacético y caótico de lo empíricamente dado, como un presupuesto de toda investigación especializada. Textualmente, sostiene:

> Tan pronto como tratamos de reflexionar sobre la manera en que se nos presenta inmediatamente, la vida nos ofrece una multitud infinita de procesos que surgen y que desaparecen, sucesiva y simultáneamente, tanto "dentro" como "fuera" de nosotros mismos. Y la infinitud absoluta de esa multiplicidad para nada disminuye, en su dimensión intensiva, cuando consideramos aisladamente un objeto singular [...]. Cualquier conocimiento conceptual de la realidad infinita por la mente humana finita descansa en el supuesto tácito de que solo una *parte* finita de esta realidad constituye el objeto de la investigación científica (Weber, 2006a: 61-62).
> La vida en su realidad irracional y en su contenido de significaciones *posibles* son inagotables (Weber, 2006a: 100).
> La absoluta irracionalidad de toda multiplicidad concreta es *una prueba* teórico-cognoscitiva real de la total falta de sentido de que alguna ciencia pueda "reflejar" la realidad (Weber, 1985: 109).
> La infinidad intensiva de todo lo múltiple empíricamente dado [...] constituye el presupuesto ("negativo") de la selección del material de toda ciencia empírica (Weber, 1985: 89).

Como se puede advertir, Weber plantea aquí dos premisas ontológicas en las que se apoya su concepción de la actividad científica. Por un lado, señala el contraste entre el carácter infinito de la realidad y la naturaleza finita de la mente humana, tratando de enfatizar que la capacidad del sujeto para aprehenderla es esencialmente limitada. Las ciencias especializadas en general y el investigador que estudia un objeto en particular solo pueden conocer un fragmento de aquella, mientras lo demás permanece por fuera de su alcance. Los conceptos y teorías científicas, que son necesariamente abstractos, nunca pueden "reflejar" la realidad en toda su riqueza –como cree ingenuamente el positivismo–, que siempre es concreta, individual y definida por sus rasgos específicos. Aunque estos avancen de forma creciente y progresiva, invariablemente quedarán aspectos de lo real que permanezcan incognoscibles para el hombre. Por más exhaustiva y acabada que sea una investigación y por más refinadas que sean sus herramientas típico-ideales, ellas no pueden agotar enteramente la complejidad de los fenómenos estudiados y siempre podrán encontrarse nuevas aristas de un mismo problema y profundizar aspectos desestimados por las indagaciones anteriores (Weber, 2006a: 86; Oakes,1988: 19-20). De este modo, Weber reafirma la visión kantiana de que el dominio teórico que realizan las ciencias empíricas es intrínsecamente limitado.

Por otro lado, su reflexión avanza un paso más allá, para referirse de una manera metafísica a esa "vida" que queda al margen del gobierno mediato y racional que supone la actividad cognoscitiva, y de la fijación inevitable que conllevan los conceptos. Así, cuando se aborda la realidad vital en su pura inmediatez, tal como se ofrece concretamente a la experiencia, ella se manifiesta en toda su intensidad, diversidad, infinitud y en su más "absoluta irracionalidad". El medio circundante se revela como un universo en permanente movimiento; como un flujo inagotable de procesos que van y vienen, que "surgen" y "desaparecen", que se presentan de forma constante por "dentro" y por "fuera" del sujeto; sin registro alguno ni de espacio ni de tiempo, ni de causas ni de efectos y sin ninguna clase de sentido específico. La realidad, por fuera de todo orden conceptual y todo enfoque sistemático introducidos por el sujeto cognoscente, se expresa en su esencia caótica e irracional, y aparece en el enfoque weberiano como un presupuesto ontológico "negativo" del que parten las ciencias empíricas, cuando construyen su objeto de estudio y desarrollan una indagación. En efecto, para el autor "lo único que introduce orden en ese caos es la circunstancia de que [...] solo una *parte* de la realidad individual reviste para nosotros interés y *significación*, porque únicamente ella muestra relación con las *ideas de valor culturales* con las cuales [la] abordamos" (Weber, 2006a: 67-68).

Esto conduce al análisis de los axiomas valorativos de la actividad científica, cuya dinámica tampoco es racional, ya sea porque se los asume irreflexivamente como dados o porque, incluso tomando conciencia de ellos, su elección no depende de la razón sino de la voluntad individual.

Como se dijo antes, la ciencia es un orden que se rige y se desenvuelve en función del valor de la verdad empírica. En ese sentido, todo trabajo científico tiene como fundamento de su desarrollo la validez de la lógica racional y de la metodología de investigación, que no suscita grandes discusiones porque es universalmente aceptada. Toda indagación descansa, asimismo, en el supuesto de que los resultados que se intenta obtener con ella no solamente son "correctos" desde el punto de vista lógico y metodológico, sino también "importantes" y dignos de ser conocidos. Weber recupera aquí la concepción rickertiana de que el investigador selecciona su objeto de estudio a partir de una "relación de valor" con ciertas ideas culturales que convierten a esa porción de la realidad en interesante y significativa para él. Finalmente, las distintas disciplinas científicas se apoyan en ideas y valores rectores que tampoco se cuestionan; por ejemplo, la biología asume que existe algo llamado "vida" y la medicina moderna se afana en preservar esa vida biológica como un fin en sí mismo, pero sin preguntarse si merece ser vivida. Ahora bien, para el autor, ninguna de estas premisas valorativas es científica o racionalmente demostrable: solo cabe *interpretarlas* de acuerdo a su sentido último y aceptarlas o rechazarlas según la posición de cada uno frente al mundo (Weber, 2012b: 204; 2006c: 231, 242).

Llegado este punto, resulta atinada la observación de Schluchter cuando plantea que Weber retoma la distinción kantiana y neokantiana entre los "juicios científicos" y los "juicios de valor",[3] pero extrema este dualismo hasta convertirlo en dos esferas de validez antagónicas (Schluchter, 1981: 18). Mientras la racionalidad y la objetividad pertenecen al ámbito de los primeros, los segundos quedan relegados al terreno de lo irracional y subjetivo. Aquí rompe decididamente con la herencia de Kant y de Rickert, para quienes existen imperativos éticos y juicios morales universalmente válidos, que tienen una fundamentación racional o en la facultad incondicionada de la razón en su uso práctico (*Vernuft*), o en una filosofía de los valores respectivamente. Como señala Habermas, la advertencia de Weber contra la confusión entre los enunciados descriptivos y evaluativos "va asociada a una desconfianza enteramente antikantiana y totalmente historicista contra la capacidad argumentativa de la razón práctica" y este "rechaza el cognitivismo ético tan decididamente como el naturalismo ético" (Habermas, 1999: 211).[4] A contramano de estas perspectivas, Weber contempla la posibilidad de diferentes puntos de vista

---

[3] Weber define los juicios de valor como "valoraciones *prácticas* acerca de la deseabilidad o indeseabilidad de hechos sociales desde puntos de vista éticos, culturales o de otro tipo" (Weber, 2006c: 231).

[4] Es importante destacar que, para Kant, la *razón* (*Vernuft*) es una facultad mucho más perfecta que el *entendimiento* (*Verstand*). Si los imperativos morales no se pueden *conocer* con los medios de las ciencias empíricas, sí se pueden *pensar* incondicionadamente a través de la razón en su uso práctico. Para el filósofo, el criterio que permite determinar de modo objetivo la racionalidad de las normas es su carácter formal o universal, expresado claramente en el *imperativo categórico*: "Obra solo según una máxima tal que puedas querer al mismo tiempo que se torne ley universal. Obra como si la máxima de tu acción debiera tornarse, por la voluntad, ley universal de la naturaleza" (Kant, 2015: 70).

valorativos, irreconciliables por principio, que además están sujetos a la decisión y la voluntad individuales (Schluchter, 1981: 17).

Para el autor, con los recursos propios de la ciencia solo es posible realizar una crítica lógico-formal de los juicios de valor, que permita clarificar las posturas prácticas. En efecto, las ciencias empíricas de lo social pueden referirse a la validez *en los hechos* de valores e ideales históricamente dados, y hacer un análisis técnico del material que aparece en los juicios de valor, así como un examen lógico de los mismos según el principio de no-contradicción interna de lo querido. Ellas pueden: 1) identificar cuáles son los medios apropiados o ineficaces para los fines perseguidos; 2) comprobar las consecuencias que tendría la aplicación de ciertos medios, permitiendo una ponderación de los resultados deseados y no deseados de la acción; y 3) volver consciente la disputa entre distintas valoraciones posibles sobre las consecuencias que acarrea una acción o inacción. Las disciplinas filosóficas pueden ir todavía más lejos que las empíricas y echar luz sobre la validez de los valores *en cuanto norma*, precisando: 1) el "sentido" de los fines a los que se aspira; 2) las ideas sistemáticas en las que se fundamentan; y 3) el lugar que ocupan dentro de la totalidad de los valores últimos posibles. Sin embargo, extraer una decisión práctica a partir de esta crítica formal es una tarea que le compete al individuo que "quiere" y "elige", no a la ciencia. Como se manifiesta en la tipología weberiana de la acción social, la adhesión individual a los valores depende en primer término de una *creencia* o de una *fe* que, en el caso del tipo puro, es plenamente consciente. Es justamente en esa clarificación y autorreflexión donde la ciencia puede colaborar, posibilitando una toma de conciencia acerca de las propias convicciones y de los medios indispensables para alcanzarlas, pero su tarea concluye ahí. Para Weber "no hay un procedimiento científico (racional o empírico) que pueda brindarnos aquí una decisión" (Weber, 2006a: 42-44; 2006c: 232-233, 239; 2012a: 20). Y con esta sentencia, remarca nuevamente los límites insalvables de la actividad teórico-cognoscitiva y del carácter racional-formal que asume en la modernidad.

Aunque es sabido que el autor rechaza que las ciencias modernas puedan justificar valoraciones y preceptos prácticos, no siempre se destaca cómo se vincula esta postura con su diagnóstico sobre las consecuencias irracionales del proceso de racionalización, y en qué medida su visión de los valores hunde sus raíces en el irracionalismo ético de Nietzsche. Sin embargo, estas dos cuestiones son cruciales para entender aquella postura y para dar cuenta del segundo y del tercer nivel de la irracionalidad en el plano teórico.

La irracionalidad ética del mundo y la conducta de vida del científico moderno

El segundo nivel de lo irracional en el terreno teórico remite en el planteo weberiano al descubrimiento moderno de la irracionalidad ética mundana y a las limitaciones ineludibles que ella trajo aparejadas para la reflexión sistemática y la conducta de vida de los intelectuales contemporáneos. Dicha irracionalidad es presentada como un rasgo propio de la realidad empírica, que ha actuado históricamente como un impulso de las visiones del mundo[5] y como el desenlace distintivo del proceso de racionalización. A diferencia del nivel anterior, Weber aborda aquí el problema de lo irracional desde una postura que pretende conjugar constataciones científicas de las que sería necesario tomar plena conciencia y una determinada perspectiva filosófica en torno a los valores.

El resultado más significativo del proceso de intelectualización milenario al que ha estado sujeta la humanidad fue revelar nuevamente en la modernidad occidental la "irracionalidad ética del mundo" originaria, que había sido opacada durante un largo tiempo por la hegemonía teórica de los ideales cristianos y la orientación –pretendidamente exclusiva– de la conducta práctica en función de ellos (Weber, 2012b: 214). Se trata de una verdad sumamente incómoda descubierta por la ciencia, que resulta insoportable para quien conduce su vida conforme a una ética-práctica o de convicción, que siempre "es un 'racionalista' cósmico-ético" (Weber, 2006c: 238; 2012c: 164).[6] Como se vio anteriormente, Weber identifica tres grandes estadios del proceso histórico-universal de racionalización, que también se expresan en la esfera intelectual y su imagen del mundo exterior: el mágico, el religioso y el moderno. Para el autor, la eticidad mundana efectivamente existente se acerca mucho más a la representación politeísta de los antiguos griegos, con sus dioses y demonios antagónicos

---

[5] Recuérdese que las imágenes del mundo son representaciones sistemáticas y al menos relativamente coherentes sobre los rasgos distintivos y la dinámica del cosmos, que conllevan al mismo tiempo una determinada toma de posición frente a dicha representación (Weber, 1998c: 247).

[6] Para Weber, toda conducta de vida racional-ética está asociada y tiene como fundamento de su desarrollo una visión sistemática del mundo, signada por una perspectiva ética unitaria o universalista que ordena imperativamente la acción práctica.

que luchan por dominar la conducta de los hombres, que a las visiones éticas unitarias con pretensiones de validez universal, oriundas del intelectualismo religioso e ilustrado (Weber, 2012b: 212-213).[7] Más aún, sostiene que "la irracionalidad del mundo ha sido la fuerza que ha impulsado todo desarrollo religioso", buscando destacar que el presupuesto y el principal motor de las ideas sistemáticas desarrolladas por las religiones y por la Ilustración –que incluían típicamente una explicación teórica de las miserias y padecimientos terrenales y una ética prescriptiva de la acción humana– fue precisamente irracionalidad de una vida gobernada por "el sufrimiento inmerecido, la injusticia impune y la estupidez irremediable" (Weber, 2012c: 165). De esta manera, remarca el contraste y la tensión que ha habido históricamente entre las visiones ético-universalistas forjadas por los intelectuales premodernos, y la realidad mundana existente y sus distintos órdenes (Weber, 2012a: 404).

Sin embargo, Weber advierte que, en la modernidad occidental, el desarrollo de las ciencias empíricas culminó el desencantamiento del mundo, eliminando los resabios mágicos y religiosos de su interpretación y dando lugar a una nueva imagen del cosmos, que expresa una escisión y un estrechamiento del racionalismo teórico sistemático. En efecto, la expulsión de la magia y sus poderes sobrenaturales e insondables implicó entender el universo como un mecanismo legaliforme, con una dinámica causal y previsible, susceptible de ser indagada científicamente. Pero el rechazo de la religión y su orden ético providencial cuestionó "por principio" toda consideración que preguntase por un *sentido* del acontecer intramundano, disolvió la idea misma de una ética unitaria y universalmente válida, y provocó una retirada de la escena pública de los "valores últimos y más sublimes" hacia la intimidad de las creencias personales (Weber, 1998e: 553; 2012b: 225). En el plano teórico, la racionalidad y la objetividad quedaron reservadas al conocimiento conceptual de los hechos empíricos, mientras que las ideas éticas perdieron su apariencia incondicionada y quedaron subordinadas a las valoraciones y elecciones subjetivas, cuya dinámica no depende de la razón. De este modo, el avance de las ciencias especializadas asestó un golpe no solo a las religiones proféticas, sino

---

[7] Como se vio en el Capítulo III, Weber inscribe el politeísmo de los griegos y romanos en el momento más desarrollado del estadio mágico, marcado por la religiosidad de los dioses funcionales, y entiende a la Ilustración como una perspectiva cuasirreligiosa y optimista sobre el porvenir de la razón, ubicándola como la última manifestación del estadio religioso en Occidente.

también a las teorías críticas de tipo filosófico y/o revolucionario en las que el *ser* y el *deber-ser* aparecían entrelazados. Y con el repliegue de esas visiones holísticas, se volvió a iluminar en el ámbito práctico la pluralidad de la existencia terrenal, con sus distintas esferas de valor (económica, política, estética, erótica, intelectual, religiosa), y la "urdimbre trágica" en que se apoya toda acción humana, que habían sido ingenuamente veladas por aquellas (Weber, 1998e: 532; 2012c: 154). La irracionalidad ética del mundo afloró, entonces, como el resultado paradójico e imprevisto de la racionalización teórica llevada a cabo por la ciencia.

El mundo desencantado de la modernidad mostró así su completa falta de sentido y su carácter irracional desde el punto de vista valorativo, por fuera de los significados y los sistemas éticos creados por los intelectuales y defendidos por cada individuo. Reveló su auténtico rostro, marcado por la fragmentación, las oposiciones y los conflictos irremediables. Según Weber, la vieja verdad que "hemos vuelto a saber con Nietzsche" es que no existe un criterio universal capaz de unificar los distintos sistemas de valores si no es al precio de sacrificar la propia lógica de alguno de ellos, ni tampoco una conducta de vida práctica que pueda compendiar el conjunto de las virtudes. "Solo las religiones positivas –con mayor precisión: las *sectas* ligadas por un dogma– pueden conferir al contenido de *valores culturales* la dignidad de un mandato ético incondicionalmente válido". Pero, por fuera de ellas, se ha vuelto evidente la crisis de los trascendentales: que algo puede ser sagrado aunque no sea bello ni verdadero y precisamente porque no lo es; o que algo puede ser bello sin ser bueno ni sagrado y justamente por ese motivo; en fin, que algo puede ser verdadero sin ser bello, ni bueno, ni sagrado (Weber, 2006a: 46; 2012b: 212; Freund, 1986: 29-30). Cada ámbito de la vida constituye un orden de validez que se rige y se racionaliza en función de valores últimos específicos, cuya lógica es irreductible y contradictoria con la de otros órdenes. Lo mismo cabe para los distintos ideales y sistemas éticos que compiten en su seno que, aunque pretendan una validez absoluta y universal, en los hechos tienen límites definidos, pues están supeditados a las elecciones privadas de los individuos (Weber, 2012b: 211-214, 219; Ruano de la Fuente, 2007: 299). Y lo mismo ocurre en la propia intimidad del sujeto, que está tironeado por la dinámica de las diversas esferas en las que se desenvuelve su existencia y tensionado por diferentes principios que pugnan por gobernar su conducta y entre los que debe optar constantemente, sea consciente o no de esto (Beriain, 2003: 11-12).

Según Weber, la única metafísica adecuada para interpretar filosóficamente estos rasgos de la realidad moderna es el "politeísmo absoluto", ya que si se consideran los valores desde el punto de vista de su *sentido* último, se trata "siempre y en todas partes [...] no solo de alternativas, sino de una lucha a muerte irreconciliable entre 'dios' y el 'demonio' [...]. Entre ellos no es posible relativización ni transacción algunas" (Weber, 2006c: 238).[8] Pero, a diferencia de lo que ocurría en el politeísmo antiguo, los nuevos dioses y el culto a cada uno que emergen en la modernidad, también se han desencantado. Ahora, los que pelean por dominar la vida de los hombres son poderes "impersonales", es decir, valores abstractos y visiones del mundo que no se imponen casi naturalmente desde la comunidad como en el pasado, sino que el individuo se ve obligado a decidir cotidianamente entre ellos, según su propia conciencia y voluntad, a sabiendas de que la elección de uno implica asimismo una toma de posición en contra de otros (Weber, 2006a: 42; 2012b: 212-214; Schluchter, 2016: 97-98). Y a contramano de lo que sucedía bajo hegemonía de la ética cristiana, donde el feligrés actuaba conforme a sus creencias, pero desentendiéndose completamente de los resultados de sus actos, la decisión en torno a los valores implica aquí la "dignidad viril" de hacerse responsable de sus consecuencias prácticas, así como del propio destino vital (Weber, 2012b: 213; 2012c: 161-162). De esto se desprende que Weber no reserva la conjunción entre la ética de la convicción y la ética de la responsabilidad tan solo para el político profesional, sino que la considera apropiada para todo hombre moderno. No obstante,

> La superficialidad de la "existencia cotidiana" [...] consiste precisamente en que el hombre inmerso en ella no toma conciencia —ni quiere hacerlo— de esta mezcla, condicionada en parte psicológicamente y en parte pragmáticamente, de valores irreconciliables; consiste en que, antes bien, elude la opción entre "dios" y "demonio" y su propia decisión última [...]. El fruto del árbol de la ciencia, inevitable aunque molesto para la comodi-

---

[8] Weber distingue aquí entre la consideración empírica de la irracionalidad ética del mundo que realizan las ciencias sociales, y su interpretación especulativa o filosófica, que se interesa por el sentido último de los valores. Lejos de todo relativismo, enfatiza el carácter absoluto y el antagonismo inconciliable de los valores en cuanto a su *sentido*. Ahora bien, las relativizaciones y compromisos entre ellos se presentan continuamente en la vida cotidiana de las personas concretas y a lo largo de la historia.

dad humana, no consiste en otra cosa que en tener que conocer aquellas oposiciones y, por lo tanto, advertir que toda acción singular importante y hasta la vida como un todo, si no ha de transcurrir como un fenómeno natural sino ser conducida conscientemente, implica una cadena de decisiones últimas en virtud de las cuales el alma, como en Platón, *escoge* su propio destino: el sentido de su hacer y de su ser (Weber, 2006c: 238).

Weber encuentra entonces que, a pesar del descubrimiento científico de la irracionalidad ética del mundo, la mayoría de las personas actúa de manera irreflexiva y negadora frente a ella, evitando tomar posición. Esto no significa, desde luego, que no se oriente de acuerdo a normas y valores, sino que los asume inconscientemente como dados y conduce su vida de manera heterónoma, como si se tratase de un mero transcurrir natural.[9] En este contexto, el autor opone el potencial clarificador de la ciencia para el sujeto moderno, que le permitiría tomar conciencia del politeísmo y –si saca las conclusiones pertinentes– llevar una existencia autónoma y racional, siguiendo las propias convicciones y haciéndose responsable de sus implicancias. Como sostiene Mommsen, "solo cuando la personalidad advierte racionalmente los motivos y las consecuencias de sus actos, está en condiciones de elevarse por sobre 'el sustrato instintivo, confuso y vegetativo de la vida personal' y adquirir la libertad interior. Esa es, asimismo, la verdadera misión de [la] ciencia" (Mommsen, 1971: 92-93). Pero si no es posible que todos se vuelvan reflexivos sobre el politeísmo de valores y la necesidad de decidir entre ellos, Weber lo considera indispensable para al menos dos sectores sociales: los políticos profesionales (de los que no se hablará aquí) y los científicos profesionales.

En su conferencia sobre "La ciencia como vocación",[10] el autor analiza la racionalización interna de la esfera científica occidental desde el descubrimiento del concepto en la filosofía griega, pasando por la experimentación propia del Renacimiento, hasta llegar a la "aniquiladora crítica nietzscheana" de los "últimos hombres" que buscaban en el conocimiento el camino hacia la felicidad. Describe cómo, con el avance de la especialización disciplinar y de las indagaciones empíricas, la dedicación

---

[9] Este es precisamente el rasgo distintivo del llamado *tradicionalismo*, que se tratará más adelante.

[10] La palabra alemana *Beruf*, que puede traducirse como *vocación* o *profesión*, contiene una reminiscencia religiosa que asocia la dedicación sistemática al trabajo, con el seguimiento de un llamado divino y con el cumplimiento por convicción de ese mandato.

sistemática a la actividad intelectual se fue vaciando de los sentidos trascendentes que le habían otorgado sus padres fundadores,[11] revelándose
cada vez más como una simple técnica científicamente fundamentada
(Weber, 2012b: 198-203).[12] Retomando a Tolstoi, plantea que en la época
moderna "la ciencia carece de sentido puesto que no tiene respuesta para
las únicas cuestiones que nos importan, las de qué debemos hacer y cómo
debemos vivir" (Weber, 2012b: 203). De esta manera, intenta destacar la
diferencia radical entre la conducta de vida de los intelectuales del pasado, cuyas indagaciones sobre la realidad se mezclaban con inquietudes
existenciales y podían convertirse eventualmente en ideales orientadores
para la práctica, y la conducta mucho más modesta, prosaica y efímera
del académico contemporáneo.

La propia actividad científica se ha desencantado y, por este motivo, el
individuo que decida dedicarse a esta *por vocación* debe tener en cuenta
sus características actuales y asumirlas con *responsabilidad*. En efecto, la
vida cotidiana del científico moderno está condicionada por un conjunto
de factores externos que él tiene que poder sobrellevar, referidos a que
su actividad se ha profesionalizado y devenido un trabajo asalariado,
despojado de sus medios de ejercicio; que está sometida a una carrera
en la que incide el propio mérito, pero también el azar; y que demanda
una cualificación doble, en docencia e investigación, que no siempre van
de la mano. La vida académica implica asimismo una serie de requisitos
íntimos, pues la persona debe tolerar que su tarea diaria está sujeta a la
especialización estricta y a la demostración empírica; que exige pasión
e inspiración, pero también un trabajo duro y metódico; y que los resultados de sus indagaciones son provisorios y están condenados a verse
superados por el progreso científico (Weber, 2012b: 177-193). Pero, por
sobre todas las cosas, el docente e investigador moderno debe ser capaz
de afrontar y soportar el desencantamiento del mundo: la fría realidad
de un mundo sin Dios y éticamente irracional, el hecho de que el conocimiento científico se ha escindido de la reflexión sobre los fines últimos
y las visiones holísticas que otorgan sentido a la existencia y que, por lo

---

[11] Weber se refiere aquí a las ilusiones optimistas que se habían depositado en torno a la ciencia, que veían en ella el camino "hacia el verdadero ser", "hacia el arte
verdadero", "hacia la verdadera naturaleza", "hacia el verdadero Dios" y "hacia la
felicidad verdadera" (Weber, 2012b: 203).

[12] Esto quiere decir, una técnica de investigación y de razonamiento lógico, investida
con el valor de constituir un conocimiento empíricamente verdadero.

tanto, él mismo debe ponerse a la altura de su tiempo y renunciar definitivamente a orientar la conducta práctica de los demás, como si fuera un profeta religioso o un político demagogo.

> El destino de una época de la cultura que ha comido del árbol de la ciencia consiste en tener que saber que podemos hallar el *sentido* del acaecer del mundo, no a partir del resultado de una investigación, por acabada que sea, sino siendo capaces de crearlo; que las "cosmovisiones" jamás pueden ser producto de un avance en el saber empírico y que, por lo tanto, los ideales supremos que nos mueven con la máxima fuerza se abren camino, en todas las épocas, solo en la lucha con otros ideales, los cuales son tan sagrados para otras personas como para nosotros los nuestros (Weber: 2006a: 46).

Así pues, Weber considera que la irracionalidad ética del mundo descubierta por el avance de la ciencia constituye una premisa ineludible que constriñe la conducta de vida del científico moderno y le marca un límite tajante al racionalismo teórico sistemático que este puede ejercitar. Su tarea ya no puede consistir en elaborar imágenes omnicomprensivas e ideales éticos con pretensiones universales como hacían los intelectuales del pasado, sino que debe restringirse al saber especializado, al ordenamiento conceptual de la realidad empírica y a la rigurosidad de los hechos, porque "en cuanto se sale de la pura empiria, se cae en el politeísmo" y sobre esa lucha entre valores irreconciliables, no puede decidir la ciencia (Weber, 2006a: 47; 2012b: 212-213). En consecuencia, la persona que abrace por convicción el valor de la verdad científica debe ser plenamente consciente de sus limitaciones actuales y hacerse responsable de su decisión, sin buscar en este orden una solución a problemas prácticos que este no puede ofrecerle. Desde este enfoque, Weber critica duramente aquellas corrientes de pensamiento –como el positivismo, el historicismo, el hegelianismo y el materialismo histórico– que continúan confundiendo el *ser* y el *deber-ser* o todavía aspiran a forjar "cosmovisiones"; y cuestiona las teorías proletarias radicales –como el socialismo, el anarquismo o el sindicalismo revolucionario– asimilándolas directamente a las religiones proféticas (Weber, 2006a: 41, 58, 76; 2008d: 309; 2012a: 404, 410).

A contramano de estas, remarca que "jamás puede ser tarea de una ciencia empírica proporcionar normas e ideales obligatorios, de los cuales puedan derivarse preceptos para la práctica" y que "la política no tiene cabida en las aulas" porque "las tomas de posición política y el análisis científico […] son dos cosas bien distintas" (Weber, 2006a: 41; 2012b: 207). Y justifica esta posición taxativa precisamente en el desenlace moderno-occidental de la racionalización, que develó los distintos órdenes de validez, su lógica inmanente y su conflicto irresoluble. Para Weber, la defensa científica de posturas prácticas se ha vuelto imposible, e incluso absurda, "porque los distintos sistemas de valores existentes libran entre sí una batalla sin solución posible" (Weber, 2012b: 212) y, en ese contexto, la ciencia constituye *solo uno más* de los sistemas valorativos en disputa, que pelea con sus recursos y limitaciones. Los juicios científicos nunca pueden adquirir una validez absoluta sobre el resto de las esferas (aunque aspiren a ello) y sus pretensiones de verdad alcanzan su disputa más aguda con el *credo quia absurdum* de la esfera religiosa. En el terreno práctico, las ciencias empíricas pueden –como se ha visto– facilitar la autorreflexión del sujeto acerca de lo que *quiere* y de lo que *puede* hacer en función de eso, pero jamás pueden indicarle lo que *debe* hacer: la decisión en torno a cuáles sean los valores rectores que le den sentido a su vida, le compete enteramente al individuo (Weber, 2006a: 44).

> A quienes no puedan soportar virilmente este destino de nuestro tiempo, hay que decirles que vuelvan en silencio […] al ancho y piadoso seno de las viejas Iglesias, que no habrán de ponerles dificultades. Es inevitable que de uno u otro modo tengan que hacer allí el "sacrificio del intelecto". [Para los demás, solo queda] ponerse al trabajo y responder, como hombre y como profesional a las "exigencias del día". Esto es simple y sencillo si cada cual encuentra el demonio que maneja los hilos de su vida y le presta obediencia (Weber, 2012b: 225-227).

Toda la caracterización weberiana sobre la irracionalidad ética del mundo y los desafíos existenciales que plantea en la modernidad refleja una profunda raigambre nietzscheana. Aunque Weber cuestiona la teoría del resentimiento como explicación universal del surgimiento de las religiones, retoma muchos argumentos de *La genealogía de la moral*, especialmente los referidos a la naturaleza irracional de los valores, al enfrentamiento entre los mismos y a la elección subjetiva de los ideales normativos "que solo asumen un carácter obligatorio por efecto de las decisiones personales" (Mommsen, 1971: 92; Gronow, 1988: 319-320). Había sido Nietzsche quien había señalado el *horror al vacío* como un rasgo fundamental de la voluntad humana –que necesita de una meta para vivir y prefiere querer la nada, a no querer–, el cual se puso crudamente de manifiesto con el retroceso del cristianismo. También quien había planteado la necesidad de superarlo y llenarlo de contenido, mediante la creación de nuevos sentidos y permaneciendo siempre fieles a la tierra (Nietzsche, 2014: 144; 1984: 34). Weber no solo se inspira en esta visión, sino parece reclamarle al intelectual contemporáneo algo de las cualidades heroicas del *superhombre,* ese que es capaz de soportar la muerte de Dios, de vivir sin esperanzas ultraterrenas y de abrazar la existencia cotidiana dotándola de un sentido propio, todo lo cual se expresa de forma contundente en el final de su discurso sobre la vocación científica referido anteriormente.

Las ideas dominantes y los fundamentos irracionales del orden

Tras haber analizado la irracionalidad ética del mundo y la irracionalidad esencial de los valores que movilizan a las personas, es posible abordar ahora el tercer nivel de lo irracional en el plano teórico, vinculado al rol que juegan las ideas, intereses y valores en las relaciones sociales cristalizadas y en los órdenes existentes. Así como Weber se refiere a la influencia histórica de las ideas y visiones del mundo en la racionalización de la conducta de vida y en la justificación teórica de los poderes vigentes, también da cuenta de una faceta irracional en el marco de esos mismos procesos.

En primer lugar, cuando explica que a lo largo de la historia ha habido ideas que han imperado sobre las masas o un sector importante de los individuos de una época, orientando su acción práctica como ideales a alcanzar o como máximas reguladoras de las relaciones sociales, se refiere a la naturaleza misma de este influjo ideal sobre la conducta, como algo de carácter difuso y que no es propiamente racional. En efecto, el autor polemiza con la tradición ilustrada y, particularmente con el hegelianismo y el marxismo, argumentando que "por grande que sea el poder constrictivo puramente *lógico* del pensamiento en la historia [...], el proceso empírico-histórico que se desarrolla en la cabeza de los hombres por regla general debe ser comprendido como *psicológico*, no como lógicamente condicionado" (Weber, 2006a: 84-86). De esta manera, descarta cualquier potencial interpretación sobre la influencia de ciertas concepciones del mundo, como un progreso objetivo en el desarrollo de la conciencia y el racionalismo teórico de las masas, y relativiza fuertemente la explicación del actuar como impulsado por un esclarecimiento lógico o científico. Por el contrario, aquí pareciera recuperar nuevamente el enfoque de

Nietzsche, quien destaca el impacto psicológico y no-consciente que trajeron aparejado históricamente las ideas morales y religiosas. Así, en su sociología de la religión, Weber remarca su interés por "los *estímulos prácticos para la acción* fundamentados en las implicancias psicológicas y pragmáticas" de las ideas religiosas;[13] y en su sociología de la dominación, sostiene que los mandatos de los sectores dominantes pueden operar psicológicamente mediante la "compenetración" endopática, mediante la "inspiración" o mediante la "persuasión" racional (Weber, 1998c: 234; 2012a: 699).

Este planteo se articula con la diferenciación –señalada en el Capítulo II– que Weber establece entre el discurso teórico de las ciencias especializadas, orientado al razonamiento lógico y a la verdad empírica de los hechos, por un lado, y los discursos vinculados a ideales y visiones del mundo, orientados sobre todo hacia la acción práctica, por el otro. Los argumentos de estos últimos se dirigen, o bien a los sentimientos y a la capacidad de las personas de entusiasmarse con fines prácticos concretos, o bien a su conciencia moral sobre la validez normativa de determinados valores últimos, cuyas dinámicas no dependen de la racionalidad (Weber, 2006a: 47). Para el autor, el discurso propio del liderazgo carismático –tanto de los profetas religiosos como de los políticos demagogos–, que interpela directamente a las masas, alcanza un ascendiente sobre ellas y tiende a generar relaciones comunitarias, se caracteriza precisamente por recurrir a este segundo tipo de argumentación, que busca persuadir y ganar seguidores movilizando aspectos irracionales o no-racionales entre las personas.

En segundo lugar, se ha visto que Weber señala el rol de las ideas y visiones del mundo en la racionalización de la conducta vital, al organizarla conforme a fines trascendentes y elevarla por encima de los intereses inmediatos. Esto no quiere decir, desde luego, que dichos intereses no existan o no ejerzan ningún papel relevante. En efecto,

> Cada uno de los grandes tipos de conducción racional y metódica de la vida se caracterizan ante todo por aquellos presupuestos irracionales que han incorporado en sí, considerándolos como simplemente dados. Cuáles sean estos presupuestos es, precisamente, lo que al menos en medida muy

---

[13] Por ejemplo, Weber destaca la angustia psicológica que acarreaba la creencia puritana en la predestinación y cómo esta empalmó con el ideal profesional y fue canalizada mediante una dedicación metódica al trabajo (Weber, 2008a: 166, 169, 179-180).

fuerte, se ha visto histórica y socialmente determinado, por la específica *situación de intereses* exterior e interior, social y psicológicamente condicionada, de aquellos estratos que eran los representantes de la respectiva metodización de la vida, en la época decisiva de su configuración (Weber, 1998c: 248).

Weber destaca así que las grandes formas de racionalización del estilo de vida que tuvieron lugar a lo largo de la historia se desarrollaron a partir de ciertas premisas valorativas irracionales, que estaban estrechamente ligadas y condicionadas por los intereses materiales e ideales de los estratos sociales que las impulsaron de manera típica en el momento de su surgimiento. Sin embargo, una vez que esos modos de vida se difundieron socialmente más allá de dichos estratos y se afianzaron como dominantes, esos presupuestos valorativos e interesados del sector social impulsor ya no se pusieron en cuestión, "considerándolos como simplemente dados". Lo relevante de este planteo weberiano es que también es válido para la conducta práctico-técnica y racional-formal que caracteriza al sujeto moderno, cuyo origen histórico se remonta al estilo vital y a los intereses de la burguesía occidental en ascenso. Como sostiene Derek Sayer, en "La ética protestante y el espíritu del capitalismo", Weber deja en claro que "el *ethos* del 'trabajo como fin en sí', no menos que el del 'lucro como fin en sí' [...] son sustancialmente *irracionales*" y rastrea el origen de estos imperativos "que considera característicos de nuestra cultura capitalista" en la conducta de vida de los estratos burgueses puritanos, en los albores del capitalismo moderno occidental (Sayer, 1995: 111). Pero con el paso del tiempo y con la consolidación de este régimen social, dichos imperativos ligados a los intereses de la burguesía se vaciaron de contenido religioso y se naturalizaron de manera acrítica.

Finalmente, en relación a esto y habiendo tomado nota de la irracionalidad ética del mundo y del antagonismo entre valores, Weber pone de relieve que las máximas que regulan los distintos órdenes mundanos, surgidas en su momento de ciertos ideales acerca de su validez, descansan en valores últimos que, una vez consolidados dichos órdenes, tienden a asumirse irreflexivamente, pero que podrían haber sido perfectamente otros. Anteriormente se habló de la esfera científica, pero lo mismo sucede en el resto de las esferas. Especial importancia reviste para el autor el orden político, donde las relaciones de dominación existentes y los mandatos que formulan quienes ejercen el poder pretenden valer no solo de hecho, sino que buscan alcanzar una validez legítima que conduzca a una obediencia voluntaria y a una mayor estabilidad del régimen. Pero, para lograr eso, no basta con las garantías *externas* de la represión y la justificación teórica, filosófica o religiosa de las normas, sino que además es necesaria una garantía íntima, que tiene que ver con la creencia de los sometidos en determinados valores (Weber, 2012a: 25-27, 29, 705). Según el autor, "el fundamento de *toda* dominación, por consiguiente de *toda* obediencia, es una *creencia*: creencia en el 'prestigio' del que manda o de los que mandan" por algún motivo específico (Weber, 2012a: 211). Así pues, los tres tipos puros de dominación legítima descansan, en última instancia, en bases valorativas, a saber: en la creencia o la fe de los sometidos en la *legalidad de reglas formales estatuidas* y en los derechos de mando de quienes fueron designados a través de ellas para gobernar; en la *sacralidad de las tradiciones inveteradas* y en la legitimidad de los que han sido señalados por estas para ejercer la autoridad; y en las *cualidades extraordinarias de una persona* y en los mandatos revelados por ella (Weber, 1998c: 261-263; 2012a: 172-173). En este punto, hay que recordar que, para Weber, la creencia en valores y visiones del mundo puede ser más o menos reflexiva, pero incluso en el caso de que sea plenamente consciente y pueda racionalizar así las acciones y la conducta de vida de los individuos, los valores en sí mismos no son racionalmente justificables. De manera que, al referirse a los fundamentos valorativos del orden político y de la dominación imperante, no hace más que señalar sus presupuestos irracionales.

3. Los tipos-ideales de irracionalidad en la dimensión práctica

A diferencia de lo que sucede con la irracionalidad en la dimensión teórica, donde el planteo de Weber asume como punto de partida condiciones y descubrimientos propios de la época moderna, la irracionalidad en la dimensión práctica tiene un alcance transhistórico que persiste incluso bajo la modernidad racionalizada. Como se dijo antes, esto pareciera estar vinculado a su enfoque antropológico, según el cual el hombre no solo tiene una tendencia hacia lo racional, sino que actúa motivado por afectos y por una inclinación adaptativa a lo que es habitual. Esto no quita, desde luego, que el hecho mismo de catalogar como "irracionales" o "no-racionales" estos rasgos del ser humano se deba al punto de vista sobre lo racional que distingue a la cultura occidental y a la moderna en particular.

En el terreno práctico, se pueden identificar diferentes tipos-ideales de irracionalidad, según los distintos niveles de agregación y cristalización que contempla el análisis de Weber. A nivel de la acción individual, el autor descarta deliberadamente un tratamiento pormenorizado de aquellas conductas que son tan irracionales y carentes de sentido, que quedan al margen de la categoría de *acción social* y del campo de estudio de la sociología comprensiva.[14] Por otro lado, señala determinados sectores sociales cuya conducta de vida regular es primordialmente irracional. Finalmente, existen relaciones sociales cristalizadas y órdenes enteros que también tienen este carácter.

Como se verá, en la dimensión práctica, el autor enfatiza todavía más fuertemente la afinidad entre lo irracional y lo real, o lo ampliamente extendido en la vida cotidiana.

La irracionalidad en la acción: afectiva y tradicional

La forma más elemental de la irracionalidad práctica tiene lugar en el ámbito de acciones sociales circunscriptas en espacio y tiempo, que se encuentran completamente en el límite de un actuar con sentido subjetivo y muchas veces más allá de este: la acción afectiva (*affektuelles Handeln*) y la acción tradicional (*traditionales Handeln*). A contramano de las acciones racionales analizadas anteriormente, estos dos tipos se caracterizan por ser: a) irreflexivas, porque no hay una deliberación subjetiva acerca de los fines y los medios del propio actuar, ni de la conexión que existe entre ellos; b) no-electivas, porque el individuo no elige los propósitos que lo mueven, sino que actúa condicionado por impulsos internos o por estímulos externos; c) inmediatas, porque procede por una inclinación espontánea a lo natural de sí mismo, o a lo que aparece como tal en el medio social en que se desenvuelve su actuar; y d) heterónomas, ya que la conducta no está sujeta a reglas o las asume de manera inconsciente, y está dominada por constricciones interiores o exteriores que se imponen sobre la propia voluntad. Estos rasgos compartidos son los que configuran

---

[14] Esto es lo que ocurre con las respuestas meramente reactivas a la influencia de otras personas, como son la imitación y la conducta condicionada por la masa. Sin embargo, como se verá más adelante, el autor dice cosas muy significativas en relación con esta última y no es cierto que su sociología la deje tan de lado.

estas dos formas de acción, como "irracionales" y rayanas a la falta de sentido. Sin embargo, entre ellas también existen diferencias sustantivas que se describen a continuación.

La *irracionalidad de la acción afectiva* tiene que ver principalmente con su contenido particular. El individuo actúa movido por sus sentimientos, sus emociones o sus estados anímicos del momento, que por su propia esencia son irracionales y remiten a lo más elemental del ser humano entendido como un ser natural, sensible y expresivo. Se trata de una conducta irreflexiva "especialmente emotiva", que se asemeja a la racional con arreglo a valores en el hecho de que el sentido de la acción está puesto en sí misma y no en algo exterior. La acción afectiva se agota enteramente en su realización, pues consiste en la satisfacción inmediata de las necesidades y deseos circunstanciales del individuo. "Actúa afectivamente quien satisface su necesidad actual de venganza, de goce o de entrega, de beatitud contemplativa o de dar rienda suelta a sus pasiones" (Weber, 2012a: 20). Sin embargo, se distingue radicalmente de aquella en que carece de una representación y una elaboración conscientes en torno a los fines del propio actuar, que para la racionalidad según valores son fundamentales.

Para Weber, la acción afectiva se encuentra estrictamente "en la frontera" de una acción con sentido. Muchas veces la traspasa, asumiendo la fisonomía de un comportamiento plenamente irracional, que puede consistir en una "reacción sin trabas a un estímulo extraordinario, fuera de lo cotidiano". La *acción* humana se distingue de la mera *reacción* impulsiva, precisamente por la falta de sentido subjetivo de la segunda. Pero otras veces, en cambio, el actuar afectivamente condicionado puede elevarse por encima de su carácter inmediato y encaminarse en dirección a una acción racional con respecto a valores o a fines, cuando adquiere la forma de una descarga consciente y voluntaria de un determinado estado emocional o sentimental, como podría ser expresarle verbalmente a otra persona que se la ama, explicarle los motivos del propio enojo o escribir una poesía (Weber, 2012a: 5, 20).

Pero en general, lo que distingue al actuar afectivo de esta forma sublimada y reflexivamente mediada de manifestar la propia sensibilidad, es que en ella no hay un autodominio de las pulsiones internas ni un proceder reglamentado y previsible. Por el contrario, lo específico de la afectividad pura es que la conducta exterior del individuo está gobernada por los afectos y emociones provenientes de su intimidad, que se expresan sin ninguna clase de control o contención subjetivos. Y esto es precisamente lo que define a este modo de acción social como irracional.

La *irracionalidad de la acción tradicional*, por su parte, tiene que ver principalmente con la forma irreflexiva en que se desenvuelve, ya que el individuo procede condicionado por las costumbres arraigadas en los ámbitos donde despliega su acción, asumiendo de manera inconsciente los medios, las consecuencias y sobre todo los fines de su propia conducta, como simplemente dados en la práctica. A diferencia de la acción afectiva, la tradicional es un comportamiento regular y previsible que consiste básicamente en "la simple 'conformidad' a lo habitual *porque* es habitual". El sujeto actúa espontáneamente por una tendencia difusa e inmediata hacia lo heredado, lo inculcado, lo conocido prácticamente y lo que siempre se repite de modo similar. Este tipo de orientación subjetiva hunde sus raíces en las normas obligatorias de conducta individual y social que se imponen a las personas desde pequeñas a través de la familia, de las instituciones educativas y de la sanción colectiva de las acciones consideradas "inapropiadas", y que se afianzan en una determinada cultura o sector social, por la fuerza de la reiteración y de la costumbre duradera.[15] Así, aunque la acción tradicional se orienta en su desarrollo por reglas imperativas que aparecen como válidas para la práctica, el sujeto las respeta de hecho, pero desconoce totalmente sus fundamentos normativos, tampoco se pregunta acerca de ellos y sencillamente los naturaliza como parte de su cotidianeidad (Weber, 2006b: 219-220; 2012a: 20, 23-25).

Es necesario destacar que, para Weber, "la masa de todas las acciones cotidianas habituales se aproxima a este tipo" (Weber, 2012a: 20). Este señalamiento es extraordinariamente importante, pero en general no se lo tiene tan presente. Sin embargo, lo que el autor está indicando es que el grueso de las acciones que se desarrollan en la vida diaria, incluso en las sociedades modernas racionalizadas, es de carácter tradicional. Y es que este tipo de acción no tiene que ver solamente con el seguimiento de costumbres específicas de una cultura –como a veces se lo interpreta–, sino con aquellos modos de conducta reglados y habituales, que permiten

---

[15] Cabe aclarar que en su ensayo "Sobre algunas categorías de la sociología comprensiva", probablemente influido por la terminología de Tönnies, Weber denomina "actuar por consenso" a este tipo de acción social, y más tarde reemplaza ese concepto por el ampliamente conocido de "acción tradicional" que aparece al comienzo de *Economía y sociedad*.

que las personas se desenvuelvan diestramente en los diversos contextos sociales en los que se mueven día a día. Se trata de conductas orientadas por un saber práctico, por un *know how* al que se recurre permanentemente sin siquiera cuestionárselo, y cuya naturalización solo sale a la luz y se torna consciente cuando se producen disrupciones en las regularidades del actuar, que chocan con las expectativas y previsiones –basadas en la experiencia repetida, pero al mismo tiempo irreflexivas– que tienen los individuos.[16]

Por eso, la acción tradicional también se encuentra literalmente "en la frontera" de un actuar con sentido. Frecuentemente cae por debajo de este, cuando "no es más que una oscura reacción a estímulos habituales, que se desliza en dirección a una conducta arraigada", como puede ser responder al saludo de otra persona. Pero otras veces, puede acercarse a la acción racional con arreglo a valores, cuando la relación subjetiva con lo acostumbrado adquiere cierto grado de conciencia y reflexión (Weber, 2012a: 20). Finalmente, aunque Weber no lo dice de manera explícita, es posible sostener que las expectativas en las que descansa la racionalidad según fines, no solo se apoyan en regularidades empíricas comprobadas científicamente, sino también en reglas de experiencia práctica que derivan de esta masa de acciones tradicionales cotidianas, que convierten la respuesta de las demás personas en el marco de una determinada relación social, en algo relativamente probable y previsible.

La irracionalidad en la conducta de vida: afectividad y tradicionalismo

Así como Weber señala diferentes estratos sociales cuyo estilo de vida práctico se rige de modo mayoritario conforme a los criterios de la racionalidad según fines o la racionalidad según valores, también identifica otros sectores cuya existencia cotidiana es primordialmente afectiva o tradicional. El segundo nivel de la irracionalidad práctica tiene que ver con estas dos formas típico-ideales de orientación de la conducta y con los caracteres subjetivos que se configuran a partir de ellas.

Podría utilizarse la noción de *afectividad* para designar las diversas referencias que el autor realiza a un modo de vida que se orienta regularmente

---

[16] Como se puede advertir, en el tratamiento weberiano sobre la acción tradicional hay una primera aproximación y una base sólida para pensar lo que la fenomenología y algunos sociólogos contemporáneos han desarrollado bajo los conceptos de *mundo de la vida*, *habitus* y *conocimiento práctico o de sentido común*.

conforme a la acción afectiva. Este es el caso de la nobleza guerrera, que de forma general ha carecido "tanto de la necesidad como de la capacidad de dominar racionalmente la realidad" y cuya acción en el mundo exterior es fuertemente emocional (Weber, 1998c: 250). La dedicación habitual a la actividad de la guerra, con la violencia desenfrenada, los sentimientos comunitarios y las pasiones subjetivas que se movilizan y se ponen en juego en el campo de batalla, contribuyen a forjar la peculiar disposición heroica y la dignidad estamental que caracterizan a este estrato social privilegiado. En efecto, "es cosa de todos los días para el guerrero salir a hacer frente airosamente a la muerte y a todas las irracionalidades del destino humano, y las posibilidades y las aventuras de este mundo llenan su vida" de manera cotidiana (Weber, 2012a: 380). De allí que este sector haya sido particularmente reacio a las religiones (racionales) de salvación, para inclinarse en cambio hacia las visiones politeístas de la antigüedad, con las que tenía una clara afinidad. En efecto, la idea de un "sino" y de las "moiras" que lo reparten entre cada mortal, esto es, de un supuesto "destino" y del lugar y las tareas que le corresponderían a cada uno en ese devenir, han impregnado en gran medida a la nobleza guerrera, que las entendía como un condicionamiento para su propia vida. También ha subsistido en este sector la creencia politeísta (de raigambre todavía mágica) en diferentes dioses funcionales que interfieren en los asuntos mundanos: "Dioses y demonios concebidos como héroes fuertes y apasionados, que otorgan ayuda y enemistad, fama y botín o muerte, a los héroes humanos" (Weber, 1998c: 250). Así pues, tanto por la naturaleza de su actividad vital, que está marcada por las emociones permanentes, la imprevisibilidad y la entrega a lo extraordinario, como por sus creencias irracionales en un cosmos gobernado por poderes fatales y ajenos al control humano, la existencia cotidiana del estrato guerrero evidencia una orientación mayoritaria de su conducta conforme a los criterios de la acción afectiva. Asimismo, el contenido básicamente irracional de la vida guerrera la aparta de todo racionalismo ético-práctico y práctico-técnico, sistematizadores de la conducta interior y exterior.

Weber también se refiere a "la masa" como otro sector que se caracteriza por un actuar eminentemente afectivo e irracional. Sin embargo, en este caso no resulta apropiado hablar de un estilo de vida regular, sino más bien de un comportamiento extraordinario que se produce regularmente cuando los individuos están inmersos y se sienten partícipes en una "situación de masa", es decir, en aquellas circunstancias que implican una concentración colectiva de muchas personas en un mismo contexto espacio-temporal y por motivos en algún punto similares. Para el autor, independientemente de las capas sociales que la conformen en cada caso concreto, la masa como tal "solo piensa hasta pasado mañana", dado que "siempre está expuesta a las influencias irracionales y emocionales del momento". Por un lado, y por el solo hecho de estar incluidas en una situación masiva, pueden desencadenarse entre las personas ciertas conductas irreflexivas y estados de ánimo coyunturales –alegría, excitación, agresividad, entusiasmo, etcétera– que están directamente condicionados por aquella y que raramente se producirían estando el individuo aislado (Weber, 2008c: 223; 2012a: 19). Por otro lado, la masa es especialmente permeable a la retórica persuasiva de los profetas y demagogos, cuyas promesas de salvación, liberación o bienestar futuros interpelan desde luego su conciencia moral, pero también buscan movilizar sus sentimientos de indignación ante la realidad existente y sus esperanzas en torno al porvenir. A diferencia de la *ratio*, la influencia irracional ejercida por este tipo de líderes y la creencia en sus cualidades carismáticas, movilizan y transforman "desde adentro" la subjetividad de los hombres (Weber, 2012a: 196, 852). Finalmente, Weber considera que la democracia callejera de la masa desorganizada –que no está estructurada en partidos, sindicatos, etcétera, capaces de orientar su acción en alguna dirección– es completamente irracional desde el punto de vista político y constituye uno de los principales peligros para la estabilidad de los Estados modernos. De modo general, la afectividad propia de la masa es flexible y oscilante, ya que en muchas ocasiones el comportamiento individual carece de todo sentido subjetivo y resulta en consecuencia plenamente irracional. Pero en otras oportunidades, puede haber una relación más consciente y significativa en los escenarios de masa, como el intercambio que tiene lugar entre el líder carismático y sus seguidores (Weber, 2008c: 223-224; 2012a: 19).

En lo que respecta al *tradicionalismo*, Weber utiliza este concepto para dar cuenta de una forma de vida que se rige de manera regular y mayoritaria siguiendo los criterios de la acción tradicional. A diferencia de los distintos tipos analizados hasta ahora, este modo de vida pareciera haber estado ampliamente extendido en el pasado, caracterizando a diferentes sectores sociales en las distintas culturas. Sin embargo, el autor se detiene especialmente en el caso de los empresarios y los trabajadores en los albores del capitalismo moderno occidental, cuando la conducta tradicionalista de ambas clases en terreno de la vida económica se erigió en el principal obstáculo que tuvo que enfrentar el "espíritu del capitalismo" para poder avanzar y desarrollarse (Weber, 2008a: 106). Weber define el tradicionalismo como una cierta "disposición anímica" que se caracteriza por "la fe en la *costumbre* cotidiana, como norma inviolable de la acción" (Weber, 1998c: 263). Se trata de un tipo de mentalidad y de conducta existencial, que inclina a las personas a adaptarse y a vivir conforme a "lo que siempre ha sido así" y a lo que es habitual en el contexto social y las distintas esferas en que se desenvuelve su cotidianeidad.

El tradicionalismo constituye una forma completamente heterónoma de conducir la vida, dado que esta es transitada como si fuese un mero "fenómeno natural" y no un devenir sujeto a la voluntad y a las elecciones conscientes del individuo. "Lo que el hombre quiere 'por naturaleza' [...] es vivir pura y simplemente, como siempre ha vivido". Pero este tipo de orientación esquiva la decisión sobre los fines últimos que guían la propia existencia, asume como "naturales" los que le vienen de afuera y se adecua a estos de manera irreflexiva e incuestionada (Weber, 2006c: 238; 2008a: 107).

Este modo peculiar de concebir y transcurrir la vida configura una subjetividad que no solo naturaliza las condiciones existentes sino que es profundamente conservadora y reproductora de dichas condiciones, ya que la propia "aversión a separarse de los rumbos tradicionales constituye un motivo general para el mantenimiento de la tradición", tendencia que además puede verse reforzada cuando existen intereses materiales o creencias mágicas o religiosas que colaboran en esa misma dirección (Weber, 1942: 367). Por todos estos motivos, el tradicionalismo es radicalmente antagónico tanto al racionalismo ético-práctico como al racionalismo práctico-técnico y fue la traba más importante que tuvo que superar el capitalismo moderno para forjar una mentalidad y una conducta de vida diferentes.

La irracionalidad en los órdenes: *material y formal*

El tercer y último nivel de la irracionalidad práctica tiene lugar en el marco de diversos órdenes y relaciones cristalizadas, de características principalmente irracionales: las esferas estética y erótica, los tipos de dominación carismática y tradicional en la esfera política, y el capitalismo irracional o aventurero en la esfera económica. Aunque Weber no lo dice, teniendo en cuenta los aspectos que se analizan a continuación y la conceptualización del propio autor acerca de la racionalidad, podría utilizarse la noción de *irracionalidad material* para referirse a aquellos órdenes cuyos rasgos distintivos son el contenido afectivo de sus valores rectores y su naturaleza extraordinaria o por fuera de lo cotidiano. Los órdenes estético, erótico y carismático pueden ser agrupados bajo esta categoría. Por otro lado, podría utilizarse la noción de *irracionalidad formal* para dar cuenta de aquellos órdenes en donde lo distintivo no es el proceder según reglas universales y abstractas, sino por el contrario, según el punto de vista particular, la arbitrariedad lisa y llana, o aplicando medios irracionales para alcanzar los fines. El orden tradicional y el capitalismo irracional pueden incluirse bajo esta segunda categoría.

Así pues, en lo tocante a la *irracionalidad material*, Weber se refiere a las esferas estética y erótica como dos "poderes intramundanos de la vida cuya naturaleza tiene desde su raíz un carácter no racional o antirracional" (Weber, 1998e: 544). Dado que cuando habla de poder, remite a algo que se impone de manera forzosa y gobierna la conducta en determinada dirección, aquí parece ser la propia intimidad y sensibilidad del sujeto la que lo desborda desde adentro y domina su proceder.

La esfera estética se rige internamente por el valor de la belleza y otorga una primacía incondicional a la forma de la obra de arte, por sobre cualquier contenido significativo que esta pueda llegar a tener. El arte constituye "el poder más irracional de la vida personal" (Weber, 2012a: 473) que permite al individuo expresar de manera mediata, consciente y sublimada los sentimientos y pasiones más profundos, así como deleitarse con la percepción sensorial y la vivencia actual de la pura forma estética. Esto vale en primer término para el artista, que plasma de manera objetiva su sensibilidad y su inspiración personales en su propia creación, independientemente de cuál sea el tipo de arte que cultive. Pero también cabe para el destinatario de la "emoción estética", que disfruta y se compenetra afectivamente con la experiencia de lo bello en calidad de receptor o espectador. Según Weber, durante el estadio mágico, la música, la danza, la escultura y la pintura eran medios para alcanzar el éxtasis y manifestar el fervor por esas creencias. También las religiones proféticas fueron posteriormente una fuente de desarrollo artístico con sus templos, iglesias, ornamentaciones y objetos de toda clase que buscaban diferenciar lo sagrado de lo profano. Sin embargo, el descubrimiento "*consciente* [de] lo específicamente artístico es cosa reservada en general a la civilización intelectualista" (Weber, 2012a: 473). Esto no quita que, incluso en la modernidad occidental donde el arte se ha racionalizado ampliamente, conserve su contenido irracional, el cual se ve incrementado por la tendencia propia de esta época a convertir los juicios éticos universales en juicios estéticos de gusto, cuyo carácter subjetivo e inapelable no deja espacio para la discusión. En este punto, y en el hecho de que desatiende el problema del sentido de las acciones y sucesos en beneficio de la mera forma, el arte choca con todo racionalismo ético-práctico, incluido el religioso. No obstante, su enfrentamiento con la religión alcanza su punto culminante en el contexto moderno porque "el arte adopta en algún modo la función de una *redención* intramundana: redención de la cotidianeidad y, sobre todo, de la presión creciente del racionalismo teórico y práctico" (Weber, 1998e: 545). Debido a su naturaleza irracional, la experiencia estética permite una huida extraordinaria de las constricciones reificantes de la vida diaria bajo el capitalismo, para entregarse coyunturalmente a los placeres sensibles.

En cuanto a la esfera erótica, Weber se refiere al amor sexual como el "mayor poder irracional de la vida". Describe el proceso de racionalización interna de este orden en Occidente, a lo largo del cual las relaciones sexuales se fueron emancipando de la pura animalidad y del naturalismo ingenuo que las caracterizaba bajo la primitiva existencia rural, para convertirse paulatinamente en un ámbito conscientemente cultivado, que alcanza su apogeo en la época moderna. En efecto, con el avance de la intelectualización de la cultura, la sexualidad se sublimó en erotismo abriendo paso con esto "al núcleo más irracional y, por ello, más real de la existencia" (Weber, 1998e: 546-548). Como se ve, el autor establece nuevamente aquí una filiación directa entre la irracionalidad y la realidad de la vida, que en este caso parecería tener que ver con la influencia de la filosofía de Nietzsche y del vitalismo heredero de este en general, que destacan el impulso vital como uno de los rasgos más auténticos del ser humano, y lo identifican sobre todo con la fuerza de las pasiones, los deseos y las emociones. Así, Weber señala que el amor apasionado, los placeres sexuales, la sensualidad y las formas más variadas de expresar los sentimientos afectivos y las pulsiones carnales, se convirtieron en los valores rectores de la esfera erótica y en deseos conscientemente perseguidos por las personas. Sin embargo, considera que en el marco de la modernidad racionalizada, la vida sexual ha quedado cada vez más relegada y excluida de la rutina diaria para devenir un fenómeno extra-cotidiano y, por eso mismo, también extramatrimonial. El autor describe el vínculo entre los amantes con palabras sumamente bellas, que ponen de manifiesto que se trata de la relación afectiva más inmediata que puede llegar a existir entre las personas. La relación erótica proporciona "la cumbre irrebasable de la pretensión amorosa: la mutua penetración de las almas" y da lugar a una comunidad tan íntima y profunda con el otro, "que es sentida como un total hacerse *uno*, como un desvanecimiento del 'tú'" al interior de esa fusión. Los sentimientos que moviliza esta experiencia son tan intensos y poderosos que no pueden comunicarse por medio alguno: "El amante se siente injertado en el núcleo de lo auténticamente viviente, que es inaccesible a todo esfuerzo racional, y se sabe sustraído tanto a las frías manos esqueléticas de las estructuras racionales como al embotamiento de la vida cotidiana" (Weber, 1998e: 550). Precisamente por su marcada oposición a todo lo pragmático, racional y universal, y por constituir una vía de acceso privilegiada a lo más real de la existencia, la esfera erótica no solo se enfrenta a las religiones proféticas, sino también a los andamiajes racionales de la vida moderna, y se erige en otra vía de escape y redención extraordinarias frente a las presiones y tendencias de la rutina cotidiana.

Como señala José María González García, existe un paralelismo en el tratamiento weberiano del arte y el erotismo, ya que ambas esferas propician una salida intramundana a la racionalización moderna (González García, 1995: 200). Una vez que estos órdenes se despojaron del velo mágico y religioso que los recubría en el pasado y comenzaron a desarrollarse autónomamente según su dinámica interior, también se revelaron como competidores de las religiones proféticas en su propio terreno: el de la salvación de las miserias y sufrimientos mundanos. Tanto la belleza como la pasión amorosa, son fuerzas irracionales que vinculan a las personas con las verdaderas fuentes de la vida y de allí su inmensa capacidad liberadora con respecto a los ordenamientos racionales. Se trata en ambos casos de formas sublimadas de afectividad, que por el profundo goce que generan y por su potencial de redención, se convierten en valores deliberadamente cultivados.

En la esfera política, Weber caracteriza la autoridad carismática como un tipo sustancialmente irracional de dominación, que emerge en situaciones excepcionales, que carece de toda regla y estabilidad en el tiempo y que es fuertemente emocional a lo largo de su desarrollo. Esta forma de dominio se apoya en la creencia de los sometidos en las cualidades extraordinarias, sobrenaturales o sobrehumanas de una persona, que es reconocida como líder en virtud de esos supuestos rasgos y mientras tanto ellos se corroboren en la práctica. "El portador del carisma abraza el cometido que le ha sido asignado y exige obediencia y adhesión en virtud de su misión" (Weber, 2012a: 848). En el tipo puro, el reconocimiento del jefe constituye un *deber* de los dominados y supone desde el punto de vista psicológico "una entrega plenamente personal y llena de fe, surgida del entusiasmo o de la indigencia y la esperanza". A su vez, para conservar su autoridad, el dirigente debe "probar" su cometido frente a los adeptos, realizando hazañas y aportando cierto grado de bienestar a los dominados (Weber, 2012a: 193-194, 849). La dominación carismática conlleva "un proceso de *comunización* de carácter emotivo" entre el jefe y su cuadro administrativo, el cual es elegido por sus aspectos carismáticos y sus relaciones de confianza con el dirigente. Entre ellos no hay ni jerarquías ni prebendas, sino las revelaciones creadoras del líder, el "comunismo de amor o camaradería" con sus discípulos y la misión mancomunada de ambos (Weber, 2012a: 194-195). Lo distintivo de la dominación carismática, que la opone a los tipos racional-legal y tradicional, es su naturaleza extraordinaria y por fuera de la rutina. Es completamente irracional desde el punto de vista formal, pues no existen reglamentos ni preceptos jurídicos abstractos. Pero también es irracional desde el punto de vista material, ya que no hay una orientación por normas tradicionales o valores preestablecidos, sino que lo decisivo son las revelaciones originales del jefe, que subvierten el pasado y anuncian los nuevos mandatos a seguir. La justicia se apoya en su autoridad personal y en el recurso irracional de la ordalía como medio probatorio; la administración carece de una apropiación de los poderes de mando, que solo son legítimos en la medida que se corrobore el carisma del líder. La dominación carismática es completamente extraña a la economía, entendida como una actividad cotidiana y continuada, y solventa sus necesidades por medios ocasionales como el mecenazgo, la mendicidad, el botín o la extorsión. Para Weber, el carisma representa la fuerza revolucionaria por excelencia en las épocas dominadas por la tradición y ha tenido una enorme importancia a lo largo de la historia universal (Weber, 2012a: 195-197, 851-853). En la modernidad, el dominio carismático puede sufrir una interpretación antiautoritaria bajo las democracias plebiscitarias, donde el dirigente es libremente elegido por los dominados y se legitima como tal por el reconocimiento de las masas. Aunque esta transformación marcha en el sentido de la concepción legal, los elementos afectivos del carisma no se eliminan. En efecto, "es característico de la democracia de caudillaje en general, el carácter *emotivo* y espontáneo de la entrega y confianza en el líder, del que suele proceder la inclinación a seguir como tal al que aparece como extraordinario" (Weber, 2012a: 215-216). Aquí se advierte nuevamente el contenido irracional de esta forma de autoridad en la época moderna que, como indica Marcuse, conjuga la administración racional-formal de la burocracia con el vértice irracional del carisma como dirección (Marcuse, 1969: 132-133).

En lo que respecta a la *irracionalidad formal*, cabe señalar que a diferencia de lo que ocurre en la dominación carismática, el carácter irracional de la dominación tradicional tiene que ver sobre todo con sus limitaciones desde el punto de vista formal. Como se vio en el Capítulo II, este tipo de autoridad también está incluido en la tipología de la racionalidad, porque se ordena por ciertas reglas y porque es racional-material en cuanto al contenido valorativo de las normas y principios que preceden el ejercicio de la justicia y la administración. Sin embargo, Weber encuentra que la dominación tradicional también es irracional en otros aspectos. En primer lugar, toda racionalización material debe lidiar con la irracionalidad fundamental de los valores que la rigen y con el hecho de que lo considerado justo, bueno o racional desde la óptica de dichos valores, puede juzgarse de otra manera desde un enfoque valorativo diferente. En segundo lugar, las normas tradicionales son irracionales porque no son reglas positivas accesibles a un análisis discursivo, porque no están formuladas de manera universal y porque carecen de pautas de aplicación preestablecidas. Por el contrario, se trata de normas heredadas desde tiempos inmemoriales, que se cumplen por una costumbre arraigada y cuyo contenido valorativo se asume de manera irreflexiva e incuestionada. Al mismo tiempo, esas reglas no siempre están escritas ni son accesibles al público, por lo que su interpretación y aplicación por parte de los sectores dominantes están sujetas a un alto grado de arbitrariedad. Precisamente, este margen de discrecionalidad y particularismo, que habilita al señor a actuar según su decisión individual o administrar su favor por inclinaciones o antipatías personales, es otro aspecto irracional de la dominación tradicional, que alcanza su máxima expresión en la forma sultanista del patrimonialismo. En efecto, el sultanato no está racionalizado y se diferencia de toda dominación racional porque desarrolla al máximo el libre arbitrio y la gracia personal del dirigente, desvinculados en este caso de toda tradición (Weber, 2012a: 181, 185). Finalmente, en la medida en que se basa en la santidad de las costumbres inveteradas, la dominación tradicional promueve y alimenta el tradicionalismo de los súbditos, consolidándose como una fuerza sumamente conservadora a lo largo de la historia. Para Weber, por todos estos rasgos irracionales, la dominación tradicional ha constituido un obstáculo poderoso para el avance del capitalismo moderno. La ausencia de disposiciones legales racionales y de un cuadro administrativo profesional, los actos discrecionales de los dominantes y la tendencia propia del patriarcalismo y del patrimonialismo hacia una regulación económica orientada materialmente en ciertos ideales han sido más bien propensos a distintas formas de capitalismo irracional (Weber, 2012a: 192-193).

Finalmente, en relación a este último, Weber sostiene que en todas partes del mundo y en las épocas más diversas, ha habido distintos tipos de capitalismo aventurero que perseguían el lucro económico mediante una actividad continuada, pero recurriendo a toda clase de medios irracionales. Estas modalidades de capitalismo se distinguen diametralmente del moderno occidental porque no se rigen por la contabilidad racional de capital, que calcula costos y beneficios y busca maximizar la ganancia aplicando los medios técnicos más eficientes (trabajo asalariado, técnica racional, derecho racional, etcétera), ni tampoco se orientan en su desarrollo por las reglas del mercado y las posibilidades formalmente pacíficas de lucro que este ofrece (Weber, 1998a: 14-16). Por el contrario, las diferentes manifestaciones del capitalismo irracional "se orientan hacia el botín, los impuestos, las prebendas oficiales, la usura oficial [...] los tributos y la resolución de apuros cotidianos" (Weber, 1942: 348). Sus oportunidades de ganancia son "o de carácter puramente especulativo e irracional, o dirigidas al enriquecimiento mediante la violencia [...], ya sea en las guerras propiamente dichas, ya mediante el saqueo fiscal crónico de los súbditos" (Weber, 1998a: 16-17). En esto radica precisamente su irracionalidad desde el punto de vista formal, en que no aplican el cálculo racional ni los medios técnicos más adecuados para incrementar los márgenes de beneficio económico, como ocurre de manera típico-ideal en el capitalismo moderno. Weber considera que estas formas irracionales de capitalismo se han extendido universalmente en el pasado, pero persisten incluso bajo la modernidad occidental en el marco del capitalismo financiero, del colonialismo y el imperialismo a nivel internacional, y de las utilidades originadas a partir del desarrollo y la promoción de la actividad bélica. Para el autor, estas formas parasitarias, violentas y especulativas de perseguir el enriquecimiento están lejos de constituir una moderación reflexiva del afán de lucro; más bien, le dan rienda suelta a este impulso irracional (Weber, 1998a: 14, 17).

4. Una tipología multifacética de la irracionalidad

Tras haber analizado las diferentes expresiones que asume la irracionalidad en el planteo de Weber, es posible advertir que también en este caso se trata de un concepto sumamente complejo, que comprende una pluralidad de dimensiones y tipos-ideales, pero que en general no han sido abordados en toda su riqueza y multiplicidad. Del examen realizado, se pueden derivar algunas conclusiones sobre el enfoque del autor.

En primer lugar, hay que señalar que aunque su tratamiento es bastante caótico y debe ser reconstruido por el lector o el investigador, Weber es muy consecuente con su planteo de que los conceptos de racionalidad e irracionalidad son relativos y se vinculan a un determinado punto de vista cultural y subjetivo. Una vez sistematizadas estas dos categorías, se observa que sus respectivas tipologías reflejan esta mirada de manera notable. El autor parte de reconocerse como un heredero de la modernidad occidental y desarrolla su caracterización de lo racional y lo irracional desde esa perspectiva específica, abordando los mismos niveles de agregación y cristalización en ambos casos.

En segundo lugar, y de modo similar a lo que ocurría con la racionalidad, el concepto de irracionalidad también está atravesado por una dualidad fundamental entre las dimensiones teórica y práctica, pero que en este caso es todavía más marcada. La primera está asociada a premisas y constataciones específicamente modernas, referidas a la hegemonía de las ciencias empíricas, al desencantamiento del mundo y a la irracionalidad de los valores; la segunda, en cambio, se extiende ampliamente a lo largo del tiempo, registrando un predominio de lo emotivo y lo tradicional en el pasado premoderno, pero cuya presencia no desaparece en la época contemporánea.

En tercer lugar, la irracionalidad práctica también contempla dos sub-dimensiones centrales, que están claramente delimitadas en el abordaje weberiano. En efecto, entre la irracionalidad de la acción afectiva, la afectividad y la irracionalidad material, existe una continuidad vinculada al carácter primordialmente emotivo de la conducta, que es irracional desde el punto de vista de su contenido. Por otro lado, entre la irracionalidad de la acción tradicional, el tradicionalismo y la irracionalidad formal, existe una continuidad vinculada a la manera irreflexiva en que se desenvuelve la conducta con respecto a los fines que persigue o los medios que utiliza, que es irracional desde el punto de vista de su forma de desarrollo. Por este motivo –y siguiendo el criterio aplicado antes para la racionalidad práctica– aquí se ha decidido denominar estos dos grandes aspectos como irracionalidad práctica *de contenido* y *de forma*. Desde esta perspectiva, la tipología weberiana de la irracionalidad podría sintetizarse como aparece en el Cuadro 2.

Cuadro 2: Tipos-ideales de irracionalidad según niveles de agregación y cristalización de la acción

			Niveles de agregación y cristalización de la acción		
		Acción individual y circunscripta	Conducta de vida regular de un grupo		Relaciones cristalizadas en órdenes
			Estilo de vida	Estrato típico-ideal	
Tipo de irracionalidad	Teórica	Premisas irracionales de la actividad teórico-cognoscitiva	Irracionalidad ética del mundo como límite al racionalismo científico	Científico moderno	Ideas dominantes y fundamentos irracionales del orden
	Práctica — De contenido	Irracionalidad de la acción afectiva	Afectividad	Nobleza guerrera Masa	Irracionalidad material
	De forma	Irracionalidad de la acción tradicional	Tradicionalismo	Todos los sectores sociales	Irracionalidad formal

En cuarto lugar, aquí se han analizado la afectividad, el tradicionalismo y los límites inevitables que la irracionalidad ética del mundo impone al racionalismo del científico moderno. Esto demuestra que, para Weber, el desarrollo de una conducta de vida regular y de la subjetividad individual no solo es posible a partir de bases racionales, sino también irracionales. En realidad, lo decisivo para el autor es si la conducta de vida del sujeto es autónoma y consciente o si, por el contrario, es heterónoma e inconsciente. El quiebre decisivo que introduce la modernidad intelectualizada es que abre la *posibilidad* de llevar una vida libre, ordenada según las propias convicciones y haciéndose responsable de sus consecuencias, aunque no todas las personas la aprovechen y actúen de esa manera.

Finalmente, parece relevante volver a destacar el enfoque metodológico de Weber que, partiendo de su rechazo de todo organicismo, contempla distintos niveles de agregación y cristalización que permiten entender que las relaciones sociales consolidadas como órdenes no son formaciones simplemente dadas, aunque lleguen a considerarse como tales, sino que tienen como fundamento las acciones individuales y la perdurabilidad en las orientaciones subjetivas de la conducta. Por otro lado, aunque el tratamiento weberiano de las nociones de racionalidad e irracionalidad tiene un carácter típico-ideal, no deja de llamar la atención que, como se ha visto, en el caso específico de lo irracional, la distancia entre lo conceptual y lo real tienda a estrecharse o incluso a desaparecer por momentos en el discurso del autor. ¿No indica esto acaso que Weber –el pretendido sociólogo de la racionalidad– le atribuye a lo irracional un lugar mucho más importante en la vida de las personas del que en general se reconoce? La tipología que se ha reconstruido en este capítulo parece abonar esta idea, pero también la fuerza de lo irracional en la historia y su persistencia en el contexto de la modernidad que se analizan a continuación.

Capítulo V

El *carisma* como fuerza histórica irracional y los límites del proceso de racionalización

A diferencia de lo que ocurre con la racionalización, Weber no plantea un esquema típico-ideal de la evolución histórica de la irracionalidad, entendida como un proceso de desarrollo. Sin embargo, esto no quiere decir que no la considere como una fuerza que también ha estado presente y que ha intervenido de manera determinante en la historia universal. En efecto, en su afirmación de que lo racional "ha ejercido siempre poder sobre los hombres, por muy limitado e inestable que este sea y haya sido frente a otros poderes de la existencia histórica" (Weber, 1998e: 528), se expresa al mismo tiempo que la racionalidad constituye tan solo un componente del acontecer global, que su gobierno sobre las personas nunca es absoluto ni definitivo sino más bien lo contrario y que, a lo largo de su desenvolvimiento histórico, ha entrado en conflicto permanentemente con otros poderes de naturaleza irracional.

Como se acaba de ver en el Capítulo IV, para Weber los factores afectivos y tradicionales han desempeñado, y continúan desempeñando, un papel sumamente relevante en la vida de los seres humanos, que es tanto más significativo cuanto más se remonta la mirada hacia el pasado premoderno. En este sentido, podría interpretarse la potencia histórica del carisma identificada por el autor –que comprende una fase revolucionaria y una fase de rutinización– como una fuerza no-racional del devenir universal, que se opone en diversos aspectos a la dinámica propia de la racionalización. Por otro lado, Weber llama a menudo la atención sobre las premisas valorativas irracionales de las que parte toda sistematización de la conducta vital, destaca las consecuencias imprevistas, paradójicas o directamente antagónicas con respecto a sus finalidades originarias, y muestra que "las cuentas del racionalismo consecuente no salen siempre completamente exactas" y que siempre queda un margen importante para los sucesos ajenos a la reflexión y al dominio teórico y práctico de los seres humanos (Weber, 1998c: 248, 263; 2012a: 196-197). De esta manera, pone de manifiesto los límites inevitables del movimiento racionalizador que describe y, haciéndose eco de la herencia romántica e historicista, concibe lo irracional también como un poder históricamente operante y empíricamente vigente incluso bajo la modernidad.

No obstante, el hecho de que en sus estudios sobre las religiones y en sus análisis histórico-sociológicos en general, Weber se enfoque sobre todo en el problema de la racionalización y contemple los aspectos irracionales en calidad de presupuestos u obstáculos para su desarrollo en las distintas culturas, reafirma su interés fundamental por aquella, así como por las especificidades que asume en la época moderna occidental.

El presente capítulo se ocupa de la irracionalidad en la perspectiva histórica weberiana desde dos ángulos diferentes. En primer lugar, se realiza una recuperación y una interpretación del concepto típico-ideal de carisma entendido como un poder histórico-social, examinando su momento de ascenso revolucionario y su momento subsiguiente de rutinización. En segundo lugar, se analizan los límites del proceso de racionalización y la persistencia de lo irracional en el contexto de la modernidad, indagando para ello las tres esferas en las que rige el racionalismo formal específicamente moderno: el orden económico capitalista, el orden intelectual hegemonizado por las ciencias empíricas y el orden político del Estado racional con administración burocrática.

1. El carisma como poder social e histórico

En el Capítulo III se analizó la racionalización como un proceso de cambio social de larga duración y alcance universal en el que, más allá de sus ramificaciones singulares en las diversas culturas, se identifica una dirección evolutiva típico-ideal plasmada en sus tres estadios de desarrollo, que conduce a una intelectualización y a una societización progresivas. El poder revolucionario del racionalismo se expresa en el terreno teórico elaborando imágenes del mundo cada vez más sistemáticas y coherentes a nivel lógico, hasta llegar al conocimiento técnicamente correcto de las ciencias empíricas; y avanza en el terreno práctico, modificando las condiciones generales de existencia e introduciendo patrones de conducta metódica y congruentes en su vínculo teleológico entre medios y fines.

Pero a esta fuerza racionalizadora de la historia, Weber le opone la potencia irracional del carisma, al que concibe no solo como un tipo puro de dominación de carácter afectivo y transitorio, sino que le da un uso más amplio a este concepto, al entenderlo como un poder histórico y social que ha desempeñado un rol de primer orden, propinándole un impulso decisivo al acontecer universal. Como se señaló en el estado de la cuestión del Capítulo I, tanto Mommsen (1971) como Breuer (1996) destacan la importancia de esta segunda acepción del carisma en el pensamiento weberiano y llaman la atención sobre su vínculo antagónico con la racionalización, en lo que refiere especialmente a su potencial transformador. Por su parte, Sell (2018) remarca la dualidad intrínseca del fenómeno carismático, que constituye tanto un poder subversivo del orden vigente como un poder institucionalizado con la capacidad de legitimarlo.

La fase revolucionaria del carisma

Según Weber, el carisma representa "el poder revolucionario específicamente 'creador' de la historia", que es capaz de subvertir desde sus cimientos los valores, las costumbres, las normas y las leyes imperantes, abriendo las puertas hacia lo novedoso y lo desconocido. Es el principal desencadenante de los cambios sociales en las épocas prerracionalistas dominadas por la tradición y, aunque su emergencia en el contexto de la modernidad es más difícil y esporádica y se da sobre todo en el marco de la dominación legal, también es un factor de revitalización frente a la petrificación mecanizada a la que conducen el capitalismo y la burocracia racionales (Weber, 2012a: 197, 853, 867; 2008a: 287).

Weber compara la fuerza histórica del carisma con la racionalización formal moderna en particular, que se asemejan en su capacidad de transformar radicalmente la realidad y a las personas, pero actúan en direcciones contrapuestas.[1] Mientras la segunda "trastorna primero las cosas y las organizaciones [y] luego, los hombres", provocándoles un cambio "desde

---

[1] Esta comparación aparece en la parte vieja de *Economía y sociedad* como la oposición entre la dinámica del carisma y la de la "racionalización burocrática", mientras que en la parte nueva Weber reemplaza este último concepto por la idea más general de la *ratio*. Sin embargo, atendiendo al contenido de su argumentación en ambas partes y a su noción relativamente tardía de *racionalidad formal*, resulta claro que el antagonismo que establece es entre esta última y el carisma entendidos ambos como fuerzas históricas que actúan sobre los individuos y la realidad.

afuera" que busca conformarlos a las nuevas circunstancias, la primera, a la inversa, "transforma 'desde adentro' a los hombres e intenta conformar las cosas y las organizaciones de acuerdo con su voluntad revolucionaria" (Weber, 2012a: 852). La racionalización formal innova y perfecciona los medios técnicos para el dominio teórico y práctico del mundo exterior; desacraliza las normas tradicionales reemplazándolas por reglas abstractas y sujetas a modificación; impulsa la aplicación de los resultados del conocimiento científico para las acciones e intereses particulares y estimula su apropiación subjetiva a través de la enseñanza-aprendizaje. De este modo, promueve un cambio adaptativo de los individuos ante una realidad constantemente renovada, que tiende a profundizar la racionalidad con arreglo a fines y la racionalidad práctico-técnica como formas privilegiadas de conducta. La fuerza del carisma, en cambio, se apoya en la creencia en la revelación, el heroísmo, lo encantado y lo extraordinario, así como en la "convicción emotiva" sobre la importancia de nuevas ideas religiosas, éticas, políticas, artísticas, científicas o de otro tipo, que emergen en circunstancias excepcionales. Esta creencia irracional de reminiscencias mágico-religiosas provoca una revolución interna en el carácter de las personas, que altera profundamente la dirección de su conciencia y de sus acciones, modificando su actitud frente a las formas de vida anteriores o frente al mundo en general (Weber, 2012a: 196-197, 852; Mommsen, 1971: 98-100; Aronson, 2007: 218-219).

El carisma puede presentarse de forma personalizada, en las cualidades individuales de un líder o de los miembros de un movimiento, o asumir una forma despersonalizada y objetivada en ciertos ideales movilizadores. Como poder excepcional y ajeno a lo cotidiano, excluye toda relación adaptativa o acomodaticia ante los órdenes vigentes, rompiendo las reglas y tradiciones mediante una inversión completa de los conceptos de lo sagrado. Lejos de una exaltación de lo habitual o lo regular, se orienta fuertemente hacia el futuro y procura obtener de sus seguidores su "interna sumisión a lo que no ha existido todavía". La naturaleza genuinamente "creadora" de las irrupciones fugaces del carisma radica justamente en que engendra nuevas valoraciones "al servicio de la época", que son vividas y apropiadas por los individuos de tal forma que trastocan su interioridad y su postura frente a la existencia (Weber, 2012a: 851-853; Breuer, 1996: 8; Aronson, 2007: 220-221). Así pues, esta fuerza afectiva e irracional no solo está en el origen de diversos valores que movilizan a las personas

–y que los intelectuales pueden luego sistematizar racionalmente en una imagen del mundo–, sino que además sienta las bases y abona el terreno de la racionalidad valorativa, abriendo con ello la posibilidad de una racionalización ético-práctica de la conducta vital, caracterizada por la sujeción voluntaria de la propia intimidad bajo ciertos principios trascendentes y por las acciones ejemplares en la realidad exterior. Una vez más, entonces, la irracionalidad aparece en el análisis weberiano como una premisa del racionalismo teórico y práctico.

Pero este potencial rupturista e históricamente determinante del carisma se expresa, asimismo, en el hecho de que todos los saltos cualitativos del proceso de racionalización, que marcan el pasaje de un estadio de desarrollo a otro superior, están precedidos en el planteo de Weber por revoluciones carismáticas que introducen un punto de inflexión en su derrotero. En efecto, la etapa mágica se inicia cuando los magos comienzan a ocuparse de la prevención y la cura de los males individuales, a partir de la creencia en su capacidad sobrenatural de influir sobre los espíritus y conjurar a los demonios, y avanza un paso más con la aparición de los mistagogos que, además de eso, formulan una promesa de redención y agrupan una clientela a su alrededor, formando una comunidad independiente de las relaciones étnicas o locales. El origen del estadio religioso, por su parte, está asociado a la emergencia de profetas que anuncian un camino de salvación de los sufrimientos mundanos y que, cuando tienen éxito, consiguen colaboradores permanentes que se les unen de forma personal y un círculo más amplio de seguidores que confía en su misión y sus cualidades extraordinarias. El vínculo emocional entre el profeta religioso y sus adeptos expresa, de hecho, la forma más pura de liderazgo carismático (Weber, 1998c: 238-239; 2012a: 345, 361, 364-365, 848). Finalmente, incluso la época racionalista moderna encontró en Occidente un fuerte envión en el carisma. En primer lugar, en el movimiento de la Reforma protestante encabezado por Lutero, que se rebeló contra la Iglesia católica promoviendo un control más riguroso sobre la conducta que buscaba "convertir a cada cristiano en un monje para toda su vida" y, más precisamente, en el puritanismo y sus variantes sectarias, que con su estricta evaluación de la calificación personal de sus miembros, hicieron surgir verdaderos "santos en el mundo". El intento del protestantismo de despertar rasgos carismáticos entre los fieles tuvo poderosísimas repercusiones para el surgimiento del capitalismo y de la libertad negativa frente al poder hierocrático y estatal. En segundo lugar, la modernidad también tuvo un impulso decisivo en el movimiento radical de la Ilustración, que proclamó los derechos del hombre y del ciudadano, y luchó con tenacidad por la libertad y la igualdad jurídica formales, horadando los cimientos del orden feudal y patrimonial. La "glorificación carismática de la 'Razón'" distintiva del iluminismo representa para Weber una creencia cuasi-religiosa y constituye la última manifestación importante que ha asumido el carisma dentro de sus múltiples posibilidades (Weber, 2008a: 195; 2012a: 925, 932, 937; Mommsen, 1971: 96; Breuer, 1996: 61-64, 68).

De este modo, se advierte con nitidez que el derrotero histórico-universal de la racionalización se encuentra jalonado por momentos no-racionales de revolución carismática, que provocan profundos virajes en los acontecimientos y en la vida de los hombres. El surgimiento de este tipo transitorio de liderazgo o de movimiento revolucionario siempre es el resultado de coyunturas especialmente críticas y convulsivas desde el punto de vista político, económico, psíquico o religioso, que están marcadas por una fuerte agitación y excitación sociales que predisponen a los individuos a consagrarse a lo excepcional y al margen de toda regla. Es al calor de este vínculo irracional, de este entusiasmo y esta *efervescencia colectiva* –para decirlo en términos de Émile Durkheim– que el carisma despliega a sus anchas toda su potencia creativa e innovadora, provocando auténticas disrupciones en la vida tal como se venía desarrollando hasta ese momento. Él emerge en condiciones históricas extraordinarias y se orienta de lleno hacia lo extraordinario. Por eso, para Weber, esta relación de autoridad solo puede desarrollarse en *status nascendi*, como un fenómeno necesariamente inestable y temporal, que aparece de manera típica en los comienzos de algunas dominaciones políticas o religiosas, pero una vez que su hegemonía se encuentra asegurada y adquiere un carácter de masas, cede invariablemente ante las fuerzas de lo cotidiano (Weber, 2012a: 202, 856-857).

Weber introduce aquí un criterio sociológico elemental, vinculado al hecho de que la vida colectiva no puede desarrollarse continuamente por fuera de toda norma sin desintegrarse; ella exige una cierta regularidad en el despliegue de las conductas individuales, que constituyen su condición de posibilidad y su rasgo distintivo. Al mismo tiempo, los seres humanos tampoco pueden sobrevivir en el caos y la imprevisibilidad permanentes, sino que requieren de los órdenes sociales y sus reglas específicas para orientar significativamente sus acciones cotidianas. De allí que todo proceso revolucionario de intensa exaltación emocional abra paso tarde o temprano a su estabilización y afianzamiento en un nuevo orden perdurable, o sea combatido y apagado bajo la reacción de los órdenes precedentes. En cualquier caso, la llamada rutinización del carisma representa para el autor un destino inevitable, que cuando comienza a desarrollarse, transforma su estructura interna y termina por convertirlo en otra cosa.

La fase de rutinización del carisma

En la parte antigua de *Economía y sociedad*, Weber retrata el inicio del proceso de rutinización del carisma con las siguientes palabras:

> Tanto si el séquito carismático de un héroe guerrero da origen a un Estado, como si la comunidad carismática de un profeta, de un artista, de un filósofo, de un innovador ético o científico da lugar a una iglesia, a una secta, a una academia, a una escuela, o si la agrupación carismáticamente dirigida en vistas a una idea cultural produce un partido o un aparato de publicaciones [...] la forma de existencia del carisma queda abandonada a lo cotidiano y los poderes que lo dominan, especialmente los intereses económicos. Este es siempre el momento crítico en el cual [...] los secuaces o discípulos se convierten en comensales del señor, distinguidos por derechos especiales, y luego en feudatarios, sacerdotes, funcionarios del Estado y del partido [...] que quieren vivir del movimiento carismático, o en empleados, maestros y otros profesionales, poseedores de prebendas, de cargos patrimoniales o análogos. Por otro lado, los dominados carismáticamente se convierten en "súbditos" regularmente tributarios, en miembros de las iglesias, sectas, partidos o asociaciones, en soldados disciplinados sujetos al servicio según ordenanzas o en "ciudadanos" fieles a las leyes. [...] La revelación carismática se convierte inevitablemente en dogma, doctrina, teoría, en reglamento, jurisprudencia o contenido de una tradición que se va petrificando (Weber, 2012a: 857).

Así pues, tan pronto como la relación carismática se afirma dando lugar a una asociación[2] permanente –sea esta comunitaria o societaria–, quedan cristalizados: los límites que demarcan la membresía; las posicio-

---

[2] Weber define la *asociación* como "una relación social con una regulación limitadora hacia fuera, cuando el mantenimiento de su orden está garantizado por la conducta

nes respectivas del dirigente, el cuadro administrativo y la capa dirigida; e incluso los valores movilizadores, que se plasman en reglamentos y doctrinas teóricas. La continuidad de la actividad de la asociación plantea el problema básico de su sostenimiento económico y en particular del de su grupo dominante, a través de un mecanismo de ingresos sistemático. El carisma comienza entonces a lidiar con aquellos poderes mundanos que gobiernan *inmediatamente* las acciones y la vida de las personas, es decir, con los intereses materiales e ideales y con las necesidades regulares del día a día. Pero cuando esto sucede, se inicia el derrotero fatal de su metamorfosis, que rompe definitivamente con el carácter escurridizo, afectivo y antieconómico del tipo puro.

En ese sentido, el concepto weberiano de rutinización remite al proceso paulatino de "adaptación a lo cotidiano" mediante el cual la relación de dominación carismática tiende a convertirse en duradera y se va transformando progresivamente hasta asumir la forma de una dominación estable y cotidiana. Avanza por dos sendas principales: o bien se racionaliza en el sentido legal y desemboca en un dominio de tipo burocrático, o bien se tradicionaliza y desemboca en un dominio de tipo patrimonial. La habituación a las nuevas circunstancias sociales creadas por la revolución carismática y su entrelazamiento con los requisitos diarios o forzosos de los seres humanos van pavimentando el terreno que culmina en una dominación racional-formal o racional-material. En ambos casos, la fuerza radical de lo extraordinario y extracotidiano es doblegada por la fuerza conservadora de los intereses regulares y cotidianos y, en especial, por las constricciones de la economía, que constituye para Weber el poder cotidiano por excelencia que está "continuamente operante" y se impone sobre los individuos en calidad "dirigente y no dirigida" (Weber, 2012a: 197, 201, 203).

En este marco, los motivos que empujan hacia la rutinización del carisma son múltiples. En primer lugar, el interés ideal o material de los seguidores en una reanimación continua y perdurable de la comunidad. En segundo lugar, el interés ideal y sobre todo material del cuadro administrativo en prolongar la existencia de la relación de dominio, de modo tal que quede afianzada sobre una base duradera su propia posición de mando y sus posibilidades lucrativas. En tercer lugar, la resolución del

---

de determinados hombres destinada en especial a ese propósito: un *dirigente* y, eventualmente, un *cuadro administrativo*" (Weber, 2012a: 39).

problema del sucesor cuando desaparece el portador de carisma, ya que todas las formas típicas de solucionarlo implican un retroceso del componente puramente personal en beneficio de un mecanismo reglado para la selección del nuevo jefe.[3] En cuarto lugar, la necesidad ineludible de adaptarse a las exigencias normales y regulares de una administración. Y, por último, la adecuación de los cuadros y las medidas administrativas a las condiciones económicas de la vida cotidiana (Weber, 2012a: 197-199, 202). Todos estos factores presionan hacia la cotidianización del carisma, en la medida que promueven una sujeción a normas o una subordinación a requerimientos habituales de la existencia individual y colectiva. Pero en su afán de volverlo permanente, lo van convirtiendo paradójicamente en una forma de dominación regular que termina apagando la llama de lo excepcional.

Sin embargo, esta transformación no tiene lugar de un día para otro ni tampoco está exenta de conflictos. Hay que tener en cuenta que la revolución carismática ha generado un quiebre en la vida de las personas, al derribar órdenes enteros y alterar la postura de los seguidores frente al mundo, favoreciendo con ello una racionalización ético-práctica de su existencia y, por lo tanto, también su reglamentación y regularización. En lo que refiere específicamente a la conducta económica vinculada a esa metodización de la vida, se sabe a partir de la sociología de la religión que Weber contempla la posibilidad de que ella termine por estereotiparse en el tradicionalismo, como ocurrió en China, o bien que evolucione en dirección a un racionalismo práctico-técnico que luego se afiance en un racionalismo formal, como sucedió en Occidente. En todo caso, lo que importa destacar aquí es que la consolidación de un dominio de tipo tradicional-patrimonialista o legal-burocrático, como emergentes de la transformación del carisma, está mediada por este proceso de regularización de la conducta vital de los dominados.

A contramano de la dominación carismática, la estabilidad de estos dos tipos de regímenes se apoya en la vigencia de un conjunto de reglas y en un sólido andamiaje económico para satisfacer las necesidades

---

[3] Weber menciona distintas soluciones típicas al problema de la sucesión: por medio de una nueva búsqueda de señales carismáticas, por la legitimidad de la técnica de selección, por designación del sucesor por el propio portador de carisma o por parte de su cuadro administrativo y su reconocimiento por la comunidad, por la idea de que el carisma es hereditario y por la concepción de que es una cualidad objetivada en el cargo (Weber, 2012a: 197-199).

cotidianas, configurando en el primer caso un orden racional-material y en el segundo caso un orden racional-formal. En este punto, resulta evidente que el proceso de rutinización del carisma conlleva una cierta racionalización que termina por objetivarse en normas (tradicionales o formales) que se imponen sobre los que participan de dichos órdenes, y que contrasta con el carácter puramente irracional y ajeno a reglas del carisma en su fase revolucionaria. Sin embargo, teniendo en cuenta que la rutinización también supone una adaptación a los intereses y necesidades inmediatos que constriñen a los seres humanos y una perpetuación de la relación de dominación, podría pensarse que ella no juega solamente un papel racional sino también irracional, a saber: 1) contribuyendo, a fuerza de satisfacerlos diariamente, a una asunción irreflexiva por parte de los dominados de aquellos intereses del sector dominante que todo orden cristalizado tiene incorporados; 2) transformando la metodización consciente de la conducta de vida en un hábito involuntario y una rutina cotidiana; y 3) convirtiendo el seguimiento de las reglas del orden en una *disciplina*, que implica "una 'obediencia habitual' por parte de las *masas* sin resistencia ni crítica" (Weber, 2012a: 43). En este sentido, el formidable poder de la cotidianización consiste en su capacidad de consolidar acciones y relaciones sociales, por el simple hecho de repetirlas día tras día. Ella convierte lo inestable en duradero, lo original en habitual, lo extraordinario en regular, lo voluntario en involuntario, lo apasionado en costumbre, lo interesado en naturalizado. Y aunque esta dinámica resulta primordial para la estabilidad y la reproducción de los órdenes sociales, conlleva un embotamiento y una pérdida de libertad para el individuo, que queda atrapado en mecanismos ajenos a su control.

A partir de lo dicho, se advierte la faceta no-racional de la influencia histórica de la rutinización del carisma y su contraste con la racionalización. Ella no impulsa un dominio consciente de la realidad interior y exterior, sino que se acomoda irreflexivamente a sus tendencias y determinaciones. Tampoco revoluciona las condiciones de existencia, sino que encarna la inclinación conservadora de todo orden establecido a autopreservarse por medio de una naturalización de sus condiciones.

También se pone en evidencia el antagonismo entre la fase revolucionaria del carisma y su fase de rutinización, como momentos históricos diferentes. Si la potencia de la primera reside en sentar las bases de un nuevo orden forjando ideas y valores, la segunda interviene cuando este ya se ha afianzado, e implica un cierto relegamiento de los ideales originarios en vistas a su perdurabilidad. Si la primera actúa de manera radical y disruptiva, la segunda procede lenta y silenciosamente mediante la adaptación a las nuevas condiciones, así como a los intereses y necesidades permanentes de las personas. Mientras la primera rompe con las reglas vigentes para anunciar otras distintas, la segunda hace que el seguimiento de las nuevas normas se convierta en hábito. En fin, mientras la primera se apoya en el ardor irracional de la afectividad colectiva, la segunda se asienta sobre sus cenizas e implica la adaptación irreflexiva de la masa dominada al imperio de las reglas tradicionales o formales. Pero a pesar de su profunda contradicción, se trata de procesos históricos indisociables, ya que la fase revolucionaria del carisma desemboca invariablemente en la de rutinización.

No es otra cosa lo que Weber describe en "La ética protestante y el espíritu del capitalismo". Para el autor, el poderoso movimiento carismático del protestantismo "no desarrolló la plenitud de su influencia económica [...] mientras no pasó la exacerbación del entusiasmo religioso, cuando la búsqueda exaltada del reino de Dios convirtiose en austera virtud profesional". Pero la acumulación de capital a la que llevó el trabajo metódico y el estrangulamiento ascético del consumo, se tornó en cierto momento en una fuerza irresistible y los hombres terminaron cediendo ante las tentaciones de la riqueza y los intereses materiales mundanos. Las raíces religiosas comenzaron entonces a secarse y a reemplazarse por principios utilitarios. Bajo el capitalismo ya afianzado como orden dominante, que funciona con una dinámica racional-formal en donde las personas son engranajes de un gran mecanismo, ya no son necesarios ni el impuso ni la legitimación de la religión (Weber, 2008a: 279, 286).

Para finalizar, es interesante hacer notar que el derrotero histórico-social de revoluciones carismáticas seguidas por su posterior rutinización y transformación en un orden cristalizado, tiene una sorprendente similitud con el devenir que Weber sugiere para el caso de los amantes en el plano de la vida privada. La pasión irracional del erotismo, el goce sexual y la comunización afectiva, típicas de los comienzos de toda relación amorosa, parecerían extinguirse paulatinamente con la consolidación de una pareja estable, con su dinámica regular y cotidiana y, en especial, cuando esta se ha cristalizado en la institución del matrimonio. Weber sugiere que, en el marco de esta relación duradera, la efusividad original quedaría postergada y confinada al ámbito de lo excepcional y extracotidiano. Más aún, la posibilidad de una nueva comunión amorosa surgiría más bien al margen de dicha relación.

2. Los límites de la racionalización en la modernidad

Como se dijo previamente, el proceso histórico-universal de racionalización caracterizado por Weber puede ser interpretado como un intento de responder a la pregunta tönniesiana sobre el tránsito de la vida colectiva desde la comunidad a la sociedad. No obstante, Weber se aparta del enfoque unilateral de Tönnies, que tendía a idealizar la primera dejando de lado las relaciones "negativas" de dominación y de lucha que se daban en su seno y, por el contrario, tenía una mirada sumamente crítica de la segunda, sobre todo en lo que atañe a la lógica mecánica del régimen capitalista, a las relaciones interesadas que trajo aparejadas y a lo que evaluaba como un predominio casi excluyente de lo racional y lo societal en el escenario de la modernidad (Alvaro, 2014). Entre otras cosas, Weber busca relativizar la idea de que esa transición histórica hubiera conllevado el remplazo definitivo de un tipo de vínculo social por el otro. En ese sentido, en el ensayo sobre las categorías sociológicas de 1913 plantea:

> En el transcurso del desarrollo histórico que podemos abarcar panorámicamente, hemos de comprobar, no por cierto la existencia de una "sustitución" del actuar por consenso por la asociación, sino más bien, un ordenamiento racional con relación a fines cada vez más extendido [...] y, en particular, una creciente transformación de los grupos en instituciones ordenadas de manera racional con arreglo a fines (Weber, 2006b: 218).[4]

De esta manera, reafirma que el proceso histórico avanza en dirección a una creciente racionalización y una preponderancia paulatina de la racionalidad formal en las relaciones cristalizadas como órdenes, pero rechaza de plano que esto implique una extinción total de los vínculos comunitarios y un imperio sin miramientos de lo racional por sobre lo

---

[4] Aquí es necesario hacer una precisión conceptual. Influenciado todavía por la terminología de Tönnies, en el ensayo de 1913, Weber utiliza la noción genérica de *actuar en comunidad* para referirse a lo que en 1919-1920 denominará *acción social*, y distingue dos tipos fundamentales: el *actuar por consenso* y el *actuar en sociedad*, nociones que luego reemplazará y complejizará mediante su tipología de cuatro tipos de acción social y sus conceptos de *comunización* y *socialización* como dos formas singulares de relación social.

afectivo o lo tradicional. Es más, Weber se ocupa deliberadamente de precisar las limitaciones de la racionalización formal moderna allí donde su hegemonía resulta incontestable, a saber: en las esferas intelectual, económica y política en las que la dinámica respectiva de las ciencias empíricas, del capitalismo racional y del Estado burocrático, se rige por un conjunto de reglas abstractas.

Teniendo en cuenta que la época moderna representa para el autor el punto culminante del proceso histórico-universal de racionalización, al señalar los límites del racionalismo formal distintivo de esta etapa, en aquellos órdenes donde adquiere su máximo grado de desarrollo, señala al mismo tiempo los alcances efectivos del proceso en su totalidad. Así pues, el presente apartado se enfoca en el análisis de estas tres esferas, a fin de reponer esta perspectiva general de Weber sobre las fronteras de la racionalización y sobre la pervivencia de lo irracional incluso bajo la modernidad altamente racionalizada.

Pero antes de introducirse en este examen, conviene recordar el carácter polar y relativo al punto de vista moderno-occidental que tienen los conceptos weberianos de racionalidad e irracionalidad, donde el primero denota la capacidad de dominar de manera mediata y reflexiva la realidad interior o exterior, sometiéndola a reglas, dándole un orden y otorgándole un sentido; y el segundo, por el contrario, remite a los límites de dicha capacidad, a los hiatos no-racionales que deja su gobierno, y a la vigencia de acciones y relaciones inmediatas e irreflexivas con el mundo exterior y con la propia interioridad. También hay que recordar la polaridad y la estrecha dependencia existente entre las nociones de racionalidad formal –en la que los órdenes se rigen por reglas formales-abstractas– y racionalidad material –en la que se rigen por principios valorativos con un contenido singular–, que se asemejan entre sí en el hecho de que los fines pragmáticos o los valores últimos que las ordenan se asumen como dados y no se ponen en cuestión, pero se contraponen en que el punto de vista de la primera puede ser juzgado como irracional desde el enfoque de la segunda y viceversa.

Esto es importante porque cuando Weber precisa las limitaciones del racionalismo formal específicamente moderno, lo hace en una doble dirección: por un lado, sacando a relucir aspectos no-racionales que perduran en esta época conforme a aquella definición general de lo racional e irracional y, por otro lado, indicando otros aspectos que aparecen como irracionales del racionalismo formal imperante, cuando son evaluados desde la óptica de un determinado racionalismo material.

Los límites de la intelectualización científica

En el Capítulo IV se examinó la restricción más importante de las ciencias modernas regidas por el racionalismo formal, vinculada a su vaciamiento de todo sentido trascendente y a su incapacidad de fundamentar racionalmente valores y posturas prácticas, que deja librados los problemas morales y políticos a la lucha irracional entre "dioses" y "demonios" y al ámbito de las creencias, las opiniones y las decisiones subjetivas. Aunque Weber reconoce que se trata de un límite importante con respecto al modo en que la ciencia había sido entendida en el pasado, dado que excluye las inquietudes existenciales más relevantes para los hombres, defiende no obstante con tenacidad esta orientación formalista y "libre de valoraciones", en nombre de un conocimiento científico con pretensiones de verdad y de objetividad.

Pero, más allá de este aspecto cardinal de su reflexión, el autor da cuenta de otras limitaciones y otras vetas irracionales que deja abiertas la racionalización intelectualista impulsada por las ciencias empíricas y la técnica modernas. Así, cuando Weber se pregunta por el significado y las implicancias de esta intelectualización, su respuesta es francamente desoladora. Remarca que:

> En modo alguno provoca esta racionalización una universalización del conocimiento de los condicionamientos y conexiones del actuar en comunidad[5] sino, las más de las veces, precisamente lo contrario. El "salvaje" conoce acerca de las condiciones económicas y sociales de su propia existencia infinitamente más que el llamado "civilizado".
>
> El progreso de la diferenciación social y de la racionalización significa […] en cuanto a su resultado normal, una distancia cada vez mayor, en el conjunto, entre quienes están prácticamente inmersos en las técnicas y ordenamientos racionales y la base racional de estos, que para ellos, en general, suele aparecer […] oculta (Weber, 2006b: 221).

A contramano de una mirada crédula u optimista sobre un progreso universal de la ilustración humana, Weber llama la atención sobre las contradicciones implicadas en el avance científico-técnico. La creciente

[5] Léase "de la acción social".

intelectualización de la modernidad no conduce a un mayor conocimiento general de las personas sobre sus condiciones de vida, sino por el contrario, a un empobrecimiento relativo de ese saber con respecto al pasado, que se profundiza conforme la sociedad se va tornando más compleja y la ciencia más especializada. El avance de la división del trabajo y la diferenciación social tiene su correlato en el plano teórico en un conocimiento que se fragmenta en diferentes disciplinas y en investigaciones metódicas sobre objetos acotados. El progreso de las ciencias empíricas sometidas a la especialización permite abarcar un espectro más amplio de problemas y estudiarlos con mayor rigurosidad e implica, por lo tanto, un avance objetivo en el conocimiento del mundo considerado genéricamente como un patrimonio de la humanidad. Sin embargo, este derrotero contrasta de manera abrupta con la capacidad limitada de los individuos para apropiárselos en tanto sujetos particulares.

En efecto, si se posa la mirada sobre el científico individual, se advierte que su especialización hasta el más mínimo detalle en cierto rango de problemas, lo obliga a dejar de lado otras áreas del saber para enfocarse en la propia y lo empuja, en consecuencia, a un desconocimiento general progresivo de todos esos otros ámbitos que avanzan de manera paralela y que quedan completamente fuera de su alcance. Este fenómeno se agudiza todavía más para la enorme mayoría de las personas que no se dedica a la ciencia, y que solo se apropia de algunas de sus conclusiones más significativas a través de la educación, o se vale día a día de sus resultados materializados en la técnica, pero desconociendo absolutamente los fundamentos científicos en los que se apoyan. Por ejemplo, la masa de las personas que sube diariamente a un colectivo para ir a trabajar aprovecha los derivados de la ciencia, plasmados en la capacidad de traslación de este medio de transporte, pero ignora totalmente el mecanismo técnico que lo hace funcionar y es probable que ni siquiera se lo cuestione hasta que, en alguna eventualidad, deje de hacerlo como ocurre en forma habitual.

Esta ignorancia progresiva sobre las condiciones de existencia, que avanza paradójicamente junto con la racionalización científico-técnica hasta el punto de naturalizarlas, es lo que lleva a Weber a afirmar que el "hombre civilizado" moderno se encuentra en desventaja con respecto al hombre primitivo y que "tampoco es cierto que la acción de los 'civilizados' proceda, en lo subjetivo, de manera enteramente 'racional con relación a fines'" como a veces se supone, sino que esto varía en las distintas esferas de acción (Weber, 2006b: 221). Por el contrario, toda su argumentación sobre este punto parece enfatizar en la incapacidad de los individuos de dominar ese progreso del racionalismo científico, que se desenvuelve como una fuerza social independiente que los desborda y los supera por todos los flancos, así como en la persistencia de las acciones irracionales –especialmente, de las tradicionales– en el escenario de la modernidad.

Es más, su diagnóstico sobre el creciente desfasaje entre el desarrollo objetivo de la ciencia y su apropiación subjetiva, se extiende en general hacia todo el ámbito de la cultura. También el "hombre cultivado", que se orienta a la autoperfección entendida como creación o recepción de valores y bienes culturales, se encuentra desahuciado en el contexto de una sociedad en donde estos se multiplican ilimitadamente, corriendo sus propósitos hasta el infinito y tornándolos inabarcables en el curso de una vida limitada. Él puede morir "harto de vivir" pero nunca "saciado", en el sentido de haber culminado el ciclo de su perfectibilidad y sentirse plenamente realizado, pues "nunca habrá podido captar más que una porción mínima de lo que la vida del espíritu continuamente alumbra, que será, además, algo provisional, jamás definitivo". De allí que la muerte aparezca para el sujeto moderno como un corte abrupto y carente de sentido (Weber, 1998e: 558; 2012b: 197). Toda esta caracterización de Weber está profundamente imbuida por el enfoque simmeliano sobre la *tragedia de la cultura* contemporánea (Simmel, 2002).

Pero volviendo al problema del significado de la intelectualización motorizada por la ciencia, Weber considera que este se restringe, ni más ni menos, que a la culminación del proceso de desencantamiento del mundo que excluye lo mágico e imprevisible del entendimiento de la realidad (Weber, 2012b: 196). El influjo de este derrotero intelectualizador sobre los seres humanos le da el tono específicamente "racional" que distingue al sujeto moderno y que consiste en:

> 1) la *fe* generalmente admitida en que las condiciones de su vida cotidiana –tranvía, ascensor, dinero, tribunales, ejército o medicina– son, *por principio*, de naturaleza racional, es decir artefactos humanos susceptibles de conocimiento, creación y control racionales [...]; 2) la confianza en que ellas funcionan racionalmente, es decir de acuerdo con reglas conocidas, y no irracionalmente [...] y en que, al menos en principio, es posible "contar" con ellas, "calcular" la propia conducta, orientar la propia acción según expectativas ciertas, engendradas por ellas (Weber, 2006b: 221).

Y a esto hay que añadir: 3) la *creencia* general en que no existen alrededor "poderes ocultos e imprevisibles, sino que, por el contrario, *todo puede ser dominado mediante el cálculo y la previsión*" (Weber, 2012b: 196).

Así pues, aunque el sujeto moderno desconozca los fundamentos racionales de su existencia, tiene la *confianza* de que ellos existen y pueden ser conocidos sin recurrir a explicaciones sobrenaturales o ajenas al control humano y, al mismo tiempo, los tiene en cuenta al momento de actuar para orientar su conducta de forma racional. En este simple hecho radica el plus de racionalidad que lo caracteriza. Sin embargo, no deja de llamar la atención que esta nota peculiar suya se apoye en definitiva en una nueva *fe*, a saber: "la fe en el valor de la verdad científica", la creencia socialmente extendida e incuestionada en la validez del conocimiento científico y de la técnica científicamente orientada (Weber, 2006a: 99). Con esto, Weber anticipa ese rasgo típico de la modernidad que Anthony Giddens desarrollará luego como la *fiabilidad* en los *sistemas expertos*, que implica una confianza –sustentada en el imperio de las circunstancias– en la corrección de principios técnicos y abstractos, que no depende en absoluto de una iniciación o un dominio de los saberes que estos producen y que constituye, en cierto sentido, una fe ciega en sus resultados (Giddens, 1994: 37-38, 42-43).

Weber pone de relieve así el alcance real de la intelectualización entre la mayoría de las personas, que no conduce en modo alguno a una extirpación de lo irracional. Por un lado, porque las bases racionales de sus condiciones de vida permanecen ocultas y extrañas a su conciencia, y por otro lado, porque la creencia en los valores no depende para Weber de la razón y mucho menos cuando constituye una creencia básicamente irreflexiva, como ocurre con la masa que usufructúa los derivados de la ciencia de manera acrítica o tradicional, sin preguntarse por sus fundamentos ni por qué esta forma de conocimiento es más correcta desde el punto de vista técnico que otras formas. Dicha intelectualización supone más bien a una racionalización en el contenido de esta creencia, que ahora está depositado en un saber racional desde el punto de vista lógico-metodológico y corroborado empíricamente, que actúa al mismo tiempo como un posibilitador de la acción racional.

Si a esto se le agrega que, para Weber, la ciencia es solo un valor más en el marco de la lucha de dioses, es evidente que, aunque esta sea la visión del mundo dominante en la modernidad, el autor no considera que ese predominio sea absoluto ni definitivo sobre las personas, y tampoco se engaña respecto de que esta forma de entender la realidad puede entrar en disputa, incluso en esta época, con explicaciones y soluciones prácticas de carácter mágico o religioso.

Finalmente, resulta poderosamente llamativo que a pesar de todo su planteo sobre la pérdida de un sentido trascendente de la ciencia, el gobierno autonomizado sobre los hombres del conocimiento científico-técnico y la creencia irreflexiva depositada en el mismo, el autor no sacara las conclusiones del enorme peligro que entraña bajo el capitalismo el desarrollo de un dominio puramente técnico-formal de la naturaleza, desligado de toda perspectiva ética que lo ilumine y lo encauce. Esta desproporción puede conducir –y condujo efectivamente– a la humanidad a verdaderas catástrofes (Mannheim, 2000: 22). Aunque Weber avizoró ese desfasaje y miró con resignación los resultados negativos de la ciencia racional-formal desde un punto de vista existencial, continuó defendiendo este modo de orientación científica, sin reparar en las consecuencias siniestras desde el punto de vista social y humanitario que esta podía llegar a tener y que quedaron claramente de manifiesto en los conflictos bélicos del siglo XX. Incluso bajo el espectáculo calamitoso de la Primera Guerra Mundial, a la que exaltó por los sentimientos nacionalistas y comunitarios que trajo consigo, Weber nunca sacó esta conclusión a todas luces plausible a partir de su propia elaboración teórica.

Los límites del capitalismo racional

Por la importancia que Weber le atribuye en tanto fuerza motriz de la vida moderna, el señalamiento de los límites de la racionalización formal que lleva a cabo el capitalismo tiene una relevancia primordial en su diagnóstico de la sociedad contemporánea en su conjunto. Es que cuando el régimen capitalista se afianza como dominante en la esfera económica, su influencia determinante sobre la vida de las personas trasciende lo meramente económico y hay que entenderlo también como *orden social* dominante (Weber, 1998a: 20). Weber se consideraba como "un miembro de las clases burguesas [...] educado en sus principios e ideales" (Weber, 1999: 94) y no contemplaba una alternativa superadora de este régimen social, al que evaluaba –por lejos– como el más eficiente y racional desde el punto de vista económico (Löwy, 2012: 53). Sin embargo, su lectura sobre el derrotero histórico y las implicancias humanas que acarrea la hegemonía capitalista dista mucho de ser complaciente o apologética. De un modo similar a lo que ocurre con Nietzsche, Weber puede ser interpretado como uno de esos pensadores oscuros del orden existente que, por el tenor de las cosas que plantea, resulta difícilmente digerible incluso para la propia burguesía que dice representar.

Cuando el autor se refiere de manera elogiosa al carácter "racional" del capitalismo moderno, lo hace sobre todo poniendo la mirada en la conducta económica de la burguesía occidental (particularmente, en sus orígenes históricos) y en las premisas calculables o previsibles en las que se apoyan las empresas lucrativas privadas, que lo convierten, según su visión, en el sistema económico de satisfacción de necesidades más productivo y eficaz en el contexto de las grandes sociedades de masas. Ahora bien, cuando lo examina como orden social dominante, que impera sobre los individuos con su lógica racional-formal, la perspectiva weberiana adopta un tono sumamente crítico y pesimista, que pone de relieve las consecuencias no deseadas de esta hegemonía y polemiza con ella desde un enfoque preñado de valoraciones. En este marco, saca a relucir la contracara irracional del capitalismo moderno, cuando se lo juzga desde una óptica racional-material contraria a su dinámica formalista.

Weber se expresa en este punto como un exponente del *Kulturpessimismus* alemán, que tenía una marcada influencia romántica y que protestaba contra el capitalismo presente en nombre de un conjunto de valores del pasado, contraponiendo a la *civilización*, la *sociedad* y el *profesional especializado* los ideales anteriores de la *cultura*, la *comunidad* y el *sujeto de formación universal*. Se inscribe en esta corriente intelectual profesando una "resignación heroica" que rechaza toda ilusión utópica sobre el futuro, considera imposible una restauración de los valores premodernos y acepta la modernidad capitalista como un destino inevitable (Löwy, 2012: 54-57; Löwy y Sayre, 2008: 84-85). Su mirada asume connotaciones fuertemente trágicas al caracterizar las tendencias del racionalismo formal y la realidad hostil a la que conduce como una fatalidad irreversible, ante las cuales realiza un llamado al heroísmo personal, para que el individuo se enfrente a la adversidad con decisión, coraje y dignidad.

Para ilustrar esta perspectiva crítica del autor, que pone de relieve las irracionalidades del orden capitalista, resultan muy oportunas las páginas finales de "La ética protestante y el espíritu del capitalismo". En una suerte de catarsis liberadora de las emociones y los valores reprimidos por su pretensión de objetividad, Weber se hace eco de las ideas de Goethe para manifestar su propia melancolía y renuncia frente "a un período de la humanidad *integral* y *bella*, que ya no volverá a darse en la historia" y que ha sido aplastado irremediablemente bajo el peso de la división del trabajo a la que empuja el capitalismo. Mientras "el puritano *quiso* ser un hombre profesional, nosotros *tenemos* que serlo"[6] porque el orden económico moderno, "vinculado a las condiciones técnicas y económicas de la producción mecánico-maquinista, determina hoy con fuerza irresistible el estilo vital de cuantos individuos nacen en él" (Weber, 2008a: 286). En esta despedida nostálgica de una época pasada mejor y del ideal fenecido de la universalidad, hay que entender, por oposición, que la época presente lleva en cambio el sello de la fragmentación y lo desagradable, pues el ser humano se ve obligado a especializarse, a convertirse en una pieza más de un enorme mecanismo y a someterse a la rutina gris del trabajo profesional como medio de subsistencia. Weber apunta aquí contra la falta de autonomía del individuo, puesto que en sus orígenes la profesionalización era una elección deliberada, pero bajo el capitalismo ya consolidado constituye una necesidad forzosa so pena de perecer en la lucha económica por la vida. El cumplimiento del deber profesional es sentido subjetivamente como una simple coacción material ajena a la propia voluntad (Weber, 2008a: 287). Esta denuncia de la sumisión contemporánea se ve reforzada en su famosa referencia a la *stahlhartes Gehäuse*:

> A juicio de Baxter, la preocupación por los [bienes exteriores] no debía pesar sobre los hombros de los santos más que como "un manto sutil que en cualquier momento se puede arrojar al suelo". Pero la fatalidad hizo que el manto se trocase en una [carcasa dura como el acero]. El ascetismo se propuso transformar el mundo y quiso realizarse en el mundo; no es extraño, pues, que los [bienes exteriores] de este mundo alcanzasen un poder creciente y, en último término, irresistible sobre los hombres, como nunca se había conocido en la historia. La [carcasa] ha quedado vacía de espíritu, quién sabe si definitivamente. En todo caso, el capitalismo victorioso no necesita ya de este apoyo religioso, puesto que descansa en fundamentos mecánicos (Weber, 2008a: 286).[7]

[6] El énfasis en estas dos oraciones es propio.

[7] Se ha colocado entre corchetes una modificación de la traducción que aparece en

Weber se refiere de este modo a las consecuencias no previstas del racionalismo ético-práctico puritano[8] que, a pesar de condenar fuertemente las tentaciones de la riqueza y considerar el enriquecimiento tan solo como un medio para corroborar la salvación, dio lugar a un orden social en donde los bienes exteriores creados por los seres humanos –esto es, las mercancías, el dinero, las máquinas, las fábricas– dominan sobre las personas con una fuerza irrefrenable y jamás vista en el pasado. La capacidad humana de dominar la realidad se trueca en un dominio de sus productos sobre los propios hombres. A su vez, el capitalismo afianzado como régimen hegemónico puede prescindir perfectamente del impulso que le daban las ideas religiosas, ya que funciona sobre los fundamentos mecánicos del racionalismo formal, que es ajeno a toda ética, a saber: el cálculo racional de capital, las reglas y probabilidades del mercado, el intercambio impersonal mediante el dinero y el látigo del hambre que obliga a las personas a trabajar para ganarse la vida. El puritanismo dio origen así, paradójicamente, a este orden formalista insensible a toda regulación moral, que habría de desterrarlo de la esfera económica y que elevó a un fin en sí mismo lo que para él no era más que un medio.

Para Weber, el hecho de que un sistema de estas características gobierne el destino vital en el mundo moderno conduce a una cosificación de las relaciones sociales, a un embotamiento de la rutina diaria y a una pérdida de libertad individual. La metáfora de la *stahlhartes Gehäuse* –traducida aquí como "carcasa dura como el acero"– es poderosísima en ese sentido, porque denota un sólido encarcelamiento que no ha sido elegido, pero que sin embargo es aceptado y tolerado sin mayores resistencias (Baehr, 2001: 160). La expresión busca señalar que el encierro se ha interiorizado o naturalizado y que las personas se han habituado hasta tal punto a la restricción de su libertad, que ni siquiera se proponen salir de su reclusión, y es precisamente esto lo que la vuelve tan rígida como el acero. La idea de que la carcasa se ha vaciado de espíritu religioso, pero continúa en pie de todos modos, apunta en la misma dirección, dando a entender que el sometimiento al orden existente también se ha automatizado y opera sobre una base mecánica, en este caso, la de la rutina laboral del

---

el texto de Fondo de Cultura Económica que se considera más adecuada al original de Weber (cfr. Weber, 1988: 203-204).

[8] Cabe recordar que, para Weber, la falta de previsión y conciencia sobre las posibles consecuencias prácticas de la propia acción es la veta irracional de toda racionalidad con arreglo a valores, ético-práctica o material.

día a día, que constituye la actividad por excelencia que organiza la vida de las personas bajo la modernidad.

Como sostiene Karl Löwith, la verdadera irracionalidad de este desenlace de la racionalización, la concibe Weber a partir de su inversión: cuando lo que originalmente era un medio, se autonomiza y deviene un fin en sí; cuando la acción humana de la que surgen los órdenes imperantes, debe adaptarse y comportarse luego de acuerdo a lo que nació de ella misma; y cuando lo que inicialmente era una fuente de libertad para el sujeto, se transforma en el fundamento de una nueva servidumbre (Löwith, 2007: 62-63).

Weber da la estocada final cuando especula sobre el porvenir del régimen capitalista y esboza las alternativas abiertas.

> Nadie sabe quién [habitará] en el futuro la [carcasa] y si al término de este monstruoso desarrollo surgirán nuevos profetas o se asistirá a un pujante renacimiento de antiguas ideas e ideales, o si, por el contrario, lo envolverá todo en una ola de petrificación mecanizada [...]. En este caso, a los "últimos hombres" de esta fase de la civilización podrá aplicarse esta frase: "Especialistas sin espíritu, gozadores sin corazón: esas nulidades se imaginan haber ascendido a una nueva fase de la humanidad jamás alcanzada anteriormente" (Weber, 2008a: 287).

El autor parece plantear aquí dos grandes escenarios posibles. En primer lugar, que otros principios vengan a llenar el vacío dejado por los valores religiosos y sus sucesores ilustrados –a los que considera igualmente sepultados– y actúen como una refundación del régimen capitalista, que le aporte algún sentido a su gélido racionalismo formal, que procede sin consideración de las personas. Esto podría suceder por dos caminos: por medio de una revolución carismática creadora de nuevos valores, que al parecer no supondría derribar el orden económico vigente sino llenar su carcasa con algún contenido racional-material; o por medio de una restitución de valores antiguos que Weber no precisa, pero atendiendo a lo que se dijo antes, podría suponerse que se trata de principios comunitarios, de ciertas tradiciones culturales y del ideal de una personalidad libre y cultivada. En segundo lugar –y esta es la tendencia que considera más probable, pues reaparece continuamente en sus escritos–, existe la posibilidad de que el desarrollo capitalista continúe avanzando conforme a su lógica intrínseca, persiguiendo la ganancia por medios eficientes pero a costa de una creciente deshumanización, y termine por fagocitar todo resto de vida, de humanidad y lo envuelva todo bajo su "ola de petrificación mecanizada". Que este potencial escenario es para Weber a todas luces irracional, salta a la vista en su lapidaria y al mismo tiempo romántica frase final. La especialización sin límites y carente de sentido y el hedonismo vacuo e insensible a los otros son los rasgos típicos de los individuos que moldea el capitalismo hegemónico que, aunque se pretendan sublimes, constituyen *la nada misma* para el autor. Esa *nada* que Nietzsche había denostado de la sociedad moderna que, como un arácnido que succiona la vida de sus presas, había despojado al ser humano de todos sus atributos distintivos: de las pasiones sensibles, de la voluntad de poder y de querer, y del impulso vital que lo aferra a la existencia. Claramente esta época no puede ser considerada para Weber como la culminación y plena realización de la humanidad, sino todo lo contrario, como su negación y deterioro, que recuerdan nuevamente las paradojas del devenir histórico, las consecuencias irracionales y no deseadas de la propia acción humana y el poder extraordinario que tienen sobre las personas los intereses materiales inmediatos. Sin embargo, Weber es sumamente escéptico de que estas tendencias puedan revertirse, lo cual no quita que sea necesario y, más aún, un deber moral de los individuos, el darse la tarea de resistirlas con tenacidad.

Finalmente, hay que destacar que aunque Weber relega deliberadamente su análisis para enfocarse en el estudio del capitalismo racional, aquellas formas irracionales de capitalismo que persiguen la ganancia a través de la guerra, la especulación financiera, las empresas monopólicas, el expansionismo colonial y el saqueo de las finanzas públicas, no solo persistían históricamente durante su época, sino que se estaban convirtiendo en dominantes ante los ojos del autor. Él mismo señala:

> El universal renacimiento del capitalismo "imperialista", que ha sido siempre la característica normal del efecto producido por los intereses capitalistas sobre la política y, a su lado, el renacimiento del impulso expansivo político, no son, pues, resultado de ningún azar. Y hasta donde nos es dable ver, parece que tal tendencia seguirá predominando en el futuro (Weber, 2012a: 676).

Así, a contramano de una pluralidad de pensadores contemporáneos –como John Hobson, Rudolf Hilferding, Karl Kautsky y Vladimir Lenin, entre otros–, que consideraban que estos rasgos "imperialistas" eran lo novedoso del capitalismo de fines del siglo XIX y principios del XX, que lo diferenciaban de su época de libre competencia, Weber los asocia a un renacimiento generalizado de formas pasadas. Pero, a pesar de este reconocimiento sobre el avance creciente de esta forma irracional de capitalismo, el autor le otorga un lugar completamente marginal en su obra. Es muy sugerente que solo dedique unas pocas páginas de *Economía y sociedad* a la indagación del imperialismo y sus fundamentos económicos, porque habla de que quizás *no quería ver* esta otra cara irracional del capitalismo tardío, que defendía a pesar de todo, frente a la crítica amenazante del socialismo.

Los límites del Estado racional-burocrático

Como se advierte en una pluralidad de sus escritos teóricos y políticos, Weber se ocupa sobre todo de precisar los límites de la racionalización formal en el Estado moderno. La persistencia de lo irracional se pone de manifiesto desde el comienzo, en la propia definición conceptual del Estado que ofrece el autor. "Por *Estado* debe entenderse un *instituto político* de actividad continuada, cuando y en la medida en que su cuadro administrativo mantenga con éxito la pretensión al *monopolio legítimo* de la coacción física para el mantenimiento del orden vigente" (Weber, 2012a: 43-44). La cristalización de su forma moderna, racional-legal, expresa una dominación duradera que ha adquirido rango institucional estableciendo reglamentos racionales, y que pretende validez y obediencia en virtud de ellos en todo el territorio que se encuentra bajo su órbita. No obstante, lo que interesa destacar aquí es que Weber define al Estado no por sus fines, que pueden ser múltiples, sino por su medio específico e indispensable: la coacción física (Weber, 2012a: 44-45). El Estado se reserva el derecho de aplicar la violencia contra quienes desobedezcan para doblegar su voluntad y garantizar el orden existente. El uso de la fuerza física se realiza aquí en el sentido más crudo de la *lucha* y del *poder*, es decir, de la imposición de las reglas y de la voluntad de los dominadores aun contra toda resistencia. Se trata sin dudas del aspecto más primitivo e irracional del Estado, que conserva en su seno el impulso afectivo de descargar violencia contra otros individuos, pero que sin embargo es su rasgo definitorio y lo que determina su carácter propiamente político. Indudablemente, el hecho de que su uso aparezca en la modernidad dulcificado y legitimado bajo el amparo de las leyes no es un detalle menor sino primordial para Weber. Pero ello no anula que ese impulso irracional persiste y se utiliza sin miramientos siempre que el dominio está puesto en cuestión (Lambruschini, P., 2017: 6).

Un segundo aspecto irracional tiene que ver con los componentes específicamente emotivos de las asociaciones políticas en general y del Estado moderno en particular. Weber enfatiza que, detrás de las tendencias belicistas y expansionistas que se han manifestado a lo largo de la historia, no solo operaban intereses económicos sino también –y a veces, primordialmente– motivaciones afectivas e ideales. Por un lado, la búsqueda de "prestigio" por parte de los grupos dominantes en una asociación política ha generado siempre una influencia sobre la conducta exterior de estas, porque el poder de la propia organización política significa para ellos un poder y un sentimiento de prestigio personales. El *prestigio del poder* es el honor de disponer de este sobre otras estructuras políticas, asimilándolas o sometiéndolas. En la modernidad, son las "grandes potencias" las que se presentan como portadoras de este prestigio peculiar y su accionar expansivo es un ejemplo contundente del "importantísimo efecto que produce este elemento irracional en todas las relaciones exteriores" (Weber, 2012a: 669-670). Por otro lado, en los Estados modernos y especialmente dentro de las grandes potencias, este interés en el prestigio suele combinarse con el sentimiento nacional, que penetra fuertemente en las capas pequeño-burguesas y sobre todo en los grupos intelectuales. Según Weber, la idea de *nación* es un concepto multívoco, pero implica siempre un sentimiento de pertenencia común y de solidaridad frente a otros, así como la creencia en una responsabilidad frente a las generaciones venideras por el modo en que se han distribuido el poder y el honor entre el propio Estado y los ajenos. En sus expresiones más enérgicas, la defensa del interés nacional suele concebirse como una misión "cultural" en la que es necesario afirmar y promover la superioridad de los propios bienes culturales frente a los de las otras naciones (Weber, 2012a: 678-679, 682). Por último, para Weber es sobre todo en el momento de la guerra cuando se pone de manifiesto el *pathos* característico de las asociaciones políticas, que genera sus fundamentos emotivos permanentes y constituye un fenómeno indisociable de estas. "Las luchas políticas comunes a vida y a muerte forman comunidades basadas en el recuerdo, las cuales son con frecuencia más sólidas que los vínculos basados en la comunidad de cultura, de lengua o de origen" (Weber, 2012a: 662). En los Estados modernos anquilosados por la racionalidad de la burocracia y del capitalismo, la guerra constituye para el autor un momento extraordinario, que promueve sentimientos comunitarios y le devuelve un sentido a la existencia. La guerra "genera una entrega y una comunidad absoluta de sacrificio entre los combatientes y, como fenómeno de masas, una compasión activa y un amor hacia el necesitado más allá de todas las barreras". La muerte en el campo de batalla se diferencia de la muerte habitual "por el hecho de que aquí, y *solo* aquí, [...] el individuo puede *creer* saber que muere 'por' algo" (Weber, 1998e: 538-539). En toda esta exaltación belicista de Weber por los sentimientos colectivos que promueve la guerra, y en su fuerte hincapié en el honor y en el nacionalismo como fuerzas motrices de la expansión imperialista, se evidencia claramente otra cara irracional del Estado contemporáneo.

En tercer lugar, cuando Weber se pregunta sobre el significado práctico de la racionalización tal como ha llegado a desarrollarse en la modernidad, se detiene especialmente sobre los reglamentos racionales del Estado en los que se apoya la legitimidad de la dominación legal. Sostiene que existe un abismo entre el momento de creación de una nueva ley, cuando las personas que están interesadas en su aprobación o a quienes les afecta directamente tienen una clara conciencia de su sentido, y el momento en que esa ley ya se encuentra establecida y "el sentido mentado originalmente [...] por sus creadores puede ser olvidado u oscurecido [...] completamente", un fenómeno que además tiende a agudizarse con la creciente complejización de la sociedad. Describe entonces en qué consiste ese oscurecimiento. Las normas o leyes son impuestas o sugeridas por un primer grupo de personas con vistas a determinados fines, que tiene la capacidad de influir en el ejercicio del poder y que comprende cabalmente su sentido. Un segundo grupo, que conforma los "órganos de la asociación" –es decir, la burocracia estatal–, interpreta las reglas en su sentido y las ejecuta de manera diligente y eficaz, "aunque *no* necesariamente con conocimiento de los fines de su creación". Un tercer grupo las conoce en cierto grado, en la medida en que eso es estrictamente necesario para sus fines privados, y se orienta por ellas al momento de actuar de forma legal o ilegal. Pero el cuarto grupo de personas, que constituye "la masa" de la sociedad, continúa actuando de manera tradicional y con total desconocimiento sobre la finalidad, el sentido e incluso la existencia de esas reglas estatuidas. En consecuencia, Weber sostiene que de acuerdo con su centro de gravedad, la validez empírica[9] de las normas racionales continúa descansando en última instancia en la simple "conformidad respecto de lo que es habitual, lo adquirido, lo inculcado, lo que siempre se repite" (Weber, 2006b: 219-220). Todo este planteo del autor es sumamente relevante porque reafirma la idea de que el progreso de la racionalización formal, en este caso en el ámbito del Estado, no conduce a una generalización del conocimiento sobre los fundamentos racionales con arreglo a fines de las reglas establecidas, sino que estos siguen permaneciendo ocultos para la gran mayoría de las personas que está sometida a su influencia. Y todavía más importante: si el grueso de los dominados desconoce totalmente las finalidades, el significado y la propia existencia de las leyes, esto significa que el orden racional-legal no rige sobre ellos en virtud de su legitimidad, sino meramente de hecho; y al mismo tiempo, la validez empírica de las normas estatuidas sobre este amplio sector social no descansa en motivos racionales, como en el caso de quienes las tienen en cuenta para llevar a cabo sus intereses particulares, sino en una inclinación tradicional a conducirse como siempre lo hacen, siguiendo a las normas imperantes por la fuerza de la costumbre. De esta manera se evidencia que, para Weber, el Estado racional moderno se mantiene estable en gran medida por la conducta irracional de "la masa", que continúa actuando conforme a lo habitual y es la presa por excelencia del tradicionalismo.

Finalmente, Weber se ocupa denodadamente de señalar los límites y los peligros que entraña la dominación burocrática, que avanza de manera irrefrenable en distintos ámbitos de la vida moderna. Aunque la considera por lejos como la forma más eficiente y racional de administración en el contexto de las sociedades de masas, critica duramente su lógica característica desde una óptica valorativa, sacando a relucir lo que aparece como irracional de su racionalismo-formal cuando se lo juzga desde una visión antagónica a esa dinámica. La indiscutible superioridad técnica de la burocracia moderna radica en su saber especializado y en su disciplina rigurosa, pero es también aquí donde Weber advierte sus limitaciones insalvables. La burocracia no tiene una visión universal sobre los problemas políticos, sino inevitablemente fragmentaria. A su vez, su deber de servicio consiste en obedecer de manera metódica en su trabajo habitual, sin que sus opiniones y convicciones personales sean

---

[9] Sobre la diferencia entre la validez *empírica* y *legítima* de un orden, véase la nota 8 del Capítulo II.

un impedimento para su conducta disciplinada. Para el autor, tanto de los funcionarios como de los dirigentes políticos se espera que tengan autonomía en sus decisiones y capacidad de organización en función de sus ideas, pero la diferencia radical entre ambos reside en la naturaleza de su responsabilidad.

> Un funcionario que reciba una orden, en su opinión errónea, puede y debe manifestar sus objeciones. Pero si el superior insiste en que se cumpla su orden, ya no es solo una obligación para él cumplirla sino un *honor*, como si se correspondiera con su más íntima convicción, mostrando con ello que su sentido del deber está por encima de su propia voluntad. [...] Así lo exige el espíritu del cargo. Un *dirigente* político que actuara de esta forma merecería *desprecio* (Weber, 2008c: 118-119).

Así pues, la responsabilidad característica de la burocracia está vinculada al cumplimiento del deber de obediencia que exigen su cargo y su condición de cuadro dirigido, e implica que, llegado el caso, esta tenga que sacrificar sus propias convicciones e incluso su conciencia moral, al servicio de la disciplina. En cambio, la responsabilidad del político es solo con su propia causa, que no relega a costa de nada, y deriva de su posición de poder en tanto dirigente (Weber, 2008c: 119-120). Si a esto se le agrega lo que se dijo antes, que la burocracia no siempre conoce los fines racionales de las reglas positivas que obedece, significa que ni siquiera está en condiciones de cuestionarse si está de acuerdo o no con ellas, o si están bien o mal desde un punto de vista ético. De este modo, se advierte que el racionalismo formal del aparato burocrático es completamente irreflexivo, heterónomo y, en consecuencia, irracional cuando se lo considera desde una óptica racional-material. De allí la permanente preocupación de Weber por la racionalidad meramente formal de la burocracia, por la necesidad de una dirección política que la oriente y por la formación de un liderazgo capaz de conjugar la ética de la convicción con la ética de la responsabilidad.

Para Weber, el carácter inevitable y el poder inquebrantable de la burocracia residen en que resulta imprescindible para la administración y la satisfacción de las necesidades cotidianas en los grandes Estados de la modernidad. Critica su espíritu de cuerpo, basado en el secreto profesional, y su interés material por aferrarse a los cargos y ascender en el escalafón, que la vuelve una firme defensora del orden constituido. "Que el mundo no conozca otra cosa que estos hijos del orden, tal es la evolución hacia la cual somos constantemente arrastrados" (Weber, 1982: 476). Y considera que, librada a su propia lógica, ella avanza con su dinámica mecánica y despersonalizadora, colaborando junto al capitalismo a la petrificación de los vínculos sociales.

> Una máquina sin vida es *espíritu coagulado*. Solo este hecho le da su poder para someter a los seres humanos a su servicio [...]. *Espíritu coagulado* es también esa *máquina viviente* que representa la organización burocrática. En unión con la máquina muerta se ha puesto a producir el armazón de la servidumbre del futuro, en la que quizá un día los hombres se verán obligados a entrar, impotentes [...] *si el único y el último valor para ellos, que ha de decidir sobre cómo llevar sus asuntos, es una administración técnicamente buena* (Weber, 2008c: 115).

De este modo, el autor remarca nuevamente los límites del racionalismo formal burocrático, su faceta irracional que contribuye al encarcelamiento y a la pérdida de autonomía. En su lugar, reafirma la necesidad de contraponerle a esta dinámica reificante una racionalidad valorativa diferente, que en vez de preocuparse tanto por los medios técnicos, se pregunte por los fines últimos de la política y atienda los dilemas éticos que esta plantea constantemente.

Como señalan Mommsen (1971) y Marcuse (1969), el régimen político que Weber (2008e) terminó proponiendo para contrarrestar el avance del "hombre técnico" y la petrificación social fue una democracia plebiscitaria que conjugara la administración burocrática con el liderazgo carismático de un dirigente elegido por las masas, cuyo recurso por excelencia es la demagogia para ganarse su confianza y su reconocimiento. Agotadas sus expectativas previas en un sistema de tipo parlamentario y transcurrida la Revolución alemana de 1918-1919, durante los últimos años de su vida, Weber consideró esta variante de la dominación carismática no solo como una alternativa burguesa frente al socialismo radical, sino también como el "vértice irracional" que permitiría una cierta revitalización social y salvar algún resquicio de libertad individual.

3. El desencantamiento de la Razón

El examen de los límites del racionalismo formal específicamente moderno, entendido como el punto culminante de un larguísimo proceso histórico-universal de desarrollo, revela cuán lejos estaba Weber de considerar que la racionalización hubiese alcanzado un predominio completo sobre lo irracional y que su derrotero pudiese ser juzgado sin más como un triunfo de la Razón.

A contramano de esto, el autor enfatiza, por un lado, los aspectos afectivos y tradicionales que todavía perviven en la *realidad empírica* de la época moderna y lo hace justamente en las esferas más racionalizadas: la científica, la económica y la política. En este punto, cabe destacar su enorme escepticismo con respecto a la conducta de las masas, a las que señala como el sector social donde persisten en mayor medida las inclinaciones inmediatas e irreflexivas, esto es, las acciones emocionales y sobre todo una marcada tendencia al tradicionalismo, que se manifiestan en la forma en que se apropian de los resultados de la ciencia, en el modo en que siguen las leyes vigentes, en la rutina laboral que naturaliza la carcasa y el encierro modernos, y en su intervención primordialmente afectiva en la vida política. En este punto, la perspectiva weberiana contrasta abiertamente con las expectativas radicales del socialismo depositadas en la clase obrera y los explotados, como el sujeto histórico que podría emancipar a la humanidad de las tendencias contemporáneas.

Por otro lado, lo más interesante del planteo de Weber es su crítica profunda de las tendencias de la modernidad y lo que *juzga valorativamente* como irracional del racionalismo-formal. El período revolucionario de la Ilustración y su "glorificación carismática de la 'Razón'" (Weber, 2012a: 937) han quedado ya muy lejos en el tiempo, y lo que el autor ve realizado históricamente en el mundo moderno no es en modo alguno la *Raison* francesa ni la *Vernuft* alemana (Aguilar Villanueva, 1988: 76), sino el racionalismo formal de las ciencias empíricas, del capitalismo hegemónico y de la adminstración burocrática, que se desenvuelve independizado de toda ética y asumiendo los fines como meramente dados y, por eso mismo, de manera ciega, reificante y deshumanizante. No se trata, en consecuencia, de la realización de la libertad sino, por el contrario, de la cristalización de una nueva forma de servidumbre que constriñe crecientemente al individuo. Inspirado en la perspectiva nietzscheana, el diagnóstico de Weber refleja el desencantamiento del ideal revolucionario de la Razón, que una vez que el orden burgués moderno se afianzó como dominante, pudo prescindir de la ética para alcanzar sus intereses materiales. De un modo similar a lo que había ocurrido con su antecedente religioso, la Razón quedó vaciada de espíritu y Weber se ocupa de mostrar la cara sombría de su hegemonía meramente *técnica* o *instrumental* (Adorno y Horkheimer, 1987). Por eso no es casual que –como se dijo al comienzo– en su abordaje científico el autor descarte este concepto filosófico, por considerarlo cargado de valores, para referirse simplemente a la noción de racionalidad.

Pero lo que resulta verdaderamente inquietante de esta reflexión weberiana es que, a pesar de que advirtió con claridad este desenlace moderno del proceso de racionalización y de que llama a resistirlo y a tratar de contrarrestarlo, no advierte la posibilidad de una superación de raíz de estas tendencias, sino más bien el oscuro escenario de una petrificación todavía mayor. Y de allí las resonancias eminentemente trágicas de su pensamiento, y el sabor amargo que deja su mirada lúcida conjugada con su *pathos* resignado.

Conclusión

Las antinomias entre lo racional y lo irracional

Tras haber examinado en el decurso de estas páginas los conceptos típico-ideales de racionalidad, racionalización, irracionalidad y carisma, así como los límites de la racionalización formal en la modernidad, es necesario retomar las hipótesis de investigación presentadas al inicio de este trabajo, a fin de precisar en qué medida se han corroborado.

A la luz de lo expuesto, es posible sostener que la dimensión irracional desempeña en el pensamiento de Max Weber un papel mucho más relevante del que se le ha reconocido hasta el momento, incluso bajo las condiciones de la modernidad desencantada y racionalizada. Aunque los problemas fundamentales de su obra son la racionalidad, el proceso histórico-universal de racionalización y las particularidades que ambas asumen en la época moderna occidental, lo irracional también ocupa un lugar muy destacado en su producción intelectual, que ha sido injustamente soslayado y relativamente desatendido. La indagación llevada adelante revela, en cambio, la existencia de un marcado dualismo en la elaboración weberiana entre el polo de lo racional y el polo de lo irracional, que se encuentran en una tensión permanente.

Esta relación de dualidad y tensión se ha puesto claramente de manifiesto en la reconstrucción conceptual realizada. En efecto, la sistematización de las nociones de racionalidad e irracionalidad refleja que Weber contempla los mismos niveles de agregación y cristalización para ambas categorías, dando lugar a una tipología multiforme en cada caso, pero cuyos tipos-ideales se contraponen en distintos planos. Asimismo, el tratamiento de la racionalización y el carisma como fuerzas históricas refleja que ambas intervienen sobre la realidad y la vida de las personas, pero en una dirección antagónica. Si bien hay que aclarar que dicha dualidad no es estrictamente proporcional, ya que el interés central de Weber inclina la balanza hacia lo racional y que él considera el avance del racionalismo como una tendencia ineluctable, el solo hecho de su verificación ratifica su señalamiento sobre el carácter indisociable y relativo de lo racional y lo irracional, cuando se los analiza desde una determinada perspectiva socio-cultural.

En este sentido, partiendo de posicionarse como un hombre moderno-occidental, imbuido en los valores más relevantes y distintivos de esa civilización, Weber concibe la racionalidad como la capacidad humana de dominar de forma mediata y reflexiva la realidad circundante o la propia interioridad, sometiéndolas a reglas, dotándolas de un orden y otorgándoles un sentido. Y como contracara de esto, entiende la irracionalidad como una relación inmediata o irreflexiva con la vida exterior e interior, que le recuerda al ser humano que su capacidad de gobernarlas es esencialmente limitada y que el mundo que lo rodea y sus impulsos más íntimos, muchas veces lo desbordan y lo dominan a él. Estas definiciones polares y al mismo tiempo inseparables entre sí, subyacen en los distintos tipos que comprenden sus respectivas clasificaciones y también en su caracterización de la racionalización y el carisma en tanto poderes históricamente operantes. En este punto, cabe recordar una vez más que el examen conceptual que se ha hecho en este libro, y abordaje que realiza el propio Weber, tienen un carácter típico-ideal que acentúa deliberadamente la polaridad y la oposición entre estas dimensiones. Sin embargo, la realidad siempre es más compleja que las categorías científicas con las que se procura aprehenderla y en ella tiene lugar, generalmente, un tránsito fluido entre lo racional y lo irracional, o un entrelazamiento entre ambos aspectos.

En lo que refiere a los conceptos de racionalidad e irracionalidad, el vínculo de dualidad y de tensión se expresa de manera constante, tanto en el terreno teórico como en el terreno práctico, que constituyen las dos dimensiones centrales que los atraviesan.

En el primer caso, Weber se refiere al dominio teórico-racional de la realidad mediante las actividades del pensamiento y del conocimiento, que forjan conceptos y saberes abstractos cada vez más sistemáticos para dar cuenta de ella; pero, por otro lado, remarca los límites de este dominio en el ámbito de las ciencias modernas, y llama la atención sobre los presupuestos irracionales en los que se apoyan esas disciplinas, entre los que señala algunos de carácter ontológico y otros de carácter axiológico. Enfatiza el enorme contraste entre la conducta de vida metódica de los intelectuales del pasado, que dieron lugar a visiones sistemáticas acerca del mundo, que en muchos casos buscaban guiar la conducta ético-práctica de los demás; y los límites insalvables de la actividad vital de los científicos modernos que, una vez develada la irracionalidad ética del mundo tras el proceso de desencantamiento, deben abstenerse de promover orientaciones para la práctica y defender la objetividad del conocimiento, dejando de lado sus propios valores, que constituyen para el autor creencias subjetivas que no pueden justificarse racionalmente. Por último, Weber señala el influjo lógico-racional que puede ejercer sobre el intelecto el discurso científico, el potencial racionalizador sobre la conducta de vida que pueden tener las ideas e imágenes del mundo que conllevan un posicionamiento ético-práctico, y el papel regulador y legitimador de los órdenes vigentes que juegan las ideas dominantes en una época. Pero como contracara de esto, también da cuenta del influjo psicológico que provocan las visiones orientadoras de la actividad práctica, que buscan movilizar un conjunto de sentimientos y creencias morales; y saca a relucir los presupuestos irracionales en los que se apoyan los órdenes hegemónicos, entre los que se incluyen los basados en intereses materiales e ideales que se asumen como simplemente dados, y los basados en creencias valorativas que actúan como los fundamentos íntimos de las tres formas de dominación legítima.

En cuanto al terreno práctico, hay que mencionar en primer término que las dos tipologías registran una tensión en su interior. En efecto, la racionalidad con arreglo a valores, la ético-práctica y la material son racionales desde el punto de vista de su contenido, dado que en los tres casos la conducta se rige por la validez normativa de determinados postulados valorativos que la configuran como intrínsecamente válida. Este modo de orientación se opone al racionalismo de forma que caracteriza a la racionalidad con arreglo a fines, la práctico-técnica y la formal, que se rigen por la eficacia de los medios aplicados para la obtención de resultados pragmáticos, configurando un actuar técnicamente exitoso en cuanto a su forma de desarrollo. Por su parte, la irracionalidad de contenido de la acción afectiva y de las que aquí se han denominado afectividad e irracionalidad material, se vincula con la naturaleza sustancialmente emotiva, inmediata o extraordinaria de la conducta, que se contrapone a la irracionalidad de forma de la acción tradicional, del tradicionalismo y de lo que aquí se ha llamado irracionalidad formal, que tiene que ver con la forma irreflexiva en que se desenvuelve la acción con respecto a los fines que persigue o al tipo de medios que utiliza para alcanzarlos.

Pero a estas tensiones intestinas propias de la racionalidad y la irracionalidad prácticas, hay que agregar la que existe en general entre estas dos. En efecto, la racionalidad de contenido implica siempre un sometimiento de la vida interior bajo determinados valores rectores, que en los casos de la acción racional con arreglo a valores y de la racionalidad ético-práctica es una sujeción voluntaria en virtud de una creencia consciente en esos principios, mientras que en el caso de la racionalidad material dichos principios no se cuestionan y vienen impuestos desde los órdenes sociales. Esta tendencia se contrapone claramente a la irracionalidad de contenido, que se caracteriza por el hecho de que los impulsos, los deseos y los sentimientos interiores desbordan a las personas y gobiernan su conducta exterior; en el caso de la acción afectiva, de manera puramente individual, y en los casos de la afectividad y la irracionalidad material, vinculado a la forma de vida de un estrato social o a situaciones excepcionales de excitación y exaltación colectivas. Por su parte, la racionalidad de forma implica un dominio técnico y adaptativo de la realidad exterior para someterla a ciertos fines pragmáticos, que en el caso de la acción racional con arreglo a fines y de la racionalidad práctico-técnica, son elegidos y perseguidos de manera consciente, mientras que en el caso del racionalismo formal se asumen como simplemente dados. Y esta tendencia se encuentra en contradicción con la irracionalidad de forma, que tanto en la acción tradicional como en el tradicionalismo supone una adaptación irreflexiva a la realidad exterior debida al hábito y a la costumbre, y en el caso de la irracionalidad formal, apela a medios arbitrarios o irracionales para alcanzar los fines.

En lo que respecta a la racionalización y el carisma concebidos como poderes históricamente operantes, también hay una dualidad y una tensión evidentes entre ambos. La primera avanza en el terreno teórico bajo la forma de una creciente intelectualización, dando lugar a modos de pensamiento y conocimiento cada vez más complejos, sistemáticos y lógicamente coherentes. En el terreno práctico, se expresa mediante una transformación de las condiciones generales de existencia, una socialización progresiva de los vínculos sociales, y una metodización de las acciones y de la conducta de vida marcada por una coherencia lógica creciente entre sus fines, medios y consecuencias. En cambio, el carisma entendido como fuerza histórica irracional actúa en su fase revolucionaria conmoviendo los órdenes existentes, creando nuevos valores al servicio de la época, movilizando un conjunto de sentimientos y de creencias mágico-religiosas, y generando relaciones de comunización afectiva entre las personas. En su fase de rutinización, procede impulsando una adaptación a los intereses y necesidades que gobiernan inmediatamente la vida diaria de los hombres, convirtiendo en hábito cotidiano la metodización de la existencia, y provocando una asunción irreflexiva de las reglas y los órdenes establecidos, a fuerza de guiarse por estos día tras día.

Finalmente, se ha visto que incluso bajo la modernidad altamente racionalizada, el dominio de la racionalidad formal característica de esta época nunca es absoluto ni definitivo. Por el contrario, Weber se ocupa de precisar los límites de esa racionalización, la persistencia de aspectos irracionales de naturaleza emotiva y tradicional, así como los flancos que pueden ser juzgados como irracionales de los órdenes científico, económico y político modernos, cuando se los evalúa desde un criterio racional-material antagónico a su racionalismo formal.

De esta manera, quedan esbozados sintéticamente no solo el dualismo entre lo racional y lo irracional que recorre la extensa obra weberiana, sino también algunas de las múltiples tensiones, contradicciones y disputas que se advierten de modo permanente entre estas dos dimensiones polares. Como corolario de la indagación realizada, se puede afirmar entonces que el pensamiento de Weber está marcado por verdaderas antinomias entre lo racional y lo irracional.

Distintos especialistas han destacado el carácter trágico de su diagnóstico sobre la modernidad, atendiendo, entre otras cosas, a su mirada fatalista sobre el destino del capitalismo y la burocratización, a su caracterización sobre el conflicto entre valores y la necesidad del individuo de decidir entre ellos, o a su visión sobre las paradojas y contradicciones que trajo aparejadas el avance del racionalismo (Baehr, 2001; Beriain, 2000; González García, 2000; Löwy, 2012; Ruano de la Fuente, 2007; Weisz, 2011). Pero teniendo en cuenta la dualidad y las tensiones que se han puesto de relieve en este libro, así como el llamado vehemente de Weber a realizar *quijotadas* para enfrentar las tendencias reificantes de la vida moderna, la clave interpretativa de la tragedia podría adquirir una nueva connotación.

En efecto, a lo largo de estas páginas se ha constatado que su pensamiento se encuentra atravesado por antinomias omnipresentes e irremediables entre aspectos racionales e irracionales, y por un avance irrefrenable de la petrificación mecanizada a la que lleva el racionalismo formal, pero que todavía convive con una pluralidad de acciones, relaciones e inclinaciones no-racionales. Sin embargo, es precisamente en el marco de este dualismo abierto y de estas tensiones irresolubles donde Weber advierte una posibilidad, por muy pequeña y limitada que ella sea. Y es que el autor pretende resistir el poder avasallante de la racionalización moderna con las modestas armas irracionales que esta ha dejado en pie, impulsando una suerte de *heroísmo de lo irracional*.

Esto se advierte claramente en el hecho de que la mayoría de las vías de escape que Weber propone frente a la reificación y la servidumbre modernas, son huidas de tipo irracional. En el plano de la *vida privada*, se refiere al goce y a la comunidad insuperables de las relaciones eróticas, a las emociones íntimas que moviliza la experiencia estética, y a la elección subjetiva entre dioses y demonios contrapuestos, como distintas formas de sobrellevar y contrarrestar las condiciones opresivas de la existencia contemporánea. En el plano de la *vida política*, defendió con tenacidad los ideales y sentimientos nacionalistas, la comunización afectiva que provoca la guerra, e incluso la democracia plebiscitaria –con la que originalmente no comulgaba–, como formas alternativas de romper con el anquilosamiento y la deshumanización que acarrean el capitalismo y la burocracia. Pero resulta evidente que todas estas "salidas" que Weber plantea son diversas expresiones de lo irracional luchando contra el avance indetenible de lo racional, esto es, de la racionalidad según fines, la racionalidad práctico-técnica y la racionalidad formal que alcanzan su apogeo en el contexto de la modernidad. El heroísmo quijotesco que promueve el autor supone justamente ese combate: se trata de resistir las embestidas de una fuerza tan enorme y vigorosa como los molinos de viento –pero que, en este caso, no constituye una ilusión sino una cruda realidad–, a sabiendas de que es una disputa sin sentido y condenada a fracasar. En la medida que pelea por valores del pasado que ya no volverán a darse plenamente y por emociones cada vez más reprimidas bajo el peso de la rutina cotidiana, es una batalla perdida de antemano, pero que a pesar de todo sería necesario asumir con pasión y valentía. Así pues, la potencia de lo irracional se erige como la gran carta de Weber para desafiar las consecuencias no deseadas del racionalismo moderno.

Ahora bien, a la luz de esta interpretación, cobra nueva relevancia el planteo de Georg Lukács (1968), quien llamó la atención sobre esa tendencia de la intelectualidad burguesa alemana, que reaccionó contra la lógica degradada del orden vigente, pero también contra el ascenso amenazante del proletariado, mediante un "asalto a la razón" y una postura teórica y práctica de tipo irracionalista. Existen buenos fundamentos para inscribir a Weber en esa corriente intelectual, como hace el filósofo húngaro. No solo por lo que se viene de decir sobre la huida irracional de las miserias contemporáneas, sino también por otros aspectos que aquí se han abordado de manera tangencial, pero que sería interesante dilucidar y profundizar en futuras indagaciones. Así, la irracionalidad ética del mundo caracterizada por Weber, el estrechamiento de su idea de ciencia con su dinámica técnico-formal y exenta de valoraciones, la afinidad que se advierte entre lo irracional y lo más real de la existencia, su crítica tajante del racionalismo ilustrado y socialista, así como su mirada sobre el carácter fatal o insuperable del orden capitalista moderno, son distintas dimensiones que permitirían interpretarlo como parte del llamado *irracionalismo*. Sin embargo, el abordaje que Lukács realiza sobre Weber es bastante escueto y un tanto reduccionista, por lo que sería necesario un tratamiento más profundo y minucioso sobre este problema. Así pues, la faceta irracional del pensamiento weberiano, cuya significación se ha intentado destacar en este libro, todavía tiene mucho para decir y quien escribe estas páginas se propone continuar investigando en esa dirección.

Bibliografía

Bibliografía de Max Weber

Weber, Max (1942). *Historia económica general*. Ciudad de México: Fondo de Cultura Económica.

______. (1980). *Wirtschaft und Gesellschaft*. Tubinga: J. C. B. Mohr (Paul Siebeck).

______. (1982). "Sobre la burocracia". En *Escritos políticos*, Tomo II. Ciudad de México: Folios.

______. (1985). "Roscher y Knies y los problemas lógicos de la Escuela Histórica de Economía". En *El problema de la irracionalidad en las ciencias sociales*. Madrid: Tecnos.

______. (1988). *Gesammelte Aufsätze zur Religionssoziologie I*. Tubinga: J. C. B. Mohr (Paul Siebeck).

______. (1998a). "Introducción". En *Ensayos sobre Sociología de la Religión, I*. Madrid: Taurus.

______. (1998b). "Las sectas protestantes y el espíritu del capitalismo". En *Ensayos sobre Sociología de la Religión, I*. Madrid: Taurus.

______. (1998c). "La ética económica de las religiones universales. Introducción". En *Ensayos sobre Sociología de la Religión, I*. Madrid: Taurus.

______. (1998d). "La ética económica de las religiones universales. Confucianismo y taoísmo". En *Ensayos sobre Sociología de la Religión, I*. Madrid: Taurus.

______. (1998e). "La ética económica de las religiones universales. Excurso. Teoría de los estadios y direcciones del rechazo religioso del mundo". En *Ensayos sobre Sociología de la Religión, I*. Madrid: Taurus.

______. (1998f). "La ética económica de las religiones universales. Hinduismo y budismo". En *Ensayos sobre Sociología de la Religión, II*. Madrid: Taurus.

______. (1999). "El Estado nacional y la política económica". En *Escritos políticos*. Madrid: Altaya.

______. (2006a). "La 'objetividad' cognoscitiva de la ciencia social y la política social". En *Ensayos sobre metodología sociológica*. Buenos Aires: Amorrortu.

_____. (2006b). "Sobre algunas categorías de la sociología comprensiva". En *Ensayos sobre metodología sociológica*. Buenos Aires: Amorrortu.

_____. (2006c). "El sentido de la 'neutralidad valorativa' de las ciencias sociológicas y económicas". En *Ensayos sobre metodología sociológica*. Buenos Aires: Amorrortu.

_____. (2008a). *La ética protestante y el espíritu del capitalismo*. (Introducción y edición crítica de Francisco Gil Villegas). Ciudad de México: Fondo de Cultura Económica.

_____. (2008b). "Mi palabra final a mis críticos". En *La ética protestante y el espíritu del capitalismo*. (Introducción y edición crítica de Francisco Gil Villegas). Ciudad de México: Fondo de Cultura Económica.

_____. (2008c). "Parlamento y gobierno en una Alemania reorganizada". En *Escritos políticos*. Madrid: Alianza.

_____. (2008d). "El socialismo". En *Escritos políticos*. Madrid: Alianza.

_____. (2008e). "El presidente del Reich". En *Escritos políticos*. Madrid: Alianza.

_____. (2012a). *Economía y sociedad*. Ciudad de México: Fondo de Cultura Económica.

_____. (2012b). "La ciencia como vocación". En *El político y el científico*. Madrid: Alianza.

_____. (2012c). "La política como vocación". En *El político y el científico*. Madrid: Alianza.

Bibliografía general

Adorno, Theodor y Max Horkheimer (1987). *Dialéctica del Iluminismo*. Buenos Aires: Sudamericana.

Aguilar Villanueva, Luis (1988). "En torno del concepto de racionalidad de Max Weber". En *Ensayos sobre racionalidad ética y política, ciencia y tecnología*, León Olivé (comp.). Ciudad de México: Siglo XXI.

_____. (1989). *Weber: la idea de ciencia social*, Vol. II. Ciudad de México: UNAM - Porrúa.

Al-Habil, Wasim (2011). "Rationality and Irrationality of Max Weber's Bureaucracies". *International Journal of Management & Business Studies*, Vol. 1, N° 4, pp. 106-110.

Alvaro, Daniel (2014). *El problema de la comunidad. Marx, Tönnies, Weber*. Buenos Aires: Prometeo.

Aristóteles (1970). *Ética a Nicómaco*. Madrid: Instituto de Estudios Políticos.

_______. (1971). *Retórica*. Madrid: Instituto de Estudios Políticos.

Aronson, Perla (2007). "Max Weber. El carácter revolucionario del cambio, la quimera de las revoluciones". En *La vigencia del pensamiento de Max Weber a cien años de "La ética protestante y el espíritu del capitalismo"*, Perla Aronson y Eduardo Weisz (eds.). Buenos Aires: Gorla.

Baehr, Peter (2001). "The 'Iron Cage' and the 'Shell as Hard as Steel': Parsons, Weber, and the *Stahlhartes Gehäuse* Metaphor in *The Protestant Ethic and the Spirit of Capitalism*". *History and Theory*, N° 40, pp. 153-169.

Beetham, David (1979). *Max Weber y la teoría política moderna*. Madrid: Centro de Estudios Constitucionales.

Bellah, Robert (2005). "Max Weber y el amor negador del mundo". En *Sociedad y religión. Un siglo de controversias en torno a la noción weberiana de racionalización*, Perla Aronson y Eduardo Weisz (comps.). Buenos Aires: Prometeo.

Bendix, Reinhard (2000). *Max Weber*. Buenos Aires: Amorrortu.

Beriain, Josetxo (2000). *La lucha de los dioses en la modernidad. Del monoteísmo religioso al politeísmo cultural*. Barcelona: Anthropos.

_______. (2003). "El imaginario social moderno: politeísmo y modernidades múltiples". *Revista Anthropos: Huellas del conocimiento*, N° 198, pp. 54-78.

Breuer, Stefan (1996). *Burocracia y carisma. La sociología política de Max Weber*. Valencia: Edicions Alfons el Magnànim.

Brubaker, Rogers (1984). *The limits of rationality*. Londres: Allen & Unwin.

Bühler, Anton (1977). "Racionalidad e irracionalidad del capitalismo según Max Weber". *Debates En Sociología*, N° 1, 43-67.

Calvino, Italo (1993). *Por qué leer los clásicos*. Barcelona: Tusquets.

Cavalli, Luciano (2009). "Charisma and Twentieth-Century Politics". En *Max Weber, Rationality and Modernity*, Sam Whimster y Scott Lash (eds.). Oxford: Routledge.

Eisen, Arnold (1978). "The meanings and confusions of Weberian 'rationality'". *British Journal of Sociology*, Vol. 29, N° 1, pp. 57-70.

Fischoff, Ephraim (2005). "La historia de una controversia". En *Sociedad y Religión. Un siglo de controversias en torno a la noción weberiana de racionalización*, Perla Aronson y Eduardo Weisz (comps.). Buenos Aires: Prometeo.

Freund, Julien (1986). *Sociología de Max Weber*. Barcelona: Ediciones Península.

Gane, Nicholas (2002). *Max Weber and Postmodern Theory: Rationalization versus Re-enchantment*. Nueva York: Palgrave Macmillan.

Giddens, Anthony (1994). *Consecuencias de la modernidad*. Madrid: Alianza.

Gil Villegas, Francisco (2015). *Max Weber y la guerra académica de los cien años. La polémica en torno a La ética protestante y el espíritu del capitalismo (1905-2012)*. Ciudad de México: Fondo de Cultura Económica.

González García, José María (1988). "Las herencias de Kant y de Goethe en el pensamiento de Max Weber". *Revista Española de Investigaciones Sociológicas*, N° 43, pp. 23-42.

______. (1995). "Max Weber: Razones de cuatro nombres de mujer (A propósito de la biografía de Marianne)". *Revista Debats*, N° 54, pp. 107-117.

______. (2000). "Max Weber y Georg Simmel: ¿dos teorías sociológicas de la modernidad?". *Revista Española de Investigaciones Sociológicas*, N° 89, pp. 73-95.

______. (2016). "La literatura en el pensamiento de Weber. Desencantamiento del mundo y retorno de los dioses". En *Max Weber en Iberoamérica. Nuevas interpretaciones, estudios críticos y recepción*, Álvaro Morcillo Laiz y Eduardo Weisz (eds.). Ciudad de México: Fondo de Cultura Económica.

Gronow, Jukka (1988). "The Element of Irrationality: Max Weber's Diagnosis of Modern Culture". *Acta Sociologica*, Vol. 31, N° 4, pp. 319-331.

Habermas, Jürgen (1999). *Teoría de la acción comunicativa I. Racionalidad de la acción y racionalización social*. Madrid: Taurus.

Hegel, Georg Wilhelm Friedrich (1974). *Principios de la Filosofía del Derecho*. Buenos Aires: Sudamericana.

Hennis, Wilhelm (1983). "El problema central de Max Weber". *Revista de Estudios Políticos*, N° 33, pp. 49-99.

______. (1988). "The Traces of Nietzsche in the Work of Max Weber". En *Max Weber: Essays in Reconstruction*, Londres: Allen & Unwin.

Kalberg, Stephen (2005). "Los tipos de racionalidad según Max Weber: piedras angulares para el análisis de los procesos de racionalización en la historia". En *Sociedad y religión. Un siglo de controversias en torno a la noción weberiana de racionalización*, Perla Aronson y Eduardo Weisz (comps.). Buenos Aires: Prometeo.

______. (2011). "La influencia pasada y presente de las visiones del mundo: Max Weber y el descuido de un concepto sociológico". *Sociológica*, N° 74, pp. 207-246.

Kalyvas, Andreas (2002). "Charismatic Politics and the Symbolic Fondations of Power in Max Weber". *New German Critique*, N° 38, pp. 67-103.

Kant, Immanuel (1978). *Crítica de la razón pura*. Madrid: Alfaguara.

______. (2015). *Fundamentación de la metafísica de las costumbres*. Buenos Aires: Losada.

Lambruschini, Gustavo (1998). "Miseria de la realidad o la razón realizada". *Desde el fondo. Cuadernillo temático*, N° 11, pp. 40-44.

Lambruschini, Patricia (2017). "Racionalidad e irracionalidad en la concepción weberiana del Estado moderno". 3ª Jornadas de Sociología de la Facultad de Ciencias Políticas y Sociales de la Universidad Nacional de Cuyo. Disponible en: http://bdigital.uncu.edu.ar/10395.

Lambruschini, Patricia y Juan Ignacio Trovero (2019). "¿Socialismo como religión? La crítica weberiana del marxismo revolucionario". En *Viejos dioses, nuevos dioses. Política y religión a partir de Max Weber*, Patricia Lambruschini, Juan Ignacio Trovero y Eduardo Weisz (eds.), Barcelona: Anthropos.

Levine, Donald (1981). "Rationality and freedom: Weber and beyond". *Sociological Inquiry*, Vol. 51, N° 1, pp. 5-25.

Löwith, Karl (2007). *Max Weber y Karl Marx*. Barcelona: Gedisa.

Löwy, Michael (2012). "*Sthahlhartes Gehäuse*: la alegoría de la jaula de hierro". En *Max Weber y las paradojas de la modernidad*. Buenos Aires: Nueva Visión.

Löwy, Michael y Robert Sayre (2008). *Rebelión y melancolía. El romanticismo como contracorriente de la modernidad*. Buenos Aires: Nueva visión.

Lukács, Georg (1968). *El asalto a la razón. La trayectoria del irracionalismo desde Schelling hasta Hitler*. Barcelona: Grijalbo.

Mannheim, Karl (2000). "Elementos racionales e irracionales de nuestra sociedad". En *El hombre y la sociedad en la época de crisis*. Buenos Aires: El Aleph.

Marcuse, Herbert (1969). "Industrialización y capitalismo en la obra de Max Weber". En *Ética de la Revolución*. Madrid: Taurus.

______. (1999). *Razón y revolución. Hegel y el surgimiento de la teoría social*. Madrid: Altaya.

Mommsen, Wolfgang (1971). "La sociología política de Max Weber y su filosofía de la historia universal". En *Presencia de Max Weber*, Talcott Parsons y otros. Buenos Aires: Nueva Visión.

Morcillo Laiz, Álvaro y Eduardo Weisz (2016). "La relevancia para Iberoamérica de las interpretaciones sobre Max Weber". En *Max Weber en Iberoamérica. Nuevas interpretaciones, estudios críticos y recepción*. Ciudad de México: Fondo de Cultura Económica.

Nelson, Benjamin (2005). "La '*Vorbemerkung*' (1920): clave decisiva para los principales propósitos de Max Weber". En *Sociedad y religión. Un siglo de controversias en torno a la noción weberiana de racionalización*, Perla Aronson y Eduardo Weisz (comps.). Buenos Aires: Prometeo.

Nietzsche, Friedrich (1984). *Así habló Zaratustra*. Madrid: Alianza.

______. (2014). *La genealogía de la moral. Un escrito polémico*. Madrid: Alianza.

Oakes, Guy (1988). *Weber and Rickert. Concept formation in the cultural sciences*. Cambridge: The MIT Press.

Parsons, Talcott (1968). *La estructura de la acción social*. Madrid: Guadarrama.

Rabotnikof, Nora (1988). "Racionalidad y decisión política en Max Weber". En *Ensayos sobre racionalidad ética y política, ciencia y tecnología*, León Olivé (comp.). Ciudad de México: Siglo XXI.

Ritzer, George (1988). "Sociological Metatheory: A Defense of a Subfield by a Delineation of Its Parameters". *Sociological Theory*, Vol. 6, N° 2, pp. 187-200.

______. (1990). "Metatheorizing in Sociology". *Sociological Forum*, Vol. 5, N° 1, pp. 3-15.

Rossi, Pietro (2006). "Introducción". En *Ensayos sobre metodología sociológica*, Max Weber. Buenos Aires: Amorrortu.

Roth, Guenther (1979a). "Charisma and the Counterculture". En *Max Weber's Vision of History. Ethics and Methods*, Guenther Roth y Wolfgang Schluchter. Berkeley: University of California Press.

______. (1979b). "Religion and Revolutionary Belifes". En *Max Weber's Vision of History. Ethics and Methods*, Guenther Roth y Wolfgang Schluchter. Berkeley: University of California Press.

______. (2016). "La racionalización en la historia de desarrollo de Max Weber". En *Max Weber en Iberoamérica. Nuevas interpretaciones, estudios críticos y recepción*, Álvaro Morcillo Laiz y Eduardo Weisz (eds.). Ciudad de México: Fondo de Cultura Económica.

Ruano de la Fuente, Yolanda (1996). *Racionalidad y conciencia trágica. La modernidad según Max Weber*. Madrid: Trotta.

______. (2007). "Modernidad, politeísmo y tragedia: una interpretación weberiana". En *La vigencia del pensamiento de Max Weber a cien años de "La ética protestante y el espíritu del capitalismo"*, Perla Aronson y Eduardo Weisz (eds.). Buenos Aires: Gorla.

Sayer, Derek (1995). *Capitalismo y modernidad. Una lectura de Marx y Weber.* Buenos Aires: Losada.

Schluchter, Wolfgang (1981). *The rise of Western Rationalism. Max Weber's developmental history* (Traducción e introducción de Guenther Roth). Berkeley y Los Angeles: University of California Press.

______. (2016). "Politeísmo de valores". En *Max Weber en Iberoamérica. Nuevas interpretaciones, estudios críticos y recepción*, Álvaro Morcillo Laiz y Eduardo Weisz (eds.). Ciudad de México: Fondo de Cultura Económica.

______. (2017a). "Ideas, intereses, instituciones: conceptos clave de una sociología orientada por Max Weber". En *El desencantamiento del mundo. Seis estudios sobre Max Weber*. Ciudad de México: Fondo de Cultura Económica.

______. (2017b). "'El desencantamiento del mundo': visión de Max Weber sobre la modernidad". En *El desencantamiento del mundo. Seis estudios sobre Max Weber*. Ciudad de México: Fondo de Cultura Económica.

Schmidt-Glintzer, Helwig (2005). "La ética económica de las religiones universales". En *Sociedad y religión. Un siglo de controversias en torno a la noción weberiana de racionalización*, Perla Aronson y Eduardo Weisz (comps.). Buenos Aires: Prometeo.

Schroeder, Ralph (2009). "Nietzsche and Weber: Two 'Prophets' of the modern world". En *Max Weber, Rationality and Modernity*, Sam Whimster y Scott Lash (eds.). Oxford: Routledge.

Sell, Carlos (2012). "Racionalidade e racionalizão em Max Weber". *Revista Brasileira de Ciências Sociais*, Vol. 27, N° 79, pp. 153-172.

______. (2018). "Poder instituído e potência subversiva. Max Weber e a dupla face da dominação carismática". *Revista Brasileira de Ciências Sociais*, Vol. 33, N° 98, pp.1-16.

Sica, Alan (1988). *Weber, Irrationality and Social Order*. Berkeley y Los Angeles: University of California Press.

Simmel, Georg (2002). "El concepto y la tragedia de la cultura". En *Sobre la aventura. Ensayos de estética*. Barcelona: Península.

Swedberg, Richard (1998). *Max Weber and the Idea of Economic Sociology*. Nueva Jersey: Princeton University Press.

Sztompka, Piotr (1993). *Sociología del cambio social*. Madrid: Alianza.

Tenbruck, Friedrich (2016). "La obra de Max Weber". En *Max Weber en Iberoamérica. Nuevas interpretaciones, estudios críticos y recepción*, Álvaro Morcillo Laiz y Eduardo Weisz (eds.). Ciudad de México: Fondo de Cultura Económica.

Tönnies, Ferdinand (1947). *Comunidad y sociedad*. Buenos Aires: Losada.

Turner, Stephen (ed.) (2000). *The Cambridge Companion to Weber*. Cambridge: Cambridge University Press.

Weber, Marianne (1995). *Biografía de Max Weber*. Ciudad de México: Fondo de Cultura Económica.

Weisz, Eduardo (2011). *Racionalidad y tragedia. La filosofía histórica de Max Weber*. Buenos Aires: Prometeo.

Whimster, Sam y Scott Lash (eds.) (2009). *Max Weber, Rationality and Modernity*. Oxford: Routledge.

Impreso por TREINTADIEZ S.A. en 2021
Pringles 521 (C1183 AEI)
Ciudad Autónoma de Buenos Aires
Teléfonos: 4864-3297 / 4862-6794
editorial@treintadiez.com